Rinde

Cédric Pollet

Rinde

Die Wunderwelt der
Bäume entdecken

Ulmer

Beginn einer Leidenschaft

Ich wurde im Jahre 1976 in Nizza geboren, in der Region Frankreichs also, wo die ohnehin üppige Schönheit der Natur noch durch das besondere, von Künstlern so geschätzte Licht unterstrichen wird. Meine Herkunft – mit einer an der Mittelmeerküste gebürtigen Mutter und einem Vater aus Savoyen – führte dazu, dass ich mich seit frühester Kindheit mit der Welt der Bäume vertraut machen konnte: Olivenbaum, Schirm-Kiefer, Eukalyptus und exotische Pflanzen auf der einen Seite sowie Lärche, Fichte, Buche und Birke auf der anderen. Tief in meiner Persönlichkeit verankert, stellte sich diese Passion für die Pflanzenwelt schon deutlich heraus, als ich in Lyon am Institut I.S.A.R.A. Agraringenieurwesen studierte.

1999 bot sich mir die Chance, die Fakultät für Gartenbau und Landschaftsarchitektur der Universität Reading in England zu besuchen. Bei dieser Gelegenheit habe ich als Autodidakt und Liebhaber der englischen Gärten zum ersten Mal eine konventionelle Spiegelreflexkamera zur Hand genommen. Nachdem ich etliche Stunden durch einen Park gewandert war, den ich mir so idyllisch vorgestellt hatte, war mir noch immer keine Blume als wirklich außergewöhnlich aufgefallen. Ich konnte aber auch nicht ohne ein Andenken nach Hause gehen. Beim Verlassen des Gartens öffnete mir der Anblick des knorrigen gewundenen Stamms einer ehrwürdigen, uralten Eiche im wahrsten Sinne des Wortes die Augen für eine mir bis dahin unbekannte Welt: das Universum der Baumrinden. Es war eine Offenbarung, die mein Leben veränderte.

Einige Monate später, nach meiner Rückkehr an die Côte d'Azur, entdeckte ich die Bäume an den Straßen, in den Gärten und öffentlichen Parkanlagen neu, als würde ich meinen Geburtsort zum allerersten Mal besuchen. Mein bislang durch die leuchtenden und üppigen Blüten von Bougainvilleen, Lagerstroemien oder Oleander geradezu geblendeter Blick fand ein neues Thema. Die ganz banale, überall verbreitete Platane, die oftmals zu einem städtischen Möbelstück verkommen ist, wurde für mich zur unerschöpflichen Inspirationsquelle: einmal sah ich in ihr eine Reisterrasse, einmal das Luftbild eines Sees in den Bergen – ihre Rinde schickte mich auf immer wieder neue imaginäre Reisen. Die heimischen Bäume wie Platane, Erdbeerbaum, Olivenbaum, Silber-Pappel oder Kiefer standen ihren akklimatisierten Rivalen aus fernen Ländern wie Eukalyptus, Araukarie, Myrtenheide, Bananen und Palmen in nichts nach. Trotzdem sehnte ich mich immer mehr danach, sie in ihren Ursprungsländern zu erleben.

Vorhergehende Seite:
Stamm eines *Eucalyptus deglupta*,
Fairchild Tropical Botanic Garden, Coral Gables, Florida, USA.

Ohne einen Gedanken daran, dass das jähe und verzwickte Faible für die Baumrinden einige Jahre später mein Beruf werden würde, machte ich für meinen Vater zu seinem 52. Geburtstag eine Fotoarbeit mit dem Titel „Vortex", in der einige Rindenfotos zusammengestellt waren. Die künstlerische Gestaltung fand die Anerkennung eines Kunstexperten, der mich ermutigte, in dieser Art weiterzuarbeiten. Nachdem ich das letzte Studienjahr im Fachbereich „Landschaft" am Institut National d'Horticulture in Angers abgeschlossen hatte, flog ich unmittelbar am Tag nach meinem mündlichen Examen mit dem Fotoapparat in der Hand in die Länder des Drachen und der aufgehenden Sonne. Bei meiner Rückkehr aus Asien brachte ich die Inspiration zu einem Dutzend neuer Arbeiten mit. Einige Monate später, im Januar 2001, bot mir das Studentenwerk CROUS (Centre Régional des Oeuvres Universitaires et Scolaires) die Chance, meine Fotoarbeiten zum ersten Mal öffentlich zu zeigen.

Meine erste Aufnahme eines Eukalyptus aus dem Jahre 1999, Nizza, Frankreich.

Die Veränderung des Stammes von *Arbutus × thuretiana* im Laufe eines Jahres, Botanischer Garten der Villa Thuret, Antibes, Frankreich.

Im Inneren besteht sie aus lebenden Zellen, welche die von den Blättern bis in alle Organe des Baumes reichenden Leitungsbahnen für die Säfte bilden. Die äußere Schicht, die aus abgestorbenen Zellen besteht, dient zum Schutz gegen äußere Einflüsse. Das Wort Rinde wird in dieser Publikation durchweg für die äußere Haut der Bäume aber auch baumähnlicher einkeimblättriger Pflanzen, wie beispielsweise Bambus, Banane oder Palmen, und auch für die äußere Haut baumähnlicher Farne verwendet, deren Stammstruktur sich von jener der Bäume unterscheidet.

Diese äußere Haut verbleibt bei vielen Pflanzen während des gesamten Lebenszyklus am Stamm. Beim Wachsen des Baumes ist sie starken Zugkräften ausgesetzt, faltet sich, reißt, splittert, wie an der chronologisch aufgenommenen Fotoreihe von der Rinde der Andentanne (*Araucaria araucana*) unterschiedlichen Alters links unten zu erkennen ist. Andere Rinden schälen sich eher alljährlich als Platten, Fetzen oder Blätter von unregelmäßiger, zufälliger Form ab. Sie bieten den interessantesten Anblick, sind zugleich aber am schwierigsten ausfindig zu machen. Dazu muss man Dutzende von Bäumen einer Art in verschiedenen Lebensphasen betrachten, um das fotogenste Exemplar zu entdecken. Die „schlangenhäutigen" Ahornbäume haben als juvenile Bäume die grafisch am meisten ansprechende Rinde, im Gegensatz zur Zelkove, die erst als erwachsener Baum bemerkenswerte Muster zeigt. Es gilt also die Entwicklung eines Stammes regelmäßig und sorgfältig zu verfolgen, um den besten Zeitpunkt des Abblätterns der Rinde zu entdecken, wenn sich die ungewöhnlichsten und zugleich vergänglichsten Farben zeigen. Deshalb ist es manchmal schwierig, derartige Bilder zu machen. Der wundervolle Erdbeerbaum *Arbutus × thuretiana* aus dem Garten der Villa Thuret am Cap d'Antibes illustriert dieses Thema besonders gut (oben). Am Sommeranfang changiert die feine und zarte Rinde innerhalb weniger Wochen von Orangerot nach Apfelgrün, dann wird daraus ein gelbliches Grün, um schließlich in einen lachsfarbenen Ton überzugehen.

Die Fotos der Rinden in diesem Buch zeigen Detailaufnahmen der Stämme, wie sie für jedermann auch mit bloßem Auge zu erkennen sind. Der Bildausschnitt zeigt mindestens 9 × 13 Zentimeter. Farbveränderungen wurden nicht vorgenommen, denn es ging darum, die natürlichen Farben so getreu wie möglich wiederzugeben.

Außergewöhnlich schwierig gestaltete sich die Auswahl der 81 Porträts für dieses Buch, gibt es doch mehr als 100 000 verschiedene Baumarten auf unserem Planeten. Die vergangenen 10 Jahre, die ich damit verbrachte, an gut 25 Orten der Erde die schönsten Baumrinden in Wäldern, Parks und Botanischen Gärten aufzuspüren, haben mir mehr als 15 000 Dias beschert. Sie zeigen etwa 450 Pflan-

Versuchspflanzung von *Eucalyptus* in den Bergen von Esterel, Frankreich.

zenarten mit bemerkenswerter Rinde. Ich traf die Auswahl in erster Linie nach ästhetischen Kriterien wie grafischer Gestalt, Reinheit der Linien oder Farbenreichtum. Dazu kamen Kriterien wie Originalität, Eigenartigkeit, Seltenheit, Unzugänglichkeit oder sogar der Nutzaspekt für den Menschen. Auch ging es darum, die erstaunliche Vielfalt von Rinden innerhalb einer botanischen Gattung oder einer Familie zu verdeutlichen, wobei ich bei den Laubbäumen insbesondere die Eukalyptusarten und bei den Nadelbäumen die Kiefern in den Mittelpunkt stelle. Ohne allumfassend sein zu können präsentiert das Buch ein breites Spektrum an Texturen und eine immense Palette natürlicher Farben, die den schönsten Regenbogen würdig sind. Ingesamt werden mehr als 400 Aufnahmen gezeigt, die mehr als 220 Arten und einzigartige Rinden vertreten, wobei sie nach Kontinenten geografisch geordnet sind. Diese Ordnung nimmt Bezug auf eine Rundreise zu jenen Orten, wo die Arten ursprünglich heimisch sind und nicht unbedingt auf den in der Bildunterschrift genannten Ort der Aufnahme. Alle botanischen Namen, insbesondere der Familien, wurden der aktuellen Taxonomie angepasst. Seien Sie daher also nicht überrascht, wenn der Ahorn unter den Sapindaceae klassifiziert wurde oder der Baobab und der Kapokbaum unter den Malvaceae. Die Begleittexte sollen keine botanisch-taxonomische Beschreibung liefern, zumal die so charakteristische Rinde und das Foto des Baumes in den meisten Fällen schon ausreichen würden, die Gattung oder Art zu identifizieren. Sie sollen eher spielerisch verstanden werden, da sie Anekdoten und ethnobotanische Informationen für jedermann bereithalten.

Neben dem einfachen Wunsch, meine besondere emotionale Verbindung zu den Bäumen einem breiten Publikum verständlich zu machen, möchte ein solches Buch natürlich auch für die überraschende und zugleich empfindliche Vielfalt unserer Umwelt sensibilisieren. Erstaunen ist meiner Meinung nach das magischste aller Argumente und der erster Schritt hin zum Respekt. Diese Fotos werden hoffentlich sowohl die Ästheten wie auch die Naturliebhaber bezaubern. Erstere werden vor allem den rein künstlerischen Aspekt sehen. Die zweite Gruppe wird nützliche Kriterien finden, die die Bestimmung oder tiefere Kenntnis mancher Arten ermöglicht.

Mit einem Schuss Neugierde und Vorstellungskraft werden Sie unbeschwert zu einer unvergesslichen Reise in den engsten Kreis der Bäume unserer Welt aufbrechen. Reißen Sie Ihre Augen weit auf und nehmen Sie sich Zeit zum Betrachten – dann enthüllen die Bäume mit Freuden ihre Geheimnisse.

Die Abfolge, in der die Rinden dieses Buches gezeigt werden, entspricht einer imaginären Reise rund um die Welt – mit Europa als Ausgangspunkt und über alle Kontinente hinweg – an diejenigen Plätze, wo die Bäume ursprünglich heimisch sind.

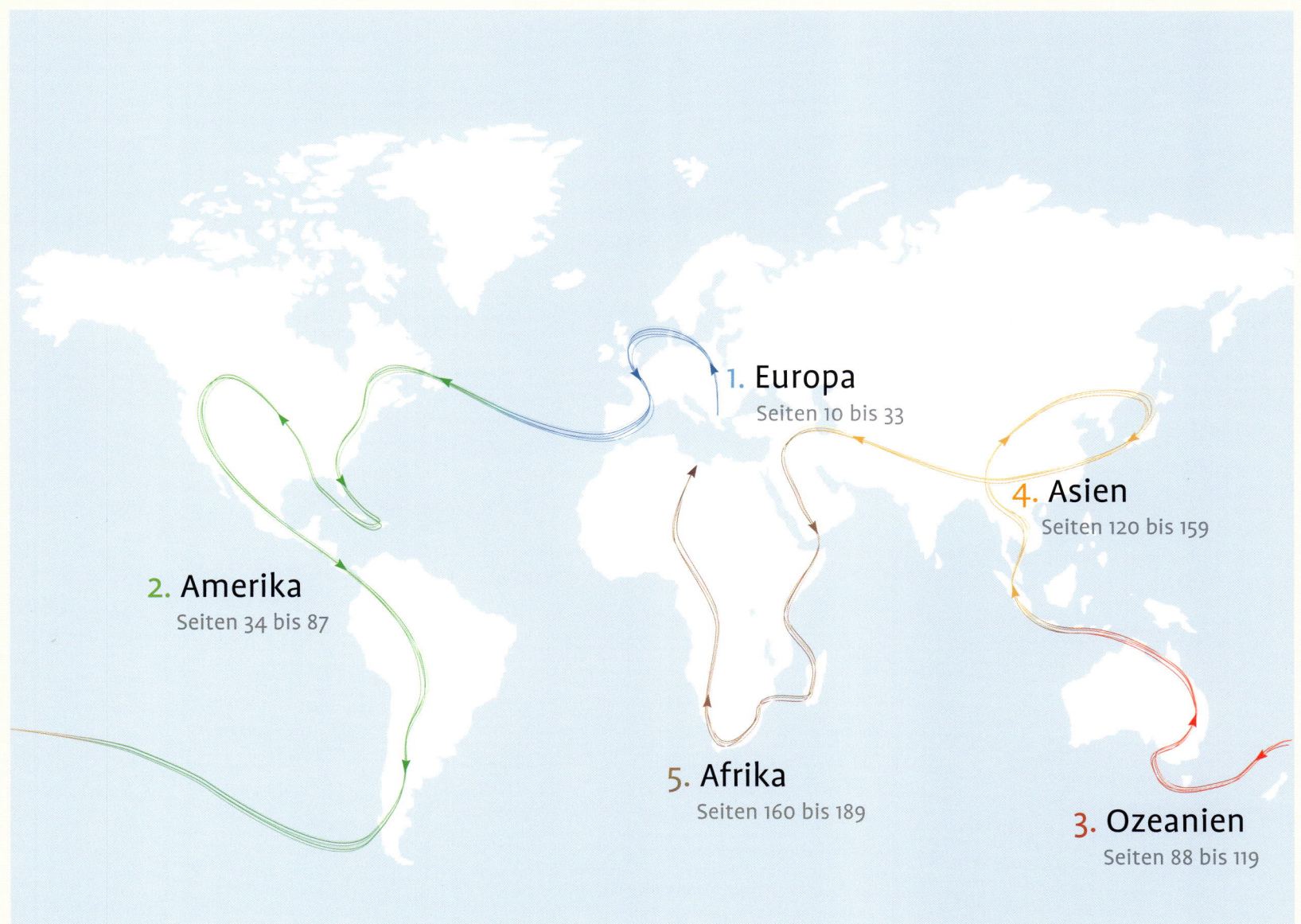

1. **Europa**
Seiten 10 bis 33

2. **Amerika**
Seiten 34 bis 87

3. **Ozeanien**
Seiten 88 bis 119

4. **Asien**
Seiten 120 bis 159

5. **Afrika**
Seiten 160 bis 189

Reiseroute

EUROPA

Platanus × acerifolia, eine bemerkenswerte Platane in einem Privatgarten in Lamanon, Bouches-du-Rhône, Frankreich.

Hänge-Birke
Betula pendula

Als Pionierart hat die Hänge- oder Warzen-Birke ein weites Verbreitungsgebiet besiedelt, das einen Großteil von Europa, Kleinasien und Westsibirien umspannt. Sie ist einfach an ihrer dünnen, in der unteren Partie des Stammes erwachsener Bäume zerfurchten Rinde zu erkennen. Ihren Namen verdankt sie der Trauerform bzw. den weißlichen Warzen auf ihren Gabelungen. Sie zählt zu den besonders verehrten Bäumen und ist tief in der nordischen Sagenwelt verankert. Die Rinde diente vielen Zwecken: als Schriftträger (Papier), zum Schutz (Dachschindeln), zur Beleuchtung (Fackeln), als Kleidung (Schuhe, Gürtel, Juchten) und sogar als Speise bei Hungersnöten. Das gut brennbare Holz wurde von den Töpfern und Bäckern sehr geschätzt; und als sogenanntes „Birkenwasser" wird der im Frühling gewonnene Saft unter anderem gegen Rheumatismus und Harnwegs- sowie Hautentzündungen eingesetzt.

Betula pendula,
Royal Botanic Gardens Kew, Richmond, Großbritannien.

Platanus × acerifolia auf einem Privatgrundstück in der Provence, Frankreich.

Gewöhnliche Platane

Platanus × acerifolia

Die Geschichte der Gewöhnlichen Platane beginnt im 17. Jahrhundert, der Zeit vor den großen Expeditionsreisen. Jüngste gentechnische Untersuchungen haben bestätigt, dass sie aus der natürlichen Kreuzung von Nordamerikanischer Platane (*Platanus occidentalis*), die man von der Ostküste der Neuen Welt mitgebracht hatte, und ihrem von Griechenland bis an die Ausläufer des Himalaja verbreiteten morgenländischen Pendant *Platanus orientalis* entstanden ist. Weil sie wesentlich widerstandsfähiger war als ihre Eltern, wurde sie im 18. Jahrhundert in großer Zahl in Frankreich angepflanzt. Vor allem an den Kanälen sollten Platanen die Böschungen befestigen und durch ihre schattigen Kronen das Verdunsten des Wassers vermindern helfen. Unter Napoleon III. kamen sie dadurch zu Ehren, dass man sie an den Straßen und Plätzen überall im Land setzte. Leider machen die zahlreichen innerstädtischen Belastungsfaktoren die Platanen für Erkrankungen anfällig.

Platanus × acerifolia während und nach dem Schälen der Rinde, Nizza, Frankreich.

Europäische Eibe
Taxus baccata

Obgleich die Eibe in ganze Europa verbreitet ist, war sie dennoch von der Ausrottung bedroht – besonders im Mittelalter. Das Holz war wegen seiner Weichheit, Beständigkeit und schönen rötlichen Maserung sehr beliebt. Die Armeen ließen sie in großen Mengen abholzen, um aus dem Holz Bögen herzustellen – die seinerzeit gängigen taktischen Waffen. Zu ihrem Rückgang trug zudem ihr schlechter Ruf wegen des Taxins bei, eines tödlichen Giftes, das in allen Pflanzenteilen außer dem roten Fruchtfleisch vorhanden ist. Schließlich ist noch ihr extrem langsames Wachstum bemerkenswert. Das alles führte dazu, dass in Frankreich nur wenige majestätische Exemplare erhalten blieben, vor allem in der Normandie und in den seltenen Restwäldern, beispielsweise in der Provence. Studien aus den letzten Jahrzehnten über die krebshemmenden Eigenschaften der Eibe werden sicherlich die lange gehegten Assoziationen mit dem Tod aufheben oder sogar ins Gegenteil verkehren.

Taxus baccata,
Wakehurst Place, Ardingly, Großbritannien.

Taxus baccata,
Botanischer Garten der Stadt Lyon, Frankreich.

Populus alba, Fréjus, Frankreich.

[FAMILIE DER SALICACEAE]

Silber-Pappel

Populus alba

Das umfangreiche Verbreitungsgebiet der Silber-Pappel erstreckt sich von Süd- und Mitteleuropa bis in das südliche Sibirien und an den Himalaja. Diese Art wächst oft am Wasser und breitet sich leicht durch Wurzelausläufer aus. Sie bringt eine immense Zahl an Samen hervor, die von einer gleitschirmartigen Hülle umgeben sind. Dadurch werden sie optimal von Wind und Wasser weitergetragen. Das auf der Oberseite dunkelgrüne und auf der Unterseite flaumige, weiße Blattwerk ist beim geringsten Lufthauch in ständiger Bewegung. Auf dem weißen Stamm sind die charakteristischen rautenförmigen Korkporen (Lentizellen) sichtbar, die wie echte Durchlässe den Gasaustausch ermöglichen. Manchmal können sie zusammenwachsen und bilden so überraschende Formen, die wie Münder aussehen. Seit Jahrtausenden werden die Knospen der Pappeln genutzt. Sie gehören zu einer der bedeutenderen Heilpflanzenfamilien, den Weidengewächsen. Pappeln werden wegen eines Inhaltsstoffes der Weidenrinde (Salizin) sehr geschätzt, es ist der Ausgangsstoff für das berühmte Aspirin (Acetylsalicylsäure).

Populus alba, Gattières, Frankreich.

Populus alba, Arles, Rhone-Delta, Frankreich.

Populus alba, Fréjus, Var, Frankreich.

[FAMILIE DER FAGACEAE]

Edel-Kastanie
Castanea sativa

Die Edel-Kastanie, auch Ess-Kastanie oder Marone genannt, wurde als Nahrungs- und Heilpflanze durch den Menschen in vielen Regionen Europas eingeführt. Es gibt sie vom Kaukasus über Südengland und Irland bis hinunter nach Portugal, weshalb ihre ursprüngliche Heimat nicht mehr mit Sicherheit bestimmt werden kann. Bevor ihre Früchte zu einer besonderen Köstlichkeit wurden, hat die Kastanie mit dem Beinamen „Brot der Armen" über Jahrhunderte hinweg die Bedürftigsten durch den Winter gerettet. Ihr außergewöhnlich widerstandsfähiges Holz wurde als Pfosten für die Weinstöcke oder als Baumaterial wie Balken und Sparren in vielen Bauwerken verwendet. Der Name geht auf die Stadt Kastana in Thessalien (Griechenland) und das ehemalige Königreich Pont in der heutigen Türkei zurück, die für ihre Kastanien bekannt waren. Leider haben Krankheiten wie der Kastanienkrebs sowie die wirtschaftliche Übernutzung die Kastanienbestände stark dezimiert.

Castanea sativa
mit gedreht-zerfurchter Rinde,
Royal Botanic Gardens Kew, Richmond, Großbritannien.

[FAMILIE DER OLEACEAE]

Ölbaum

Olea europaea

Als echte Säule der Zivilisationen am Mittelmeer ist der Ölbaum, auch Olivenbaum genannt, einer der ältesten vom Menschen kultivierten fruchtenden Bäume. Die Olivenernte fand in Palästina schon vor fast 20 000 Jahren statt. Und die Techniken des Obstbaus mit Olivenbäumen entstanden nach Ansicht der Paläobotaniker um 2000 v.Chr. im Raum von Jordanien und Israel. Die Phönizier und später die Römer, die Unmengen an Olivenöl verbrauchten, haben zur weiträumigen Verbreitung dieses emblematischen Baumes um das gesamte Mittelmeer herum beigetragen. Sie benutzten das Öl als Nahrungsmittel, Brennmaterial für Öllampen und zur Hautpflege. Als Symbol der Unsterblichkeit, aber auch des Friedens und der Weisheit ist der Olivenbaum verflochten mit der menschlichen Kultur und er erleuchtet die Sinne. Seine Früchte genoss man in Form von Tafeloliven oder als Dipp.

Olea europaea,
ein bizarr geformter Stamm, Olivenplantage von La Colle-sur-Loup, Frankreich.

Ein zweitausendjähriger *Olivenbaum*,
Roquebrune-Cap-Martin, Frankreich.

Olea europaea,
ein verdrehter, hohler Stamm,
La Colle-sur-Loup, Frankreich.

[FAMILIE DER PINACEAE]

Strand-Kiefer
Pinus pinaster

Die Strand-Kiefer ist leicht an ihrer Rinde mit den violettroten Schuppen zu erkennen. Sie wächst wild im mittleren und westlichen Mittelmeergebiet. Im Jahre 1786 wurde eine gigantische Aufforstung in der Region Landes im Südwesten Frankreichs begonnen, um die Ausweitung der Dünen vom Golf der Gascogne her zu verhindern, die bereits die Dörfer bedrohten. Damit wurde die Art zu einem wichtigen Bestandteil der Waldwirtschaft und sie nimmt etwa 12 Prozent der französischen Wälder ein. Seit der Antike wurde die Kiefer auch wegen ihres Harzes genutzt, das durch Einschnitte ins Holz gewonnen wird. Eine Kiefer liefert während einer Erntephase durchschnittlich etwa 1,5 Liter Harz. Durch Kochen oder Destillation erhält man einen Teer, Terpentin oder auch gelbes, gehärtetes Harz (Kolophonium), mit dem die Musiker das Rosshaar der Bogen von Streichinstrumenten einreiben.

Pinus pinaster,
Ökologiemuseum La Grande Lande, Sabres, Frankreich.

Beim Wachsen bilden die Rindenschuppen Schichten aus.

Das traditionelle Ernteverfahren von Harz

Pinus pinaster, Ökologiemuseum La Grande Lande, Sabres, Frankreich.

Pinus pinaster,
La Teste de Buch, Frankreich.

Pinus pinea, hundertjährige Schirm-Kiefern im Botanischen Garten der Villa Thuret, Antibes, Frankreich.

[FAMILIE DER PINACEAE]

Pinie

Pinus pinea

Dieser auch Schirm-Kiefer genannte Nadelbaum mit einer mehr als 30 Meter weit ausladenden schirmförmigen Krone besiedelt das gesamte nördliche Mittelmeergebiet. Paläobotaniker haben herausgefunden, dass *Homo sapiens sapiens* bereits vor Tausenden von Jahren Pinienkerne erntete. Seit der Antike wird der Baum kultiviert. Die Römer haben ihn wegen des zum Bau genutzten Holzes und der seither in der mediterranen Küche beliebten Pinienkerne häufig gepflanzt und damit zu seiner Ausbreitung beigetragen. Heutzutage hat sich Spanien zum weltweiten Marktführer unter den Produzenten dieser Leckerei entwickelt. Schließlich sollte man auch nicht vergessen, dass die Schirm-Kiefer dem sommerlichen Wanderer eine einzigartige Mittelmeerstimmung bietet: den Duft des Harzes, das Zirpen der Grillen und das Knistern der Pinienzapfen.

Pinus pinea, Nizza, Frankreich.

Pinus pinea, Nizza, Frankreich.

Quercus suber im Wald von Malvoisin, Puget-sur-Argens, Frankreich.

Kork-Eiche

Quercus suber

Als typische Vertreter der Mittelmeerflora häufen sich die Kork-Eichen in Frankreich vor allem in den Eichenwäldern des Var, in den östlichen Pyrenäen, in den Landes und auf Korsika. Bei der Produktion von Kork ist jedoch Portugal Marktführer. Der Gebrauch als Verschlusskorken für Krüge geht bis fast in das Jahr 500 v.Chr. zurück. Doch erst dank des Paters und Kellermeisters Dom Pérignon aus dem 17. Jahrhundert, dem Erfinder des Champagners, hat der Korken seine große Bedeutung als Flaschenverschluss erlangt. Kork wird auch als Isolier- und Dichtungsmaterial oder als Fußbodenbelag verwendet. Für den Baum bildet die dicke, nicht entflammbare Rinde einen natürlichen Brandschutz. Die Rinde wird etwa alle 12 Jahre geerntet, also geschält. Dies kann bis zu ein Dutzend Mal über den gesamten Lebenszyklus des Baumes hinweg erfolgen. Frisch abgehoben zeigt die Rinde eine Orangefärbung, die sukzessive in ein Braunviolett und schließlich in ein Grau übergeht.

Nutzung der Eiche: vom Entrinden zum Flaschenkorken

Quercus suber, Firma Prima Liège, Fréjus, Frankreich.

Quercus suber, Wald von Malvoisin, Puget-sur-Argens, Frankreich.

Erdbeerbäume

Es gibt gut ein Dutzend Erdbeerbaumarten, die in Zonen mit mediterranem Klima gedeihen, beispielsweise in Südeuropa, auf den Kanarischen Insel oder an der nordamerikanischen Westküste. Der Gattungsname *Arbutus* stammt vom keltischen Wort *arbois* ab, was runzelig bedeutet. Diese Namensgebung bezieht sich auf die roten, mehligen, essbaren Früchte, die von einer runzeligen Haut umgeben sind. Die europäischen Arten werden Erdbeerbaum genannt, die nordamerikanischen Madrone.

1. *Arbutus canariensis*,
   Villa Thuret, Antibes, Frankreich.
2. *Arbutus × andrachnoides*,
   Villa Thuret, Antibes, Frankreich.
3. *Arbutus andrachne*,
   Botanischer Garten Nizza,
   Frankreich.
4. *Arbutus andrachne*,
   Villa Thuret, Antibes, Frankreich.
5. *Arbutus × thuretiana*,
   Villa Thuret, Antibes, Frankreich.
6. *Arbutus × thuretiana*,
   Villa Thuret, Antibes, Frankreich.
7. *Arbutus unedo*,
   Parc Phoenix, Nizza, Frankreich.
8. *Arbutus andrachne*,
   Villa Thuret, Antibes, Frankreich.
9. *Arbutus × thuretiana*,
   Villa Thuret, Antibes, Frankreich.

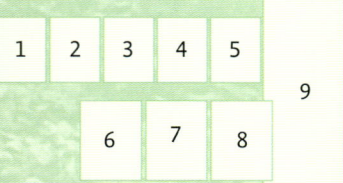

[FAMILIE DER ERICACEAE]

Erdbeerbaum

Arbutus andrachne

Der Östliche Erdbeerbaum gedeiht vor allem im südöstlichen Mittelmeerraum (Griechenland und Türkei) und an den Schwarzmeerküsten. Seine zarte, außergewöhnliche Rinde lädt geradezu zum Berühren ein. Im Frühling zeigt sie sich in leuchtenden Rottönen. Mit der sommerlichen Hitze schält sie sich mehr und mehr ab. Rechteckige Stücke zeichnen sich auf dem Stamm ab, lösen sich partiell, vertrocknen und rollen sich leicht ein wie kleine Zimtstangen. Darunter tritt das flüchtige Grün der ganz frischen Rinde zutage. Die kleinen roten, essbaren, aber fade schmeckenden Früchte haben dem Baum zu dem Namen Erdbeerbaum verholfen. Er zählt durch den Wirkstoff Arbutin zu den heilkräftigen Pflanzen, die Hauterkrankungen, z. B. Ekzeme, und Gelenkprobleme wie Gicht, Arthritis und Rheuma lindern.

Arbutus andrachne,
Botanischer Garten der Villa Thuret,
Antibes, Frankreich.

Schälen der roten Rinde und flüchtige grüne Verfärbung

Arbutus andrachne, Botanischer Garten der Stadt Nizza, Frankreich.

Erdbeerbäume

Es gibt gut ein Dutzend Erdbeerbaumarten, die in Zonen mit mediterranem Klima gedeihen, beispielsweise in Südeuropa, auf den Kanarischen Insel oder an der nordamerikanischen Westküste. Der Gattungsname *Arbutus* stammt vom keltischen Wort *arbois* ab, was runzelig bedeutet. Diese Namensgebung bezieht sich auf die roten, mehligen, essbaren Früchte, die von einer runzeligen Haut umgeben sind. Die europäischen Arten werden Erdbeerbaum genannt, die nordamerikanischen Madrone.

1. *Arbutus canariensis*,
   Villa Thuret, Antibes, Frankreich.
2. *Arbutus × andrachnoides*,
   Villa Thuret, Antibes, Frankreich.
3. *Arbutus andrachne*,
   Botanischer Garten Nizza, Frankreich.
4. *Arbutus andrachne*,
   Villa Thuret, Antibes, Frankreich.
5. *Arbutus × thuretiana*,
   Villa Thuret, Antibes, Frankreich.
6. *Arbutus × thuretiana*,
   Villa Thuret, Antibes, Frankreich.
7. *Arbutus unedo*,
   Parc Phoenix, Nizza, Frankreich.
8. *Arbutus andrachne*,
   Villa Thuret, Antibes, Frankreich.
9. *Arbutus × thuretiana*,
   Villa Thuret, Antibes, Frankreich.

AMERIKA

Sequoiadendron giganteum, ein wundervoller Wald von Mammutbäumen, Sequoia National Park, Kalifornien, USA.

Papier-Birke
Betula papyrifera

Im Norden des nordamerikanischen Kontinents wachsen unzählige Papier-Birken – der Lebensbaum der Ureinwohner. Seine fast nicht verrottende Rinde ist äußerst vielfältig nutzbar. Weil sie wasserundurchlässig ist, konnte man sie zu Kanus, zu Dächern der traditionellen Behausungen (Wigwams), Verpackungen und Behältern aller Art verarbeiten. Außerdem wurden Fackeln, die selbst bei Feuchtigkeit gut entflammbar sind, hergestellt. Die Rinde diente sogar als Schreibpapier. Im Frühling kann der Saft auf die gleiche Weise wie der Ahornsirup geerntet werden. Man erhält so den wässrigen Birkensaft, ein anerkanntes und wirkungsvolles Heilmittel gegen Gicht, Blasensteine und Hauterkrankungen. Diese wertvolle Flüssigkeit kann zu konzentriertem Sirup eingekocht oder mit Alkohol zu einem kräftigenden Auszug verarbeitet werden. Das Holz wurde in der Papierindustrie kommerziell genutzt und es diente als Brennmaterial.

Betula nigra, Jardin du Bois Marquis, Vernioz, Frankreich.

Betula papyrifera var. *commutata*, Westonbirt Arboretum, Tetbury, Großbritannien.

Betula alleghaniensis, Royal Botanic Gardens Kew, Richmond, Großbritannien.

Betula papyrifera, Les Laurentides, Québec, Kanada.

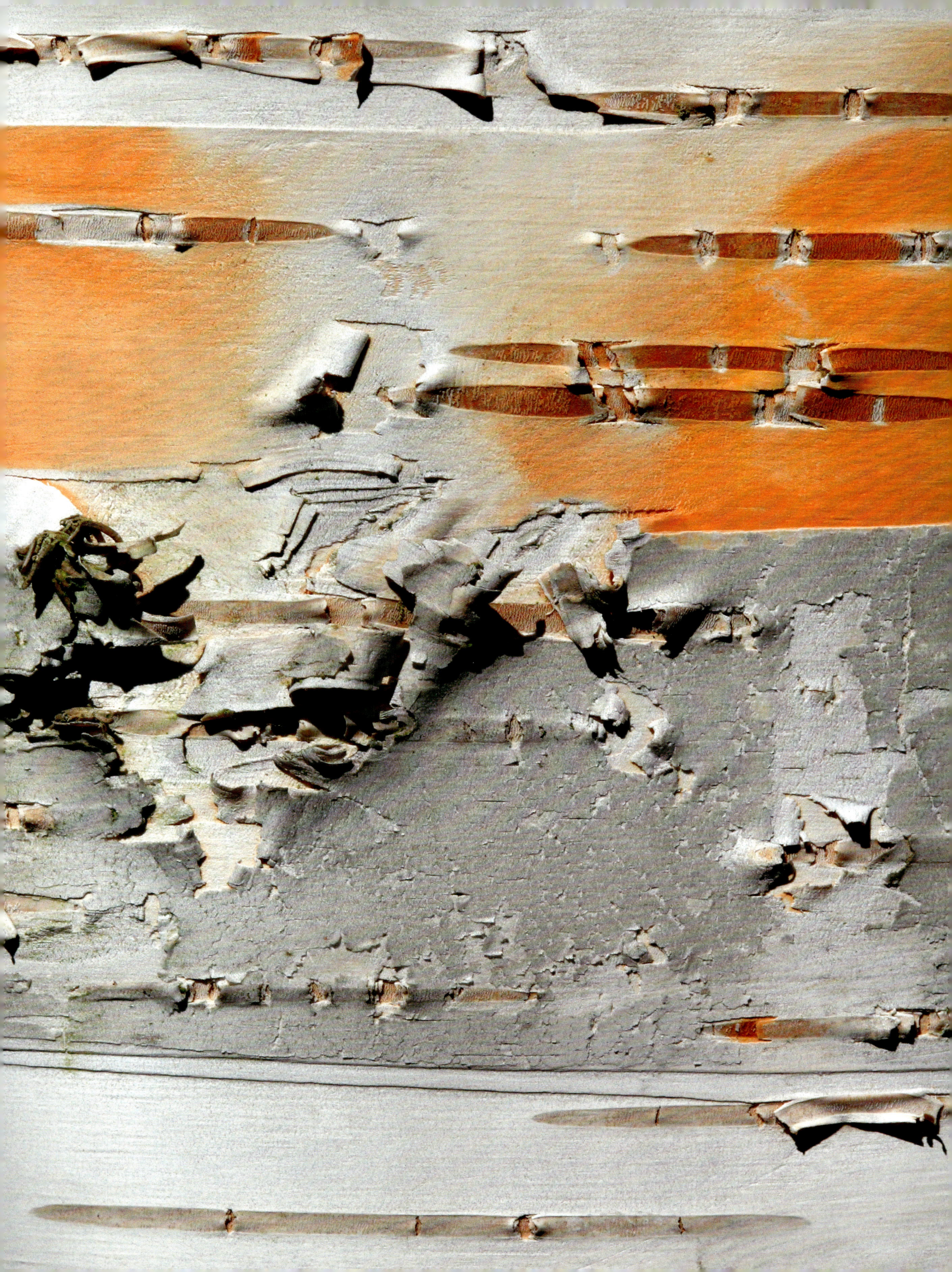

Taxodium distichum an einem natürlichen Standort, Corkscrew Swamp Sanctuary der Adubon-Stiftung, Naples, Florida, USA.

Zweizeilige Sumpfzypresse
Taxodium distichum

Im Herbst hüllt das Laubwerk der Sumpfzypresse die feuchten und sumpfigen Landstriche im Südosten der USA in ein kupferfarbenes Kleid. Da die Sumpfzypressen ihr Laub verlieren, zeigen sie eine für Nadelbäume ungewöhnliche, nackte Gestalt. Mit den für Mangrovensümpfe kennzeichnenden Mangrovenstämmen gehört diese Baumart zu jenen Arten, die überflutete Böden am besten vertragen. Um unter diesen schwierigen weil sauerstoffarmen Bedingungen überleben zu können, hat die Pflanze seltsame knieförmige Auswüchse entwickelt, die sogenannten Pneumatophoren. Diese Knie- oder Atemwurzeln versorgen das unterirdische Wurzelsystem mit Sauerstoff. Bei den sumpfigen und nicht besonders tiefen Substraten dienen sie zudem als Verankerung im Boden. Die Auswüchse können mehr als 1,5 Meter hoch werden und wurden früher zur Herstellung von Ausrüstungsgegenständen in der Seefahrt verwendet. Das nicht rottende, extrem dauerhafte Holz ist ein guter Baustoff.

Taxodium distichum mit faltiger Rinde, Botanischer Garten Lyon, Frankreich.

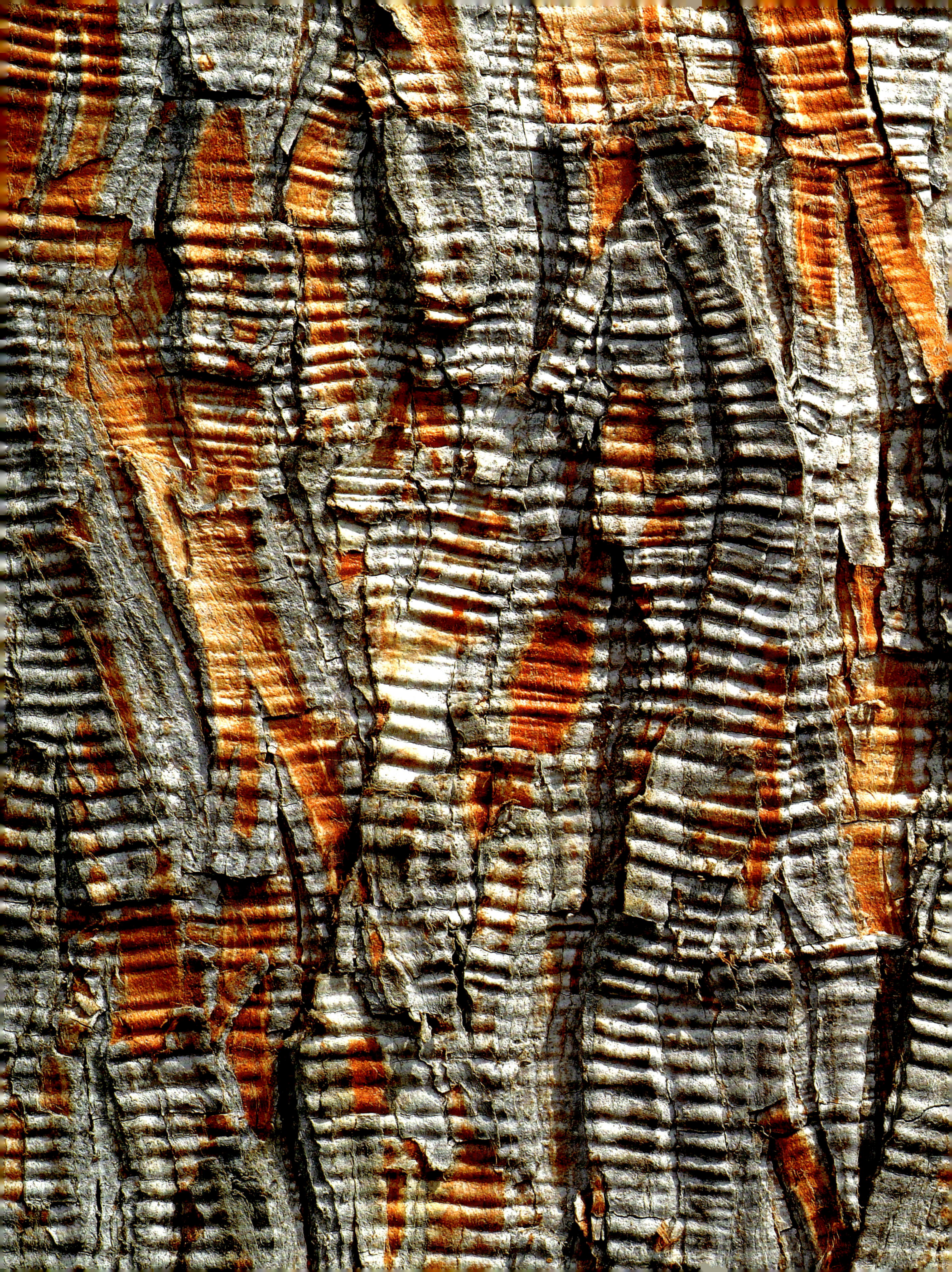

[FAMILIE DER MORACEAE]

Gold-Feige
Ficus aurea

Viele Vertreter der Gattung *Ficus* haben einen wahrhaft „mörderischen" Ruf, denn sie gehören zur Gruppe der Würgefeigen – wie beispielsweise die in Florida heimische Art *Ficus aurea*. Man findet sie vor allem in tropischen Hartholzwäldern, den so genannten *hammocks*, und sumpfigen Gebieten in Florida und der Karibik. Ihre durch Vögel verbreiteten Samen keimen hoch oben in den Astgabeln von Bäumen oder an der Basis von Palmwedeln und wachsen zunächst epiphytisch heran. Die feinen Wurzeln legen sich sorgfältig um den Wirtsbaum, bis sie den Erdboden erreicht haben. Dann setzt eine rasche Entwicklung ein, die den Baum lautlos erstickt. Vom Licht abgeschnitten, verfällt der vorher stützende Baum immer mehr. Manchmal verschwindet er sogar mit der Zeit völlig, sodass die Wurzeln der Feige einen regelrechten Pflanzenturm bilden.

Ficus aurea,
Mounts Botanical Garden,
West Palm Beach, Florida, USA.

Ficus aurea,
Miami, Florida, USA.

Junger *Ficus aurea* auf einer Palmettopalme, Everglades Nationalpark, Florida, USA.

Älterer *Ficus aurea* auf einem Weißgummibaum, Montgomery Botanical Center, Coral Gables, Florida, USA.

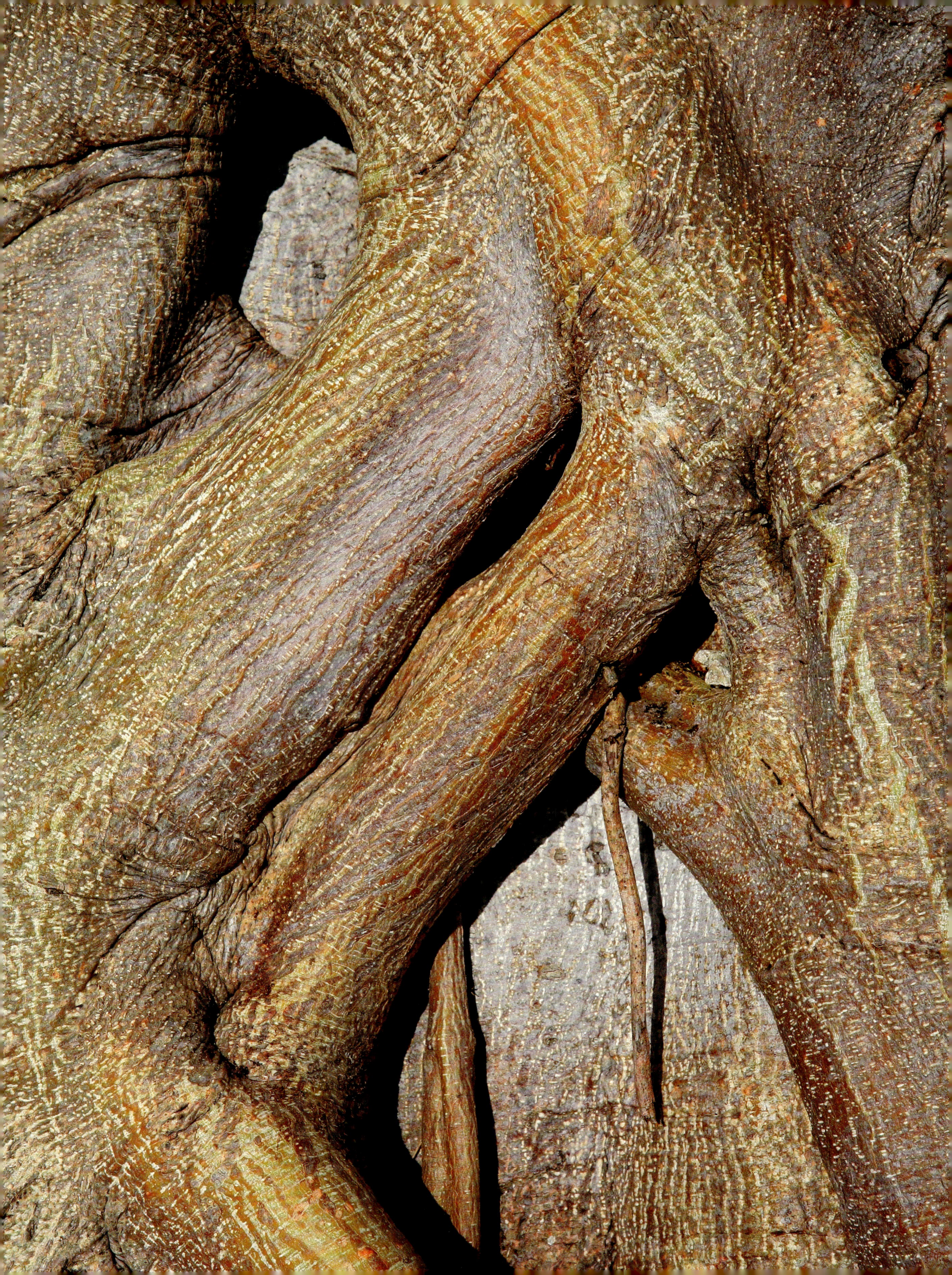

Birkenblättriger Weißgummibaum
Bursera simaruba

Der Weißgummi- oder Balsambaum ist von Mexiko bis in die tropischen Regionen Nordamerikas verbreitet, wächst aber auch in Florida und der Karibik. Man findet ihn oft an den Küsten, weil er sowohl salzige Böden als auch die heftigen Tropenstürme aushält. Und wenn er einmal umgeknickt wurde, bewurzelt er sich rasch wieder. Man nennt ihn auch Touristenbaum, weil seine papierartige rote Rinde an die Haut eines Touristen mit Sonnenbrand erinnert. Wie die Weihrauchbäume (*Boswellia*) und die Myrrhearten (*Commiphora*), mit denen *Bursera* nahe verwandt ist, produziert der Weißgummibaum ein *chibou* genanntes Harz, das die Ureinwohner als Medizin, Räucherwerk, Klebstoff und Schutzlack verwendeten. Die Rinde gilt als Gegengift zum toxischen Saft des Giftholzes *Metopium toxiferum*. Die Samen, die in kleinen roten Beerenfrüchten stecken, sind bei vielen Vogelarten beliebt, was der Verbreitung sehr zuträglich ist.

Bursera simaruba,
Fairchild Tropical Botanic Garden,
Coral Gables, Florida, USA.

Bursera microphylla,
Moorten Botanical Gardens,
Palm Springs, Florida, USA.

Bursera simaruba,
Montgomery Botanical Gardens,
Coral Gables, Florida, USA.

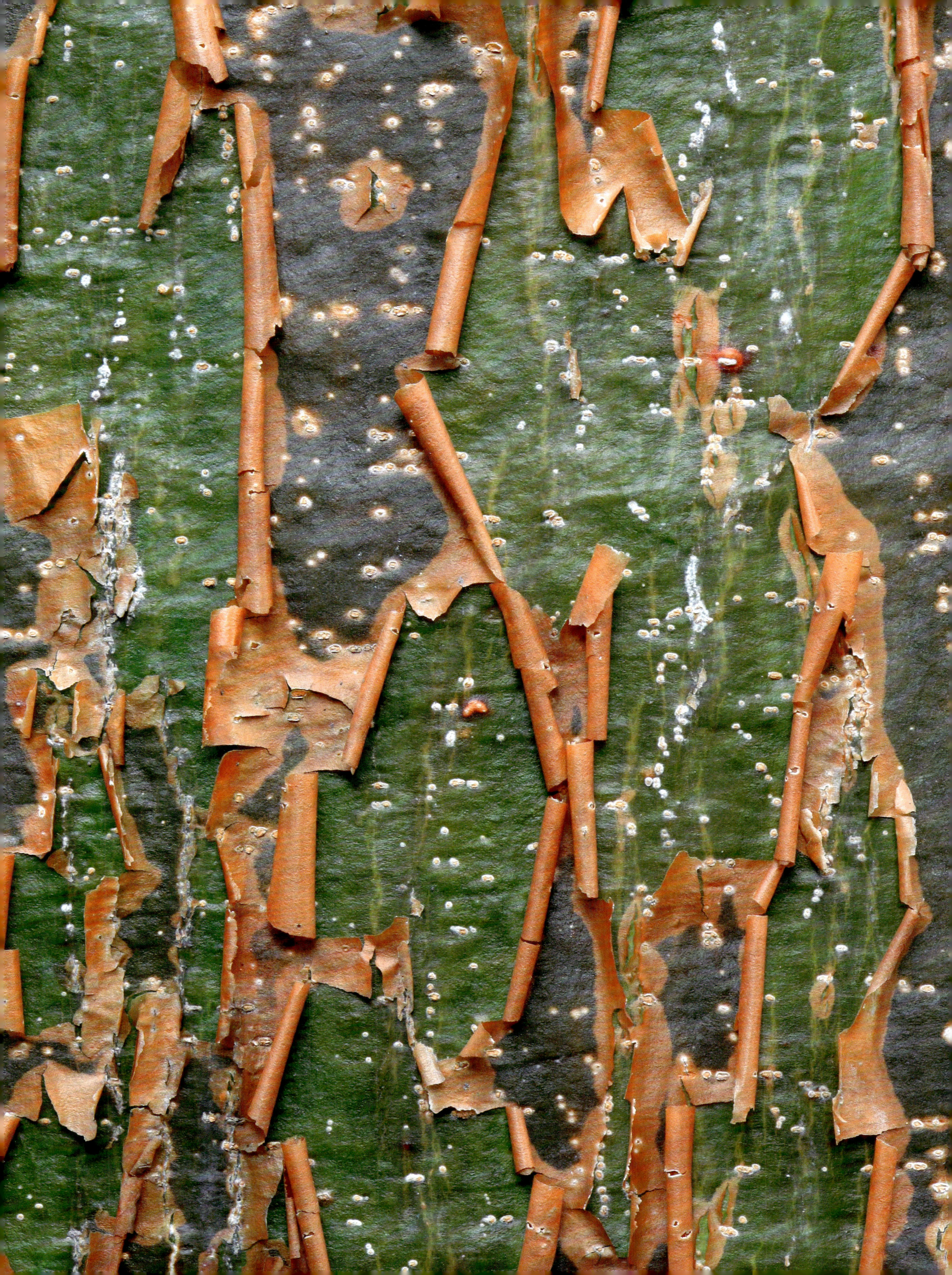

[FAMILIE DER ARECACEAE]

Palmettopalme
Sabal palmetto

Palmettopalmen sind ein Markenzeichen der Küsten- und Feuchtgebiete in den Bundesstaaten Florida und South Carolina. Die Palmenart zeigt eine breite Toleranz gegenüber Salzgehalt, Feuchtigkeit, Trockenheit und auch Frost. Und zu diesen ökologischen Vorteilen gesellen sich noch die ästhetischen: das schöne Laubwerk und der markante Stamm. Der Schaft hat ein Kreuzgittermuster, das wie ein grünes Korsett aussieht und je nach Exemplar viele Jahre überdauern kann. Im Laufe der Zeit sammelt sich hier organisches Material an, in dem sich Farne, Orchideen und andere Epiphyten wie die Würgefeigen ansiedeln. Der Vegetationspunkt, das Palmherz, ist essbar, doch mit der Ernte stirbt die Palme. Ihre Wedel werden in vielen kunsthandwerklichen Bereichen genutzt und beispielsweise zu Hüten, Körben und Seilen verarbeitet. Ihre sehr nektarreichen Blüten ergeben einen ausgezeichneten Honig.

Sabal palmetto mit „nassen Füßen" in ihrem natürlichen Lebensraum, Everglades Nationalpark, Florida, USA.

Sabal palmetto, unterschiedliche Rindenfärbung einzelner Individuen, Everglades Nationalpark, Florida, USA.

Sabal mauritiiformis, Montgomery Botanical Gardens, Coral Gables, Florida, USA.

Kubanische Königspalme
Roystonea regia

Diese hoch aufragende, grazile Palme mit glattem Stamm ist typisch für die kubanischen Agrarflächen. Sie ist von großer Bedeutung für die Bauern, die alle Teile der Pflanze zu nutzen wissen. Von anderen Arten ist sie aufgrund der charakteristischen, flaschenförmigen Ausbauchung am Fuß und auch in der Stammmitte gut zu unterscheiden. Bei juvenilen Exemplaren zeigen sich farbige Ringe, die von einem dunklen Braun zu einem zarten Grün verlaufen, je weiter man sich dem Vegetationspunkt nähert. Der wissenschaftliche Name dieser Pflanze wurde ihr zu Ehren eines amerikanischen Offiziers namens Roy Stone gegeben, der im spanisch-amerikanischen Krieg bei der Einnahme Puerto Ricos kämpfte. In die Insel verliebt, arbeitete er aktiv am dortigen Aufschwung, indem er beispielsweise das Straßennetz ausbaute. Der Artname *regia* bedeutet königlich bzw. glänzend.

Roystonea regia,
Nouméa, Neukaledonien.

Roystonea regia,
Montgomery Botanical Center,
Coral Gables, Florida, USA.

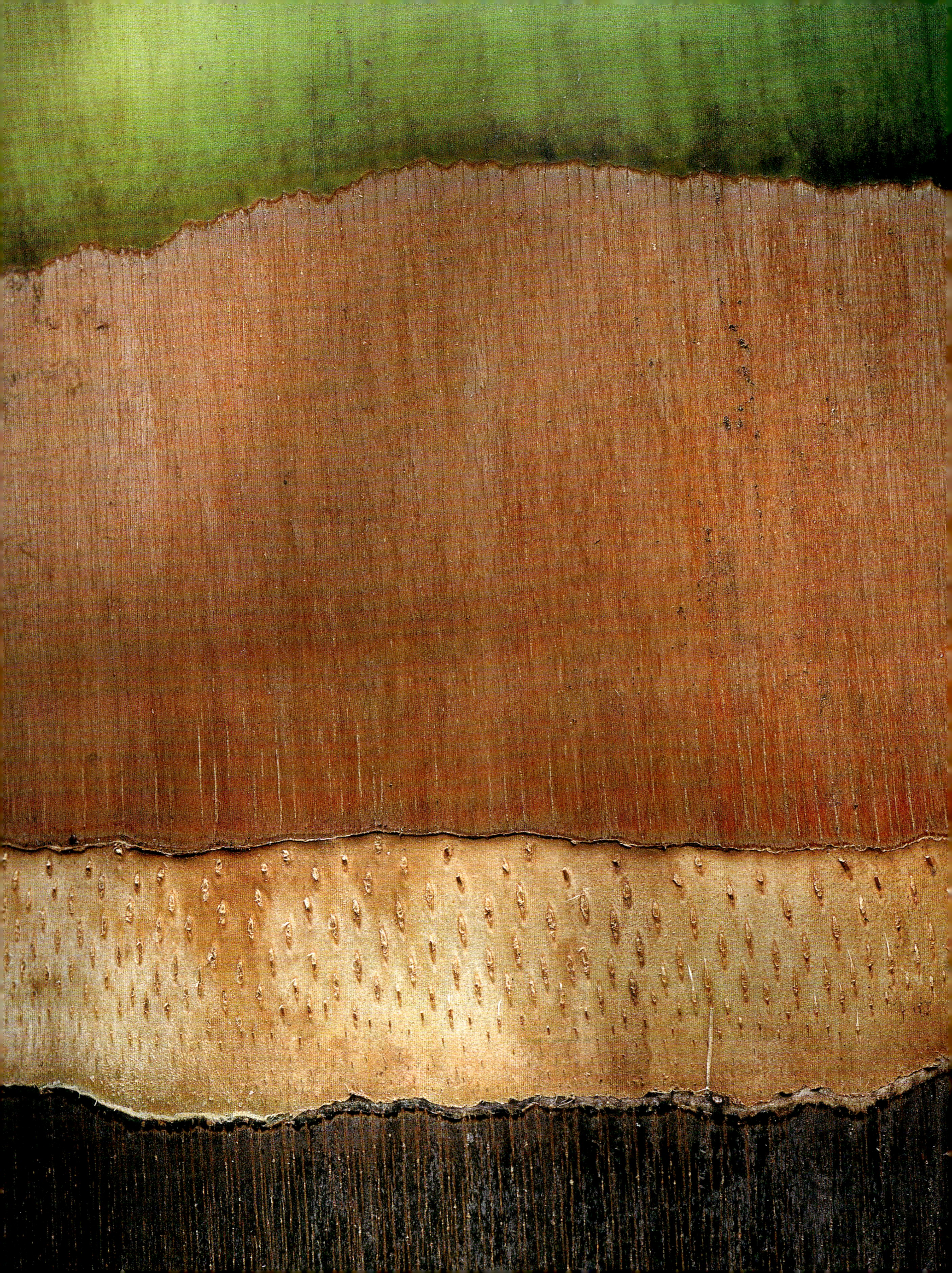

48 | AMERIKA [FAMILIE DER ARECACEAE]

Palmen

Zur Familie der Palmen (früher Palmae, heute Arecaceae) gehören an die 3000 Arten, die fast ausschließlich in den subtropischen Zonen der Erde beheimatet sind. Trotz ihrer manchmal gigantischen Ausmaße von bis zu 60 Metern Höhe oder mehr als 5 Metern Umfang bei den besonders beeindruckenden Exemplaren gehören die Palmen nicht zu den Bäumen. Tatsächlich verholzen sie nicht und bilden auch keine Jahresringe aus. Der Mensch nutzt alle Teile dieser segensreichen Pflanzen: als Nahrungsmittel, als Baumaterial, zur Körperpflege, für die Herstellung kunsthandwerklicher Gegenstände und vieles mehr.

1. *Trithrinax campestris*, St-Aygulf, Frankreich.
2. *Carpoxylon macrospermum*, Fairchild, Coral Gables, USA.
3. *Coccothrinax miraguama*, Montgomery, Coral Gables, USA.
4. *Clinostigma harlandii*, Fairchild, Coral Gables, USA.
5. *Roystonea regia*, Montgomery, Coral Gables, USA.
6. *Jubaea chilensis*, Villa Thuret, Antibes, Frankreich.
7. *Livistona drudei*, Kew Gardens, Richmond, Großbritannien.
8. *Metroxylon sagu*, Kebun Raya Bogor, Indonesien.
9. *Washingtonia robusta*, Nizza, Frankreich.
10. *Butia capitata*, Canet-en-Roussillon, Frankreich.
11. *Hyophorbe verschaffeltii*, Kebun Raya Cibodas, Indonesien.
12. *Dypsis decaryi*, Ranomafana, Madagaskar.

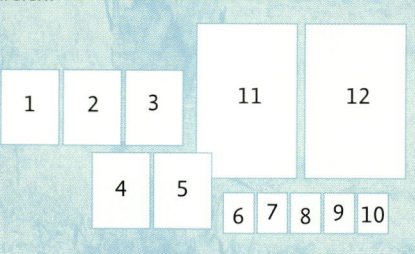

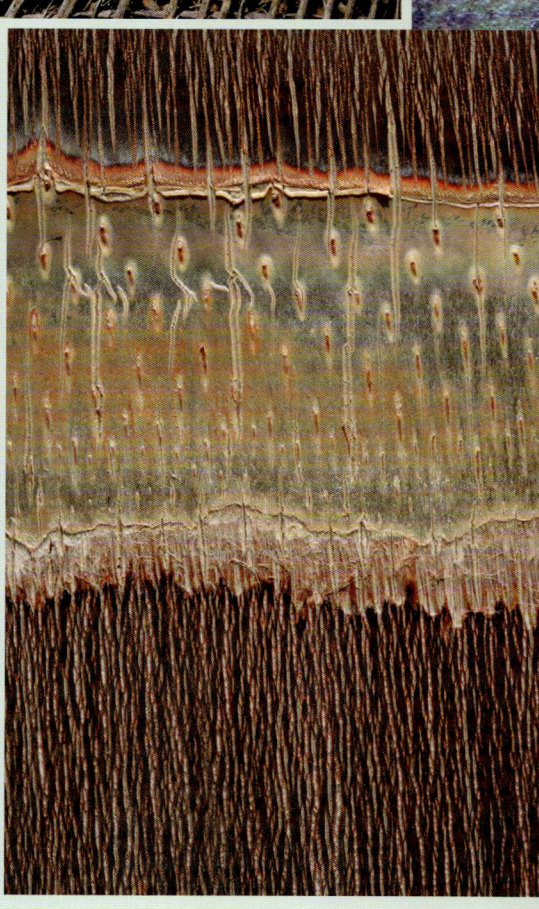

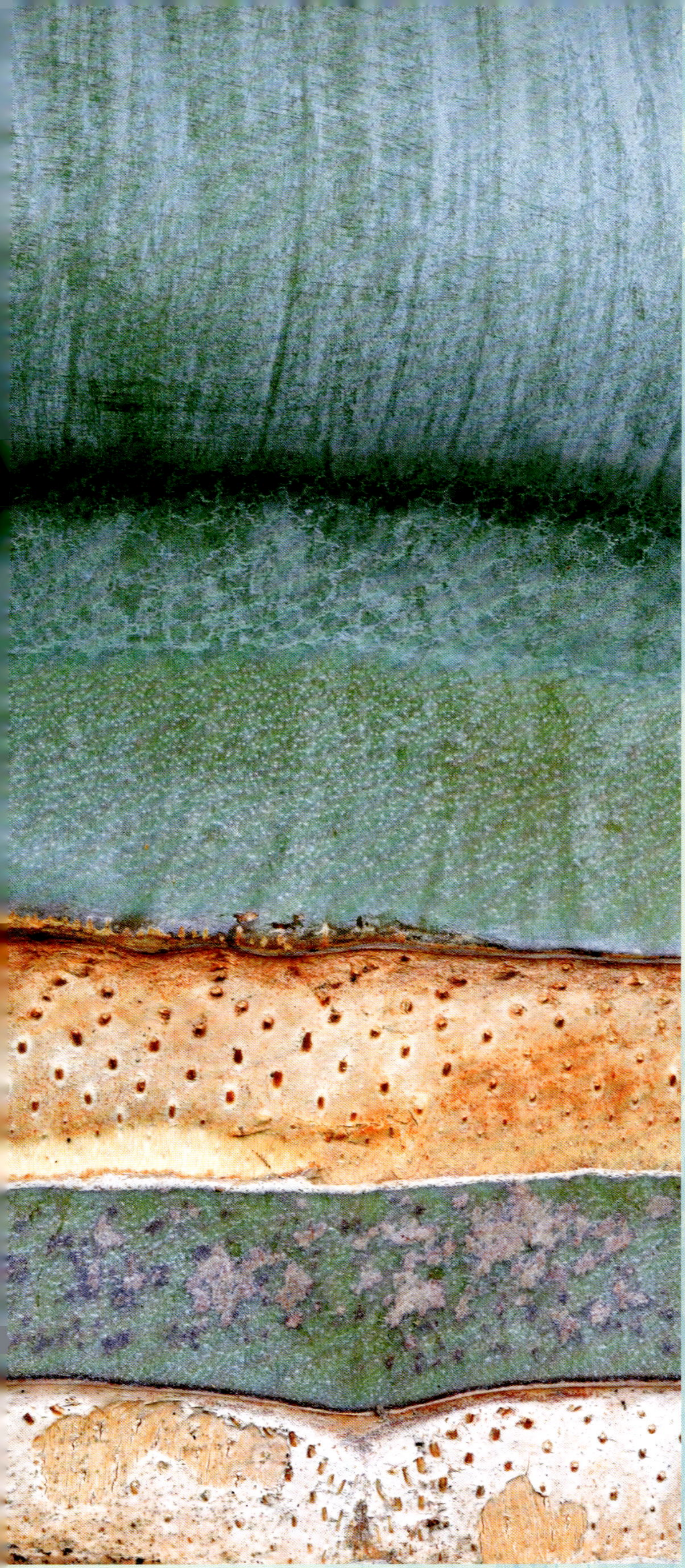
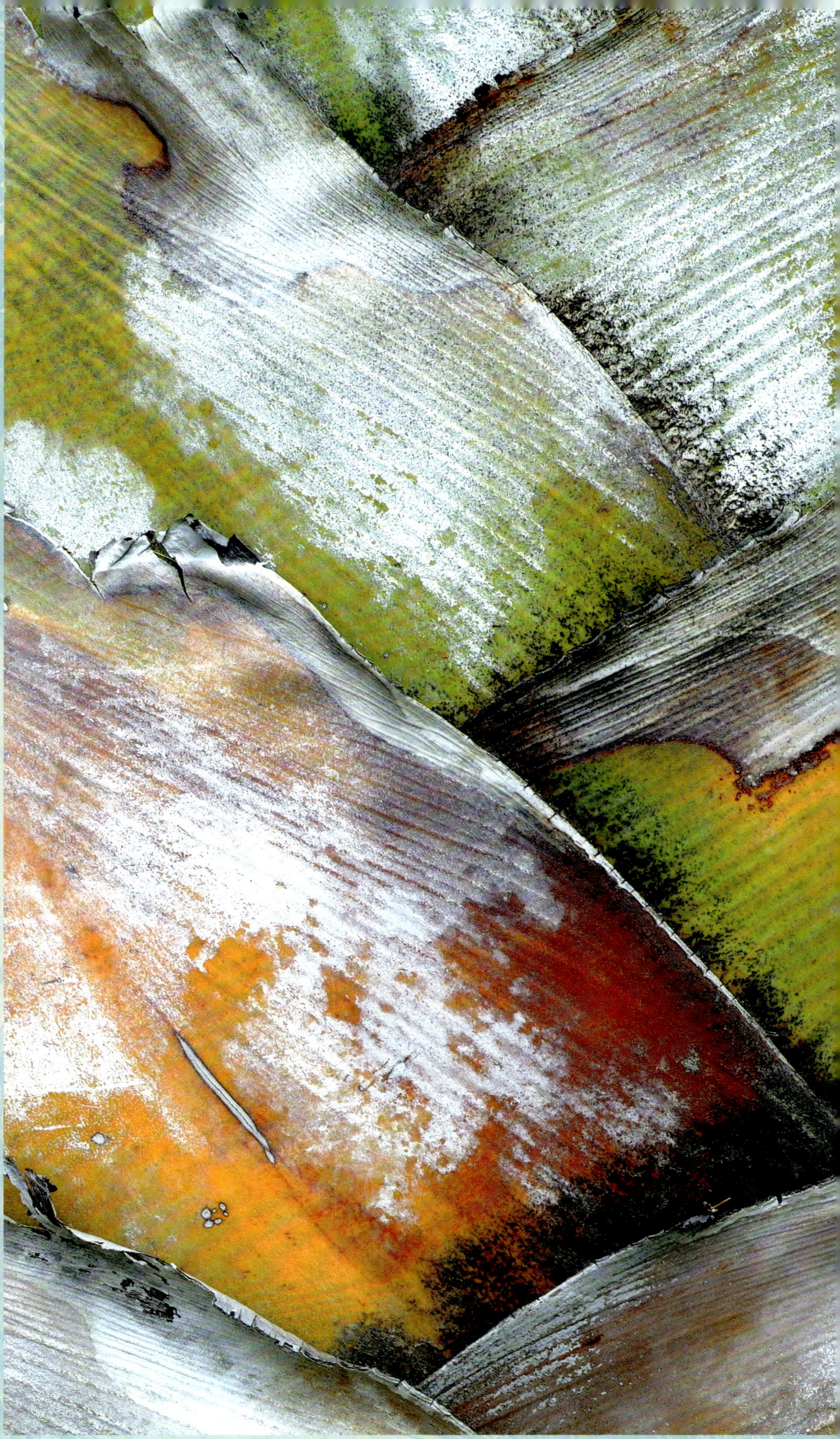
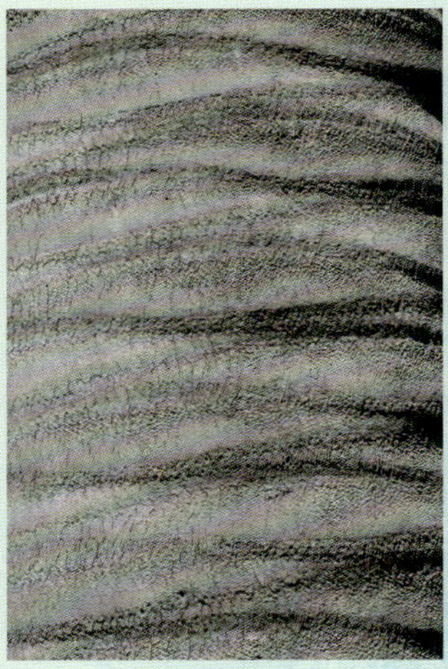
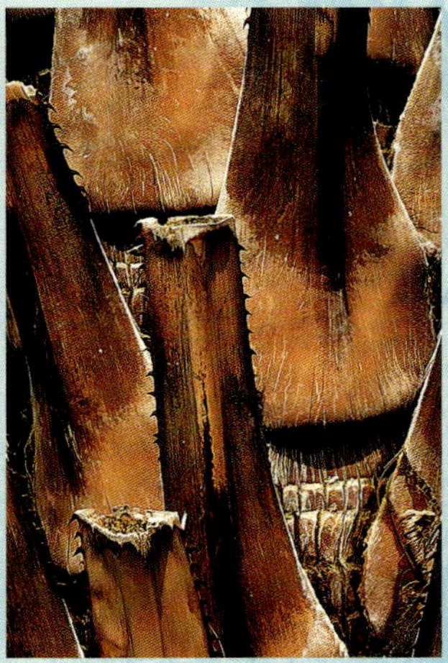
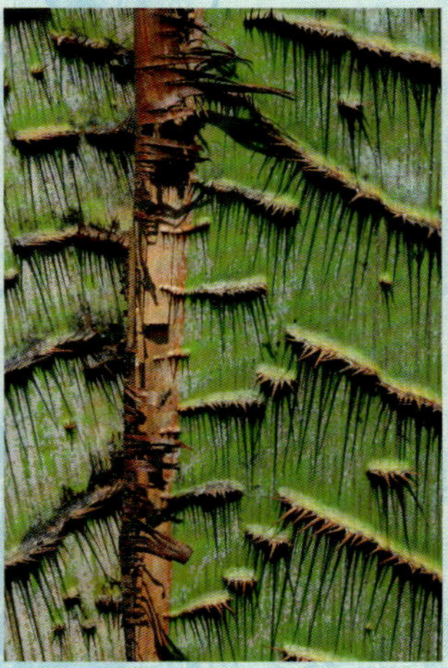
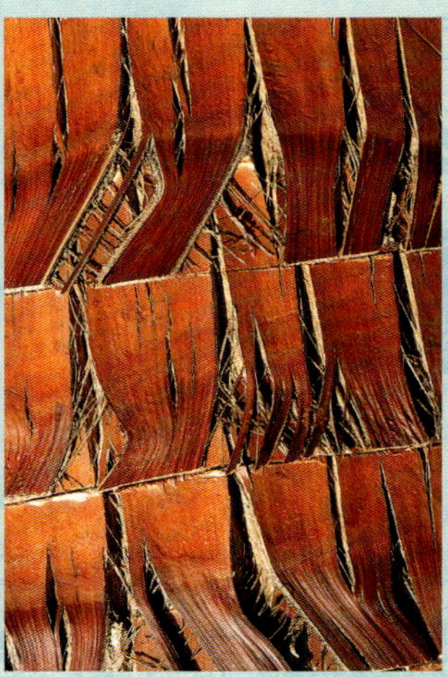
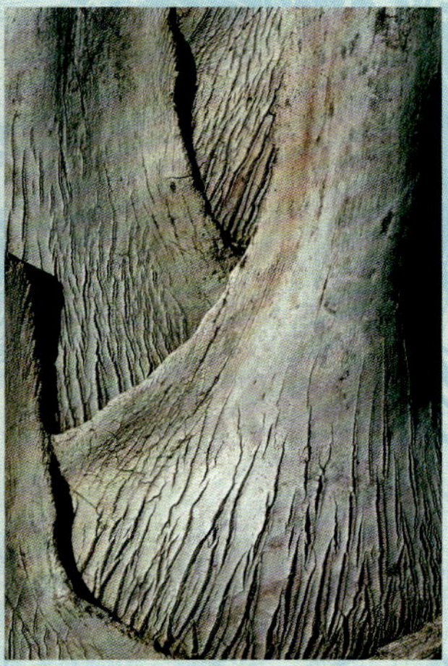

Madrone
Arbutus menziesi

Im Jahre 1792 unternahm der schottische Naturforscher Archibald Menzies die Vancouver-Expedition und entdeckte dabei an der amerikanischen Westküste diese großwüchsige Erdbeerbaumart. Ihre glatte orangerote Rinde schält sich im Sommer und enthüllt darunter ein neues Gewand in apfelgrüner Farbe. Die Indianer gebrauchten die Rinde zum Gerben der Häute und sie schrieben diesem Baum unterschiedliche Heilwirkungen zu. Zudem kann man aus dem Holz eine sehr gute Holzkohle gewinnen, die zur Herstellung von Schwarzpulver diente. Der Baum zählt zu den Pyrophyten, das heißt er widersteht Bränden und seine Ausbreitung wird durch das Feuer erst ermöglicht oder zumindest begünstigt: Samen, die dem Feuer ausgesetzt waren, keimen besser. Außerdem haben sie den Vorteil, dass die mit ihnen um Licht konkurrierenden Pflanzen vernichtet sind. Der Erdbeerbaum regeneriert sich nach einem Feuer sehr rasch und bildet neue Triebe am Baumstumpf. Leider wird seine Verbreitung durch die derzeitige Brandbekämpfung immer mehr eingeschränkt.

Arbutus menziesii
in frühem Stadium der Abschuppung.

Arbutus menziesii, Botanischer Garten der Universität von Kalifornien, Berkeley, Kalifornien, USA.

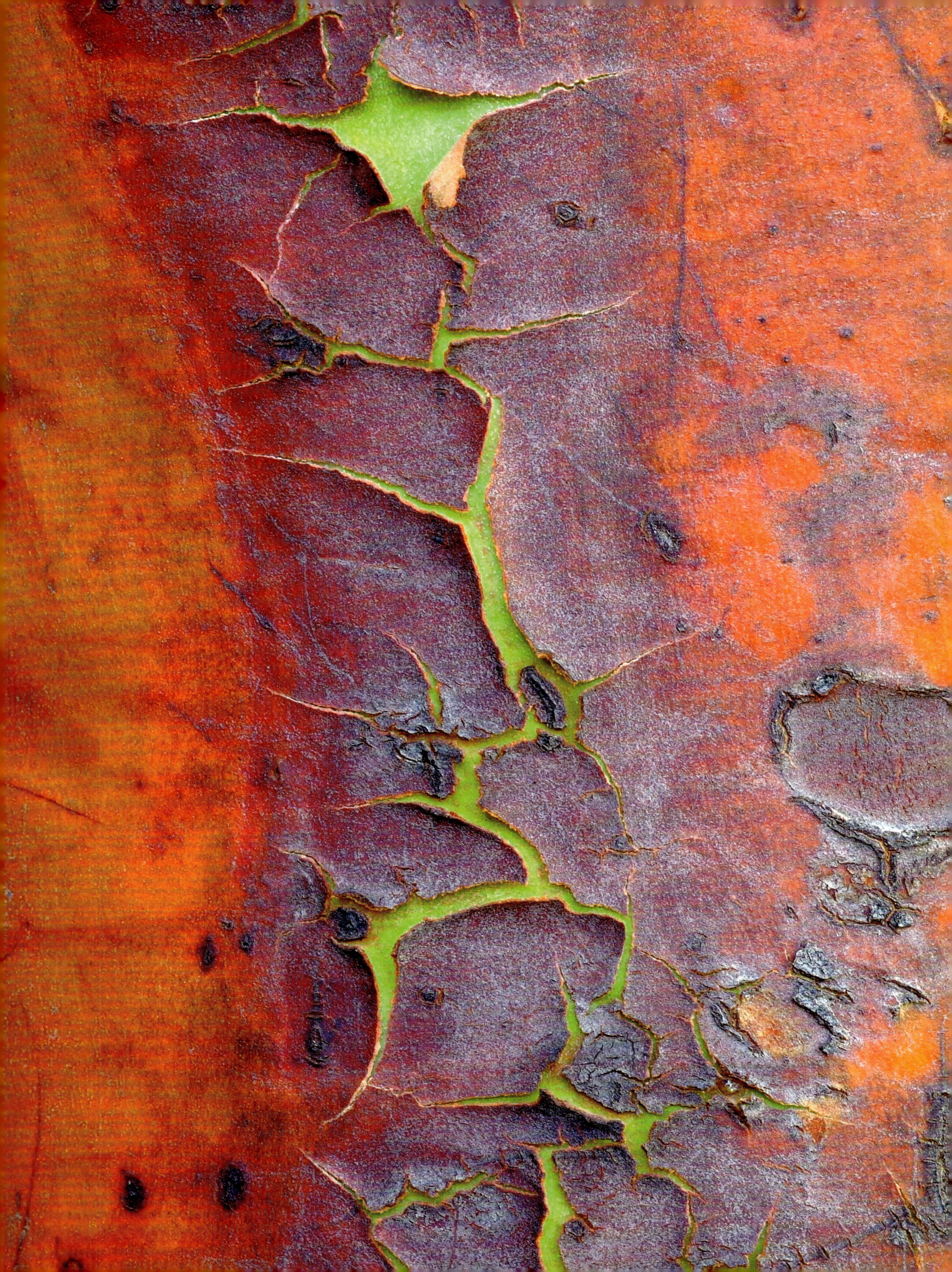

Küstenwald mit Bestand an tausendjährigen *Sequoia sempervirens,* Muir Woods National Monument, Kalifornien, USA.

Küstenmammutbaum

Sequoia sempervirens

Im Unterschied zum Bergmammutbaum (*Sequoiadendron giganteum*, Wellingtonie), der im Binnenland wächst, kommt der Küstenmammutbaum in der Küstenlandschaft Kaliforniens von Monterey im Süden bis in das südliche Oregon hinauf vor. Er nutzt die vom Meer heraufziehenden Nebelbänke, um seinen Wasserbedarf zu decken. Und er hält den Höhenrekord aller Bäume weltweit, denn er kann bis zu 115 Meter Höhe erreichen. Wie ein Feuerschutzschild wirkt seine besonders starke faserige Rinde. Der Stamm alter Exemplare ist außerdem auf den unteren Dutzenden Metern astlos, wodurch die Einwirkung der Flammen von vornherein vermieden wird. Rinde und Holz sind zimtfarben, was den bedeutenden Tanningehalt anzeigt, der den Baum gegen Pilze und Bakterien schützt. Alles das trägt dazu bei, dass die Küstenmammutbäume zu ehrwürdigen Tausendjährigen heranwachsen können. Ihr wissenschaftlicher Name scheint auf den Cherokee-Indianer Sequoyah zurückzugehen, der als Urvater seines Stammes gilt.

Mehrere Hundert Jahre altes Exemplar von *Sequoia sempervirens* mit welliger Rinde, Muir Woods National Monument, Kalifornien, USA.

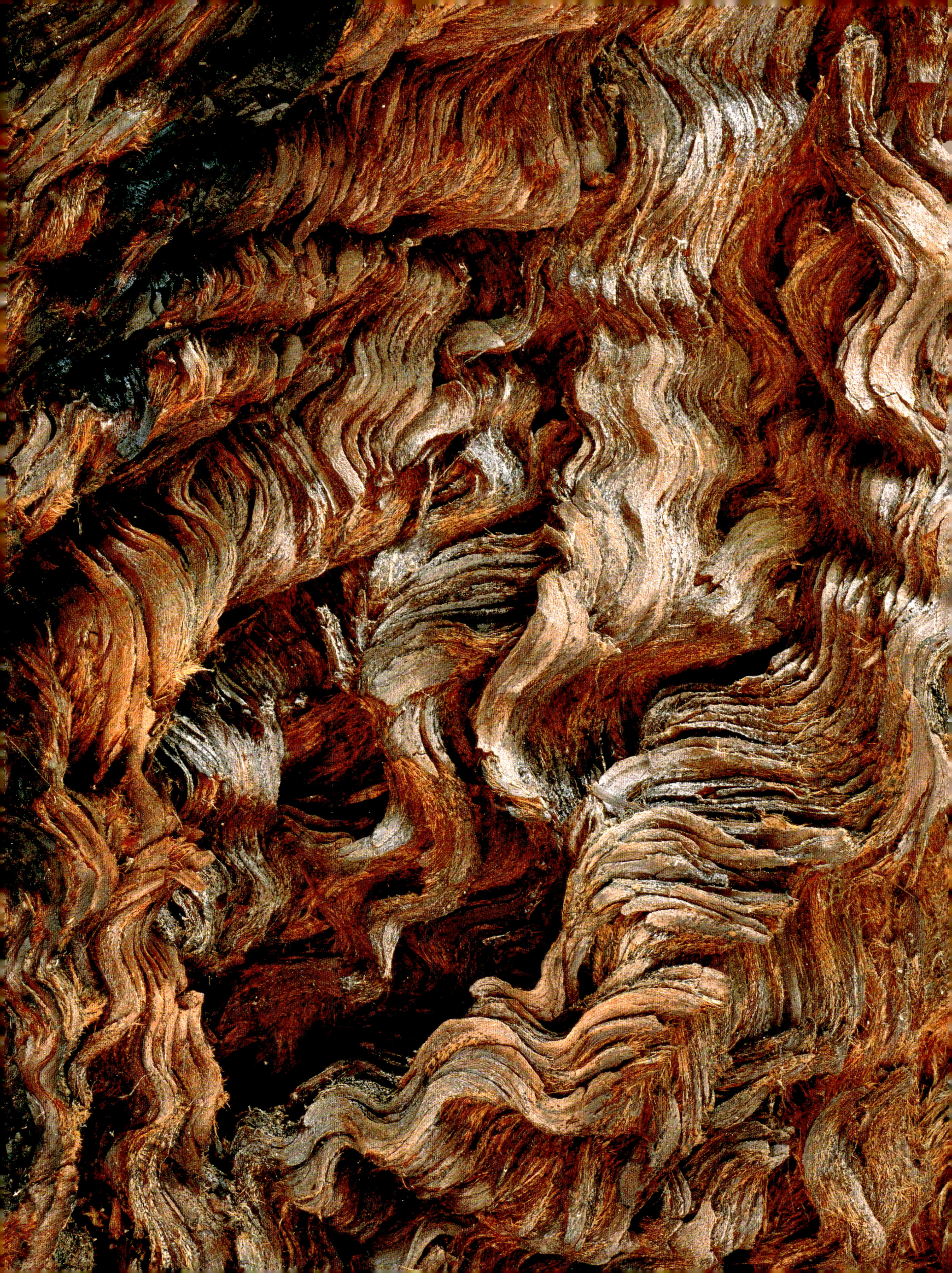

# Serpentin-Bärentraube
Arctostaphylos obispoensis

Es gibt annähernd 60 Arten von Bärentrauben, auch Manzanita genannt, die alle im nordamerikanischen Westen zwischen British Columbia und Zentralmexiko heimisch sind. Der aus den griechischen Wörtern *arkto* (= Bär) und *staphyle* (= Traube) zusammengesetzte Name verrät, dass die kleinen Früchte bei den Bären höchst begehrt sind. Das Wort *manzanita* bezeichnet im Spanischen den kleinen Apfel. Dieser kleine, sehr dekorative Strauch wächst wild in der Region von San Luis Obispo in Kalifornien. Sein graugrünes Blattwerk bildet einen wunderschönen Kontrast zu der feinen, weichen, purpurroten Rinde. Sie schält sich zu Beginn des Sommers und darunter erscheinen nacheinander grüne, orangefarbene, rotbraune und schließlich violette Farbtöne. Ganz wie bei seinem nahen Verwandten, dem Erdbeerbaum, wird auch aus der Bärentraube das Arbutin gewonnen, das man zur Linderung von Harnwegsinfektionen einsetzt.

Arctostaphylos obispoensis,
Botanischer Garten der Universität von Kalifornien, Berkeley,
Kalifornien, USA.

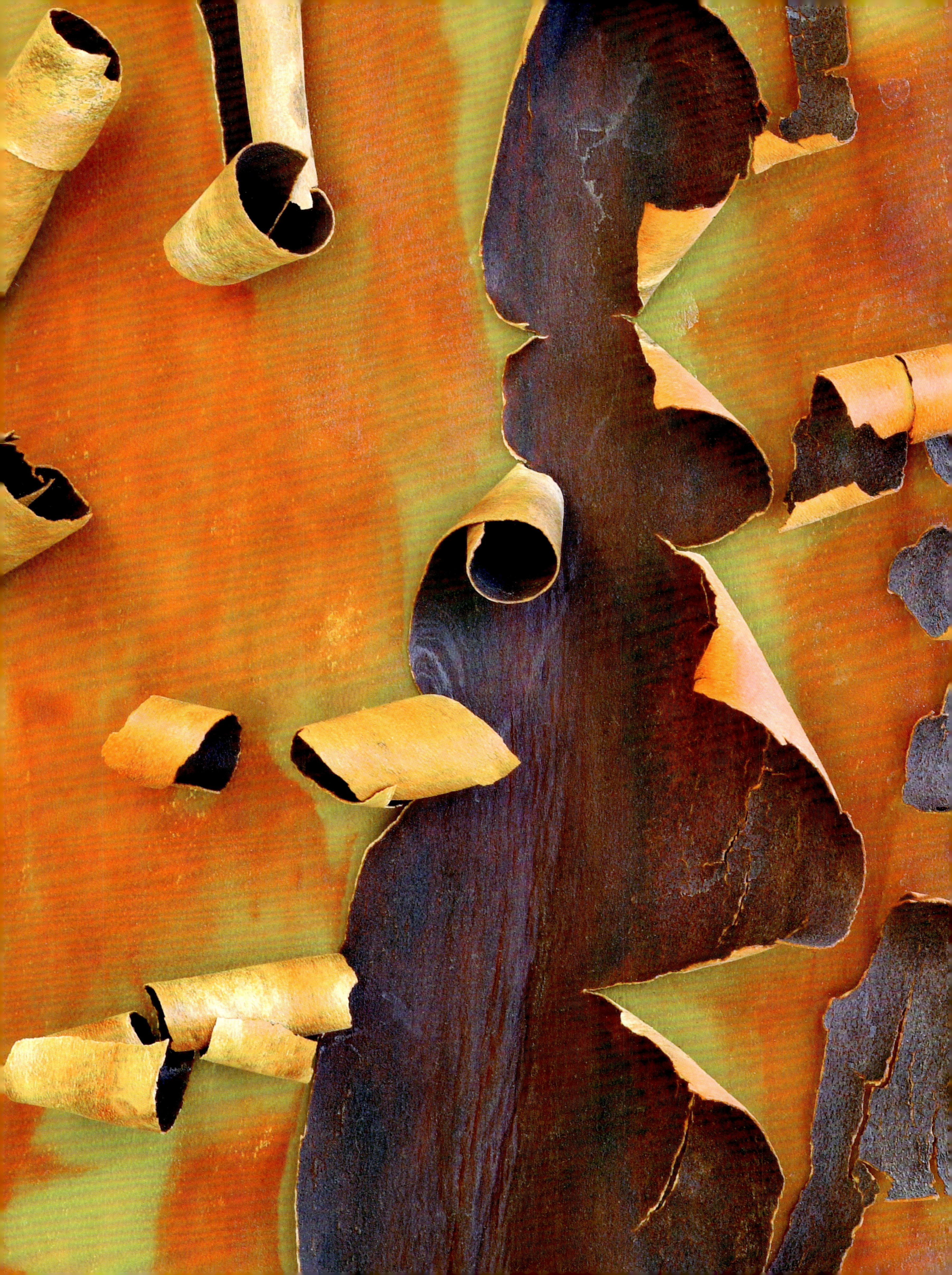

Glatte Arizona-Zypresse
Cupressus arizonica var. glabra

Diese (von manchen Autoren als eigene Spezies – *Cupressus glabra* – beschriebene) robuste Varietät der Arizona-Zypresse wurde zu Beginn des 20. Jahrhunderts im Verde River Canyon in Arizona entdeckt. Von *C. arizonica* var. *arizonica* unterscheidet sie sich durch harzproduzierende Drüsen auf den stark duftenden, blaugrauen Schuppenblättern, ein außergewöhnlich hartes Holz und die einzigartige Rinde. Der in vielen Farben gescheckte Stamm schuppt sich, als wären es Hobelspäne. Zurück bleibt eine glatte Rinde, daher der Namensteil *glabra* (= kahl). Als Reihe angepflanzt bietet die Art guten Windschutz und bildet eine undurchdringliche Begrenzung. Als eine der wenigen xerophilen, also trockenheitsliebenden Pflanzen wird sie in Südfrankreich häufig als Zierpflanze eingesetzt.

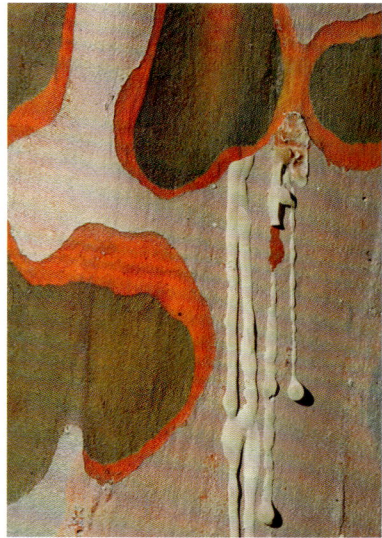

Cupressus arizonica var. *glabra*, die Rinde in tausendundeiner Farbe, Fréjus, Frankreich.

Cupressus arizonica var. *glabra*, Harzmuster nach der Abschuppung, Fréjus, Frankreich.

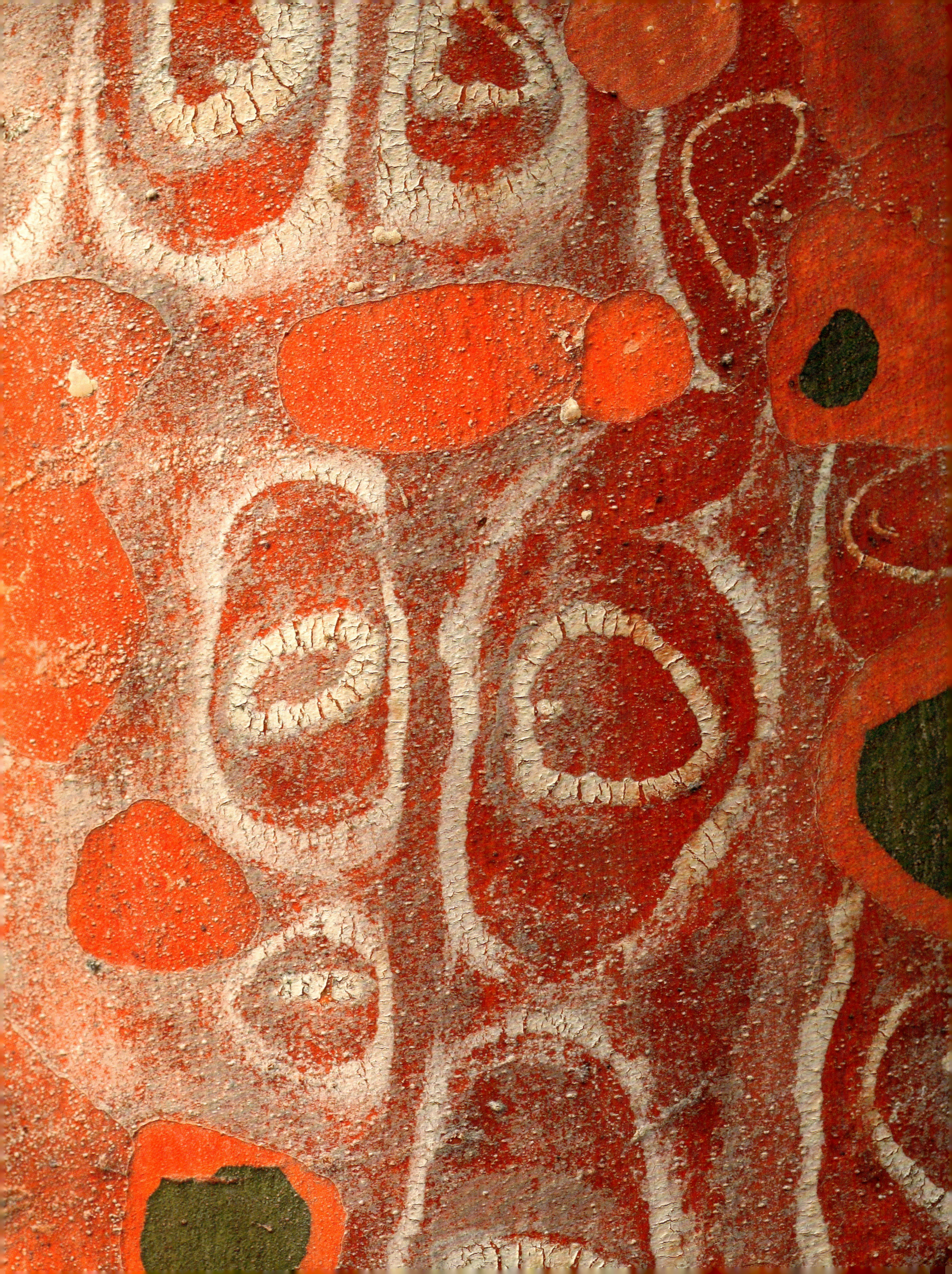

Pinus longaeva, der sogenannte „Patriarch" mit einem immensen Stammumfang von mehr als 11 Metern, Ancient Bristlecone Pine Forest, The Patriarch Grove, Kalifornien, USA.

[FAMILIE DER PINACEAE]

Langlebige Kiefer

Pinus longaeva

Die Langlebige Kiefer zählt zu den ältesten lebenden Individuen der Erde. Das älteste Exemplar, der Methusalem, dürfte mehr als 4700 Jahre zählen. Seine verwundene Silhouette und die kahlen, mehrfach gedrehten Zweige sind ein Symbol für die gespenstische Landschaft der White Mountains in Kalifornien geworden. Auf einer Höhe von mehr als 3000 Metern wechseln sich ein strenger und langer Winter und ein trockener, sengend heißer Sommer ab. Diese schwierigen Lebensbedingungen haben die Vegetation nachhaltig geprägt. Die Langlebige Kiefer kann dort nur existieren, weil sie sehr langsam wächst, weil sie ihre Nadeln vor einem Wechsel jahrzehntelang behält und auch weil sie in der Lage ist, nur mit einigen wenigen Ästen zu überleben.

Pinus longaeva, Stamm, Ancient Bristlecone Pine Forest, The Patriarch Grove, Kalifornien, USA.

Pinus longaeva, Ancient Bristlecone Pine Forest, Schulman Grove, Kalifornien, USA.

Kiefern

Die Kiefern sind unter den Nadelbäumen die vielfältigsten Gewächse und ihre Rinden bilden Platten mit höchst unterschiedlichen Formen und Farben. Es gibt mehr als 100 Arten, die sich über die nördliche Hemisphäre, vor allem Kalifornien und den Golf von Mexiko, auf natürliche Weise ausgebreitet haben. Auf der Südhalbkugel findet man sie hingegen in Pflanzungen. Sie werden als Holz- und Harzlieferant genutzt, einige Arten auch wegen ihrer essbaren Kerne. Manche teils tausendjährige Kiefernarten (*P. longaeva*) sind ehrwürdige Begleiter der Menschheit.

1. *Pinus pinaster*, Générargues, Frankreich.
2. *Pinus strobus*, Kew Gardens, Richmond, Großbritannien.
3. *Pinus ponderosa*, Sierra Nevada, USA.
4. *Pinus pinea*, Nizza, Frankreich.
5. *Pinus nigra* subsp. *laricio*, Korsika, Frankreich.
6. *Pinus densiflora*, Hillier Gardens, Ampfield, Großbritannien.
7. *Pinus halepensis*, St-Jean-Cap-Ferrat, Frankreich.
8. *Pinus sylvestris*, La Martre, Frankreich.
9. *Pinus wallichiana*, Wakehurst Place, Ardingly, Großbritannien.
10. *Pinus jeffreyi*, Sierra Nevada, USA.
11. *Pinus bungeana*, Botanischer Garten Lyon, Frankreich.
12. *Pinus contorta*, Sierra Nevada, USA.

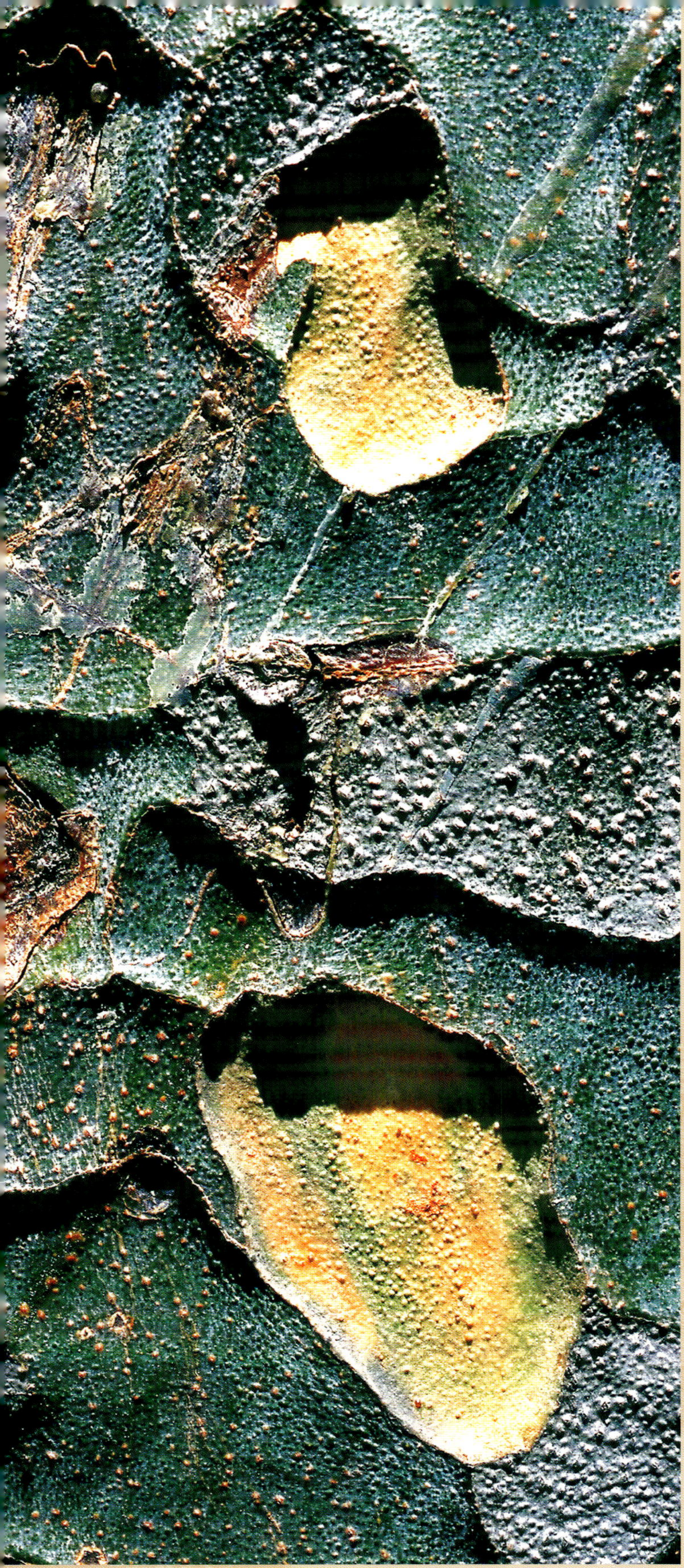
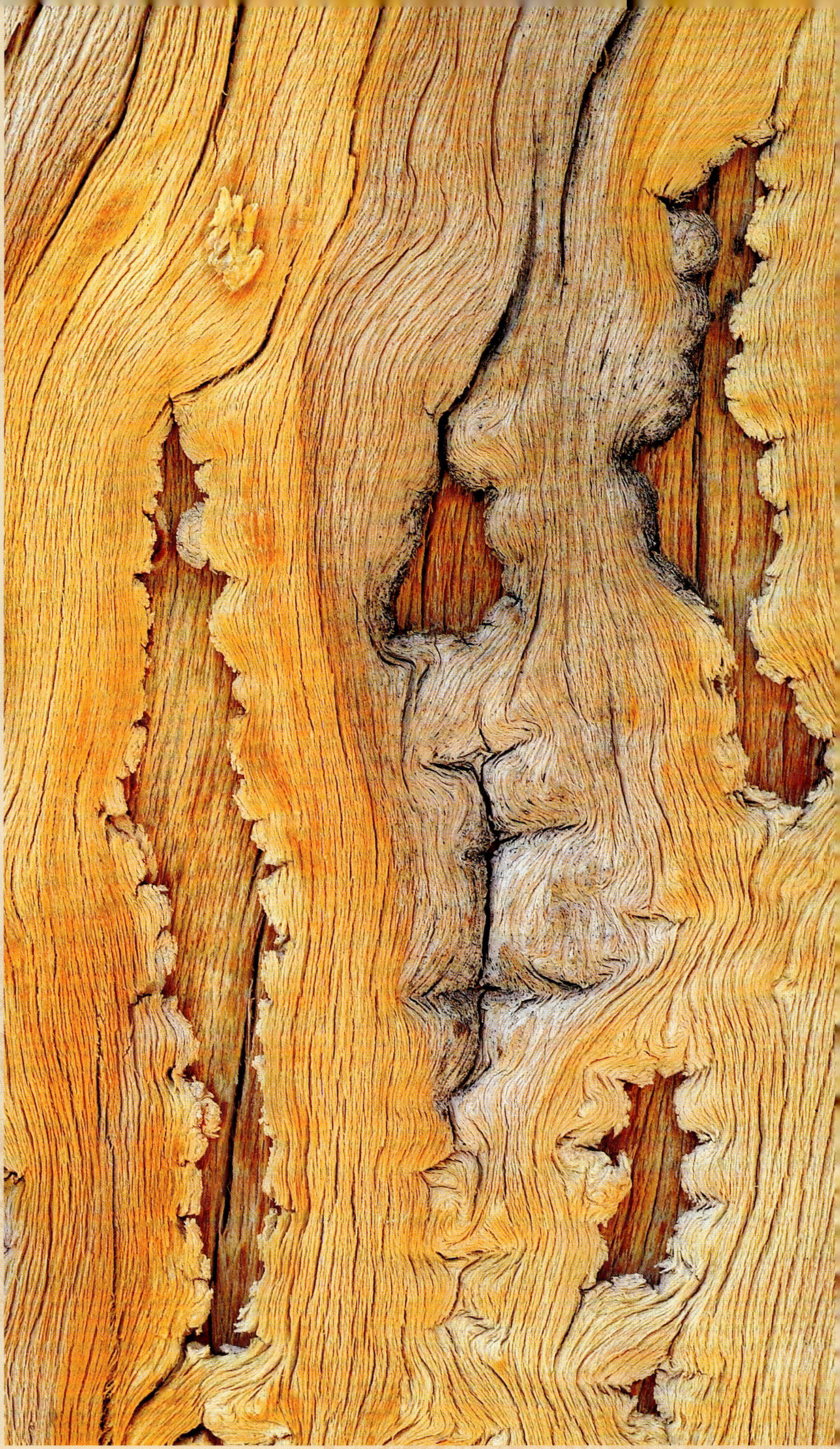
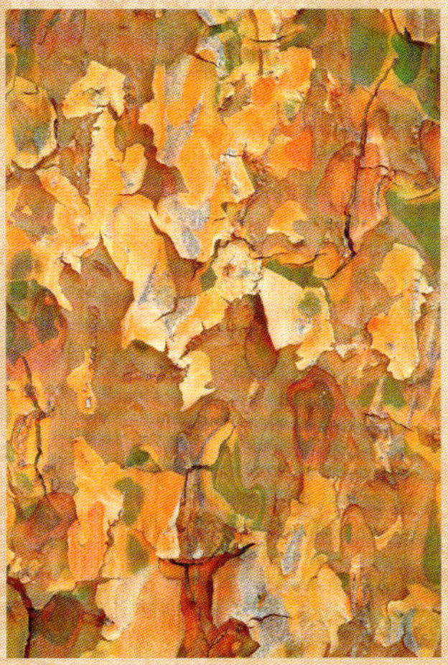
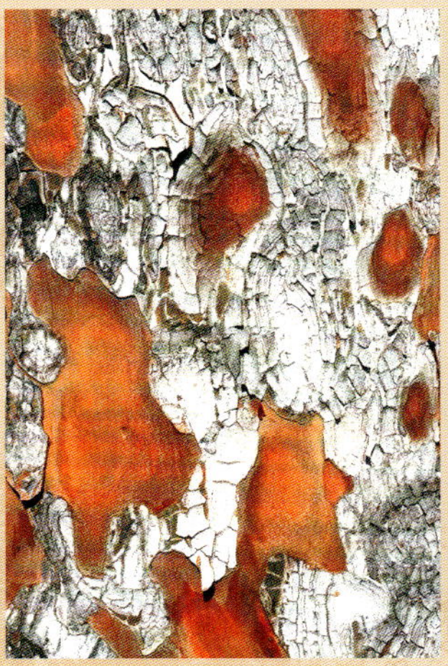
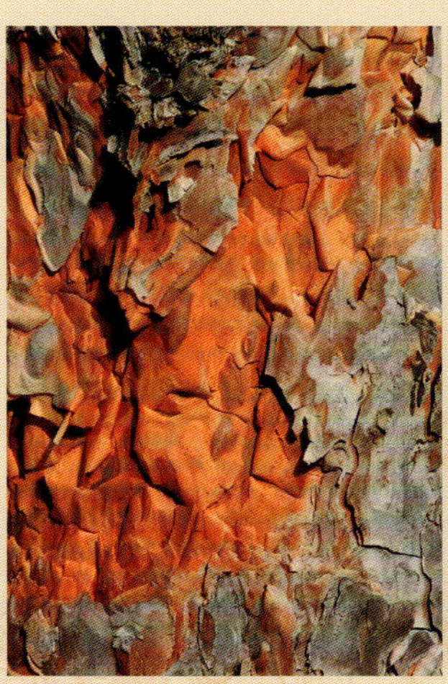
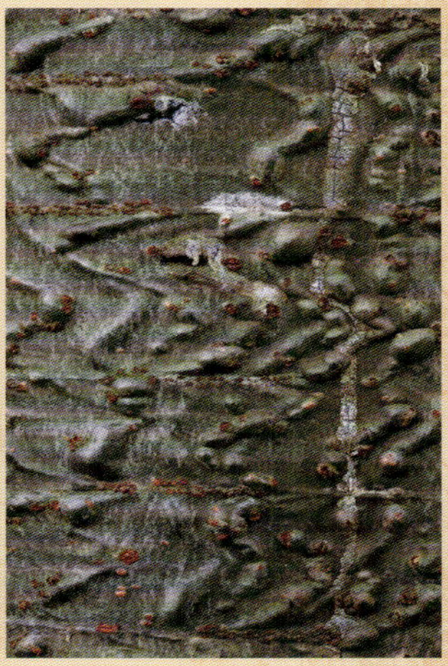
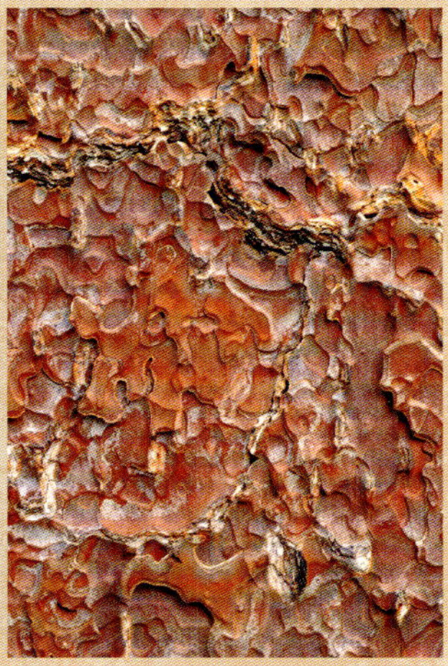

Reichblühender Jerusalemdorn
Parkinsonia florida

Die Gattung *Parkinsonia*, benannt nach dem berühmten englischen Pflanzenkenner John Parkinson aus dem 17. Jahrhundert, umfasst ein Dutzend Arten, die in den Halbwüsten Afrikas und Amerikas beheimatet sind. Die Mehrzahl der amerikanischen Arten trägt in Amerika den Volksnamen *Palo Verde* (spanisch = grüner Zweig) als Anspielung auf die Farbe der Rinde. Bei extremer Hitze lässt der Reichblühende Jerusalemdorn seine winzigen Blättchen fallen und die gesamte Fotosynthesetätigkeit wird durch die chlorophyllhaltige Rinde bewerkstelligt. Im Frühling bieten die Jerusalemdorne mit ihren herabhängenden Zweigen und Schoten einen spektakulären Anblick, der die Wüstengebiete im Südwesten der Vereinigten Staaten bis in den Norden Mexikos schmückt. Die Samen sind essbar: Frisch schmecken sie wie Erbsen, getrocknet und zerstoßen dienten sie den Indianern als Mehl.

Parkinsonia florida,
Palm Desert, Kalifornien, USA.

Parkinsonia florida mit älterer Rinde, welche ihre Fähigkeit zur Fotosynthese allmählich verliert, The Living Desert, Palm Desert, Kalifornien, USA.

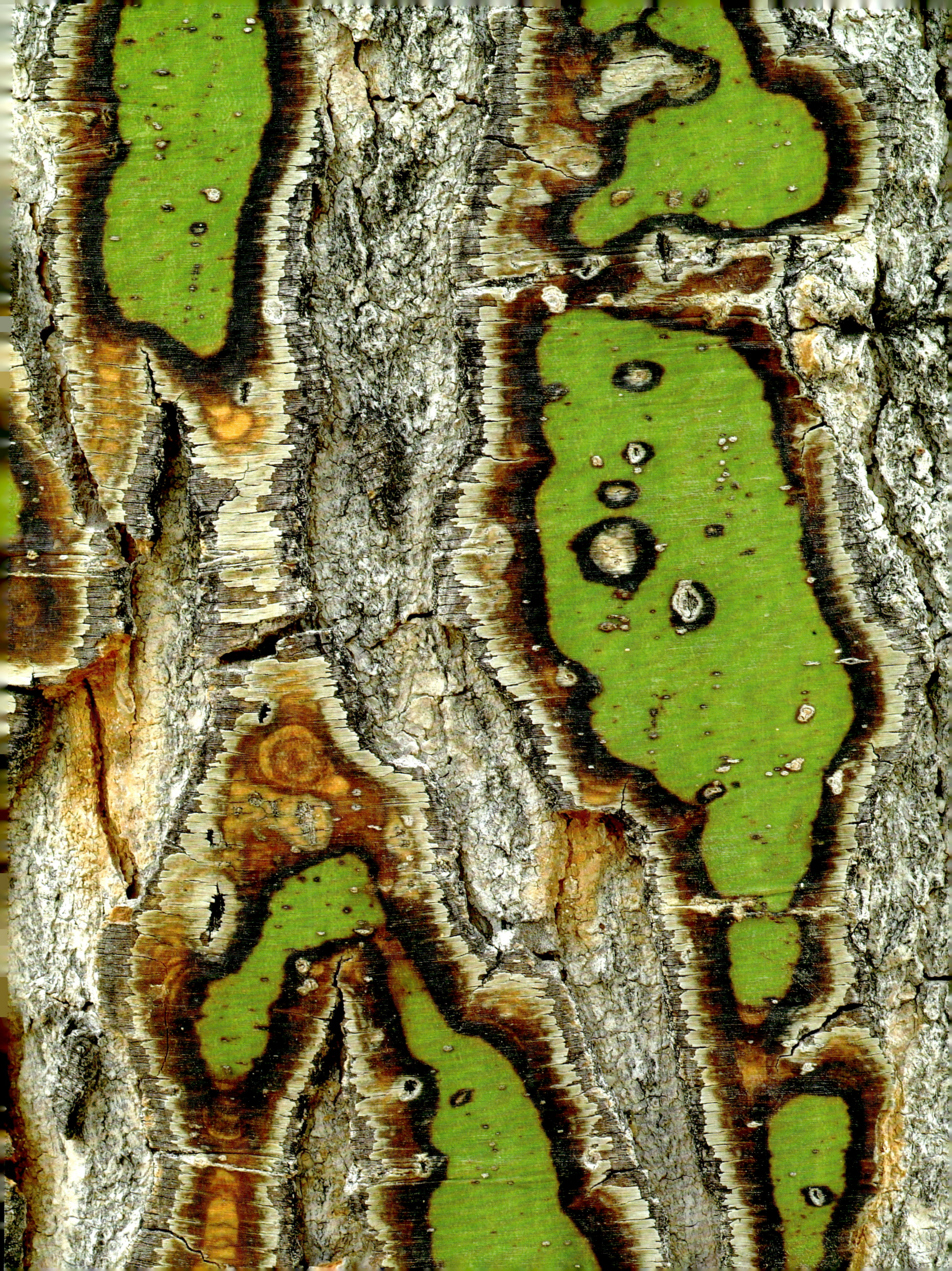

Kerzenstrauch
Fouquieria splendens

Auf den ersten Blick sieht der auch Kalifornischer Federbuschstrauch genannte Kerzenstrauch das ganze Jahr über eher wie ein dorniger, lebloser Busch aus. Wenn man sich nähert, erkennt man jedoch unter der in Längsrichtung reißenden Rinde ein gelbgrünliches Pflanzengewebe. Es übernimmt während der Trockenzeit die Fotosynthese anstelle der Blätter. Die schönsten Exemplare können bis zu 10 Meter hoch werden und gut 50 Äste ausbilden. Die dornigen Triebe dienen oft als Pfähle für Einfriedungen, wobei sie leicht wurzeln und so eine undurchdringliche, lebende Pflanzenmauer bilden. Im Frühling bringen die unzähligen roten, nektarreichen Blüten bunte Farben in die Wüstenlandschaften vom Südwesten der USA bis in den Norden Mexikos. Der Kerzenstrauch ist eine bereits von den Indianern verwendete Heilpflanze. Ihr lateinischer Name wurde ihr zu Ehren von Pierre Eloi Fouquier gegeben, dem Hofarzt der französischen Könige Karl X. und Louis Philippe I.

Fouquieria splendens,
Joshua Tree Nationalpark, Kalifornien, USA.

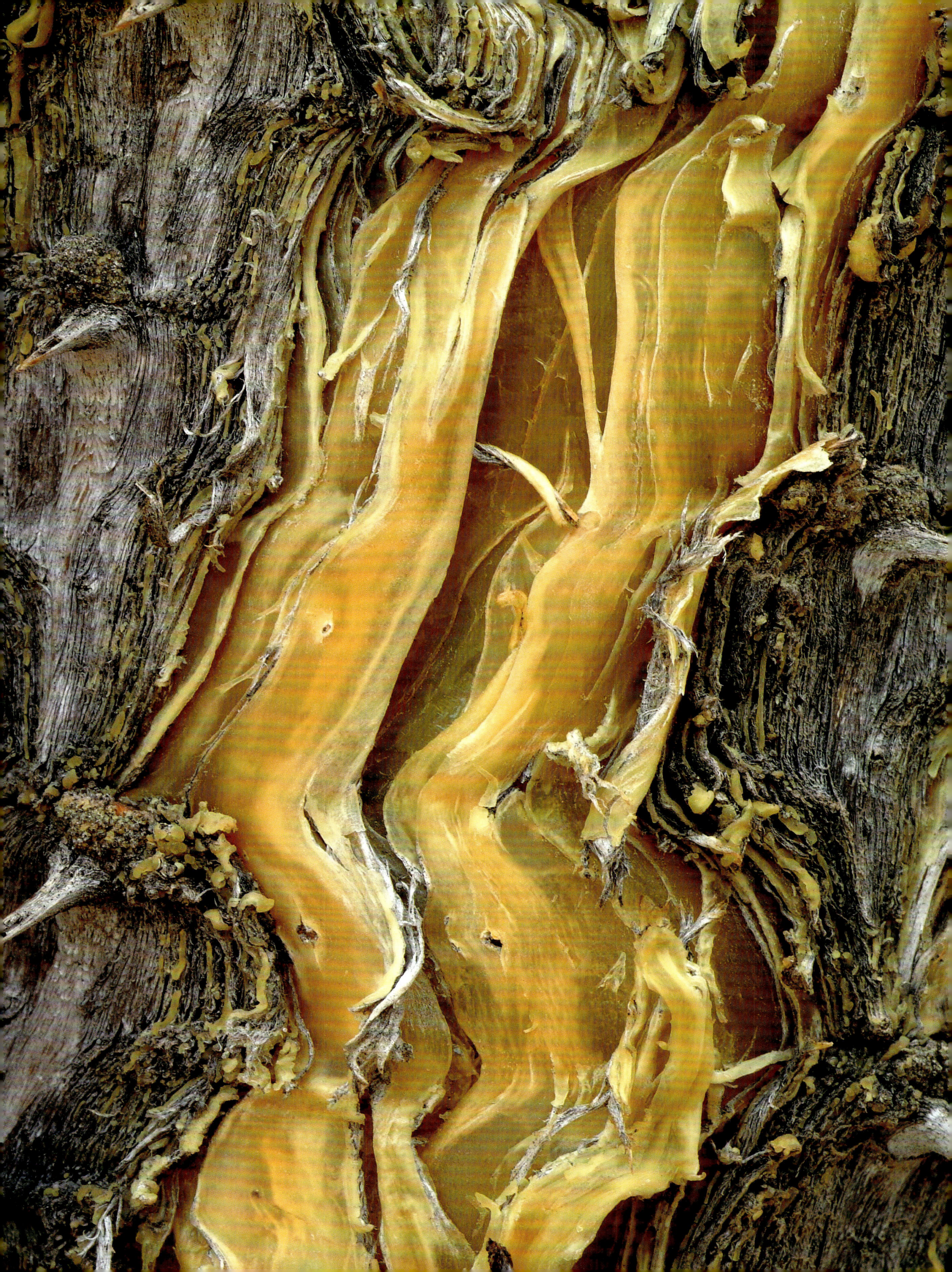

Washingtonia robusta, Malaga, Spanien.

[FAMILIE DER ARECACEAE]

Mexikanische Washingtonpalme

Washingtonia robusta

Zwar wird die schlanke Mexikanische Washingtonpalme weltweit in allen Städten in subtropischer Lage gepflanzt, sie kommt aber ursprünglich aus den Tälern der Baja California in Mexiko. Den Kopf in der Sonne und die Füße im Wasser kann sie rasch über 30 Meter hoch werden. Die robustere nordamerikanische Art *W. filifera* ist gedrungener. In der Natur sieht man sie mit einem rockähnlichen Schutz aus alten, vertrockneten Palmwedeln, die am Stamm hängen geblieben sind. Nach einem Rückschnitt bilden die Blattstiele dekorative rautenförmige Muster. Bei ordentlicher Pflege zeigt der von seinem Korsett befreite Stamm zur Krone hin zunehmend intensivere Rottöne. Der lateinische Name ist eine Reverenz an George Washington, den Helden der amerikanischen Unabhängigkeit und ersten Präsidenten der Vereinigten Staaten.

Washingtonia robusta, unterhalb der Krone mit wunderschön strukturierten Fasern bedeckt, Nizza, Frankreich.

Washingtonia filifera in ihrem natürlichen Lebensraum, Palm Canyon, USA.

Washingtonia robusta, Nizza, Frankreich.

Mexikanischer Grasbaum
Nolina longifolia

Diese elegante, als Baum gewachsene *Nolina*-Art, eine enge Verwandte der *Yucca*, liebt das tropische Klima in Zentral- und Südmexiko, vor allem in der Region Oaxaca. Sie verträgt aber auch Kälte gut. Die mehr als 100 Jahre alten Exemplare in den botanischen Gärten an der Côte d'Azur haben auch die härtesten Winter gut überstanden. Man erkennt den Baum an den bis zu 2 Meter langen, in feinen Fäden herabhängenden Blättern – daher stammt der Artname *longifolia*, was langblättrig bedeutet. Diese biegsamen, leicht zu flechtenden Blätter werden zur Herstellung von Körben und für die Dächer mancher mexikanischer Häuser verwendet. Der Baum besitzt eine charakteristische, korkähnliche Rinde mit tiefen Kerben und einen gedrungenen Stamm. Die Gattung zählt gut 30 Arten, ihr Name ist dem französischen Landwirt und Gartenautor P.C. Nolin gewidmet.

Nolina longifolia mit tief zerfurchter Rinde, Serre de la Madone, Menton, Frankreich.

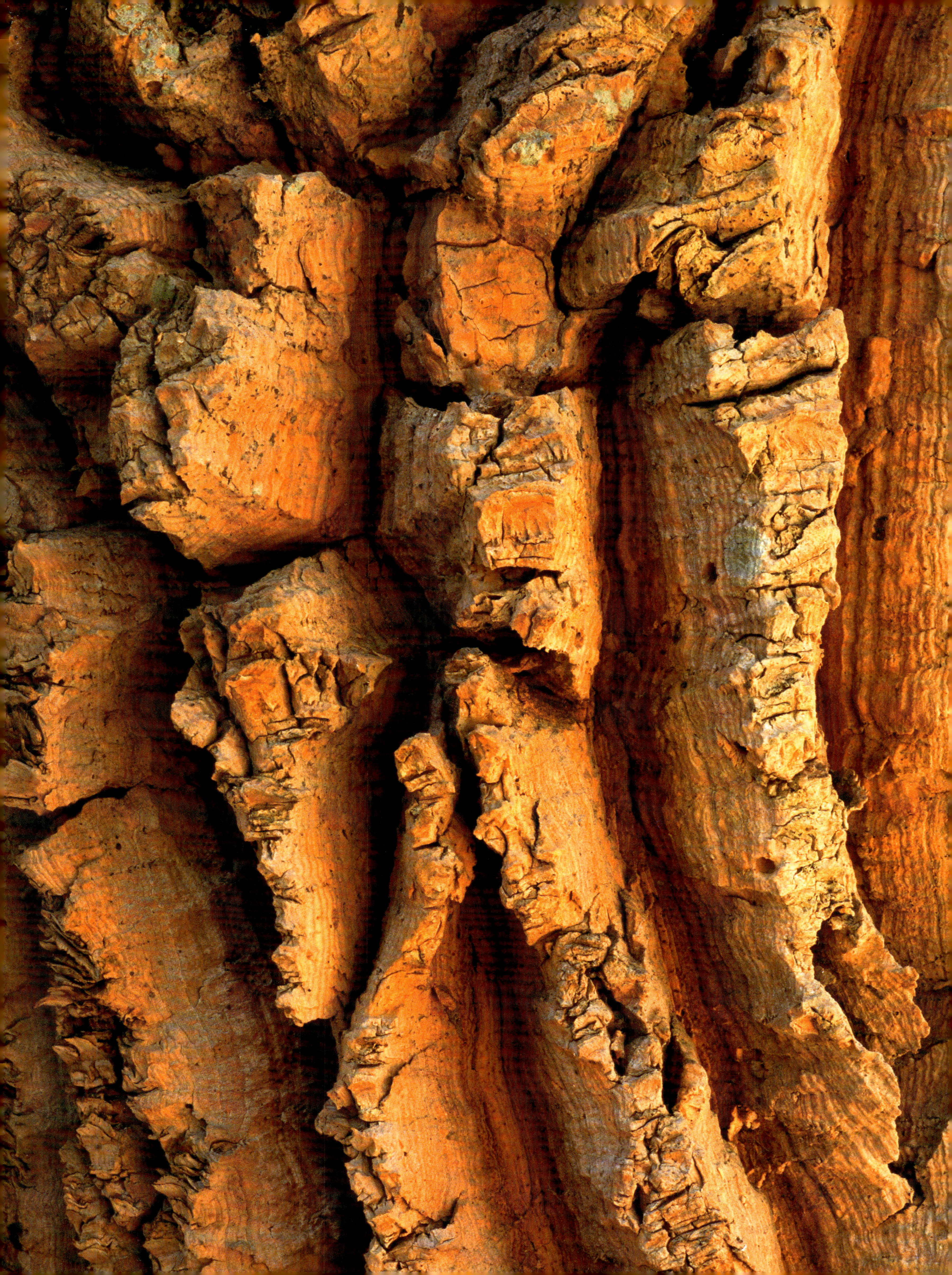

Ameisen-Akazie

Acacia sphaerocephala (Syn. *Vachellia sphaerostachya*)

Zur Gattung *Acacia* zählen etwa 1350 Arten, die in den subtropischen Regionen vor allem Australiens und Afrikas beheimatet sind. Einige Pflanzensystematiker fassen nur die australischen Arten unter dem Gattungsnamen *Acacia* zusammen; die Arten anderer Kontinente werden bei ihnen anderen Gattungen zugeordnet, in diesem Fall *Vachellia*. Doch viele bleiben weiterhin bei dem Gattungsnamen *Acacia*. Blätter dienen zwar häufig verschiedenen Tieren als Nahrung, manche Pflanzen haben aber Verteidigungsstrategien gegen exzessive Beweidung entwickelt, so auch diese in Mittelamerika heimische Akazienart. Sie lebt in einer perfekten Symbiose mit einer Ameisenkolonie, die ohne den Baum nicht existieren könnte. Die übermäßig vergrößerten Dornen in Form von Stierhörnern dienen den Ameisen als Versteck. Nektar und fett- sowie proteinreiche Nährstoffkörperchen sind bei Bedarf stets vorhanden. Im Gegenzug marschieren die Ameisen ohne Unterlass wachsam über den Stamm, um ihn vor möglichen tierischen wie pflanzlichen Angreifern zu schützen.

Acacia sphaerocephala,
St-Jean-Cap-Ferrat, Frankreich.

Acacia xanthophloea,
Kruger-Nationalpark, Südafrika.

Acacia cyperophylla var. *cyperophylla*,
Gascoyne River, Westaustralien.

Acacia karroo,
Parc Phoenix, Nizza, Frankreich.

Acacia origina,
Hajara, Jemen.

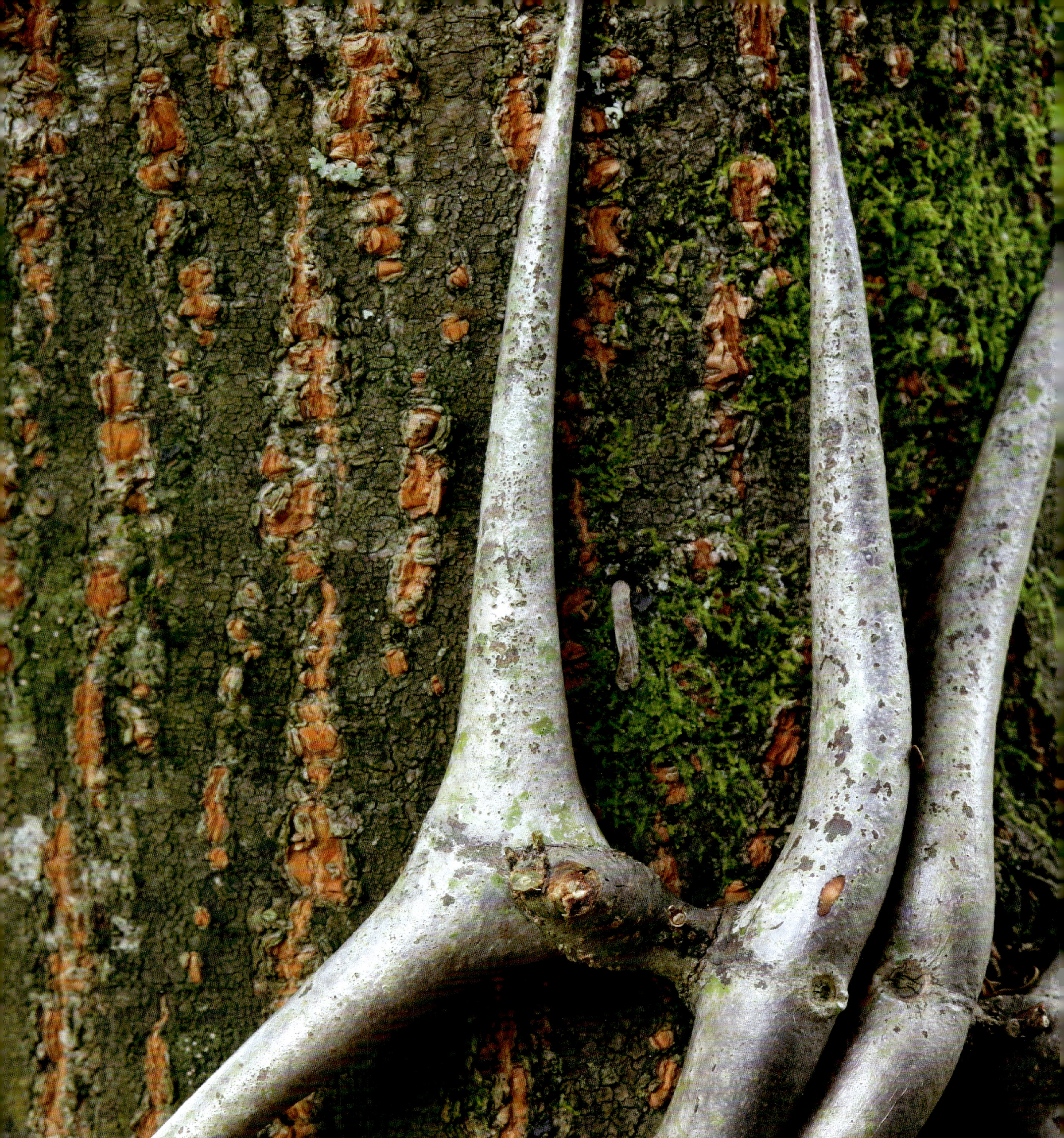
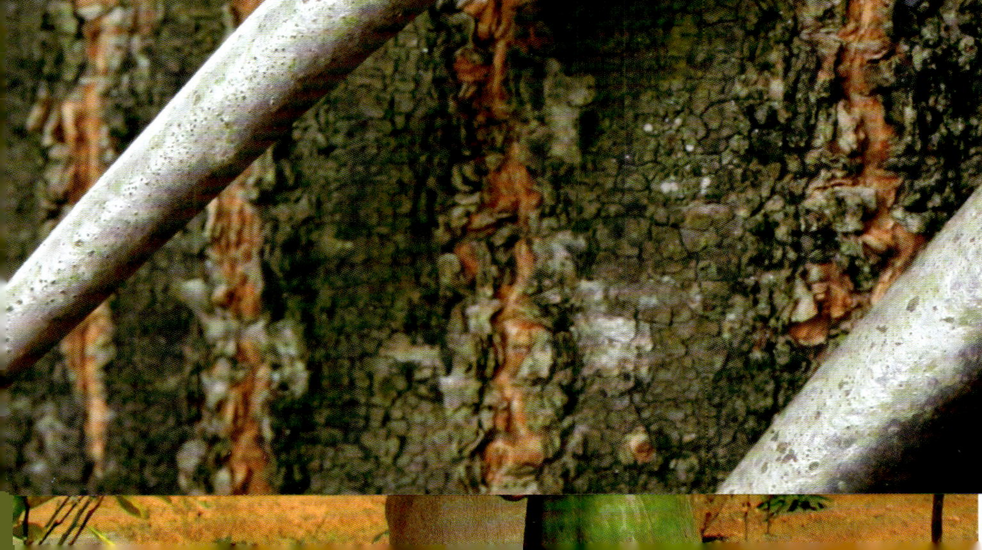

| AMERIKA

Kauliflorie

Die Blüten der verholzenden Pflanzen treiben meistens aus den Knospen der Jahrestriebe oder der jungen, beblätterten Äste. Bei den sogenannten kauliflorien Pflanzen, also Pflanzen mit Stammblütigkeit, entwickeln sie sich direkt auf dem Stamm oder mehrjährigen Altholz, was die Bestäubung und die Verbreitung der Samen vereinfacht. Dieses für tropische Gewächse typische Phänomen findet sich bei mehr als 100 Arten, wobei der Kakaobaum (*Theobroma*), der Kalebassenbaum (*Crescentia*) und der Brotfruchtbaum (*Artocarpus*) wohl die bekanntesten Beispiele sind.

1. *Phyllartron*, im Wald von Kirindy, Madagaskar.
2. *Cercis siliquastrum*, Parc Phoenix, Nizza, Frankreich.
3. *Saraca palembanica*, Kebun Raya Bogor, Indonesien.
4. *Parmentiera cerifera*, Kebun Raya Bogor, Indonesien.
5. *Ficus racemosa*, Montgomery, Coral Gables, USA.
6. *Averrhoa bilimbi*, Gifford Arboretum, Universität von Miami, USA.
7. *Diospyros cauliflora*, Kebun Raya Bogor, Indonesien.
8. *Ceratonia siliqua*, Nizza, Frankreich.
9. *Ficus heteropoda*, Kebun Raya Bogor, Indonesien.
10. *Theobroma cacao*, Ciomas Bogor, Indonesien.
11. *Artocarpus heterophyllus*, Rumpin, Indonesien.
12. *Crescentia cujete*, Fruit and Spice Park, Homestead, USA.

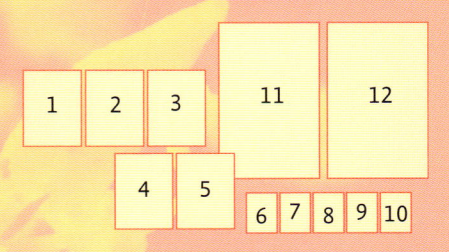

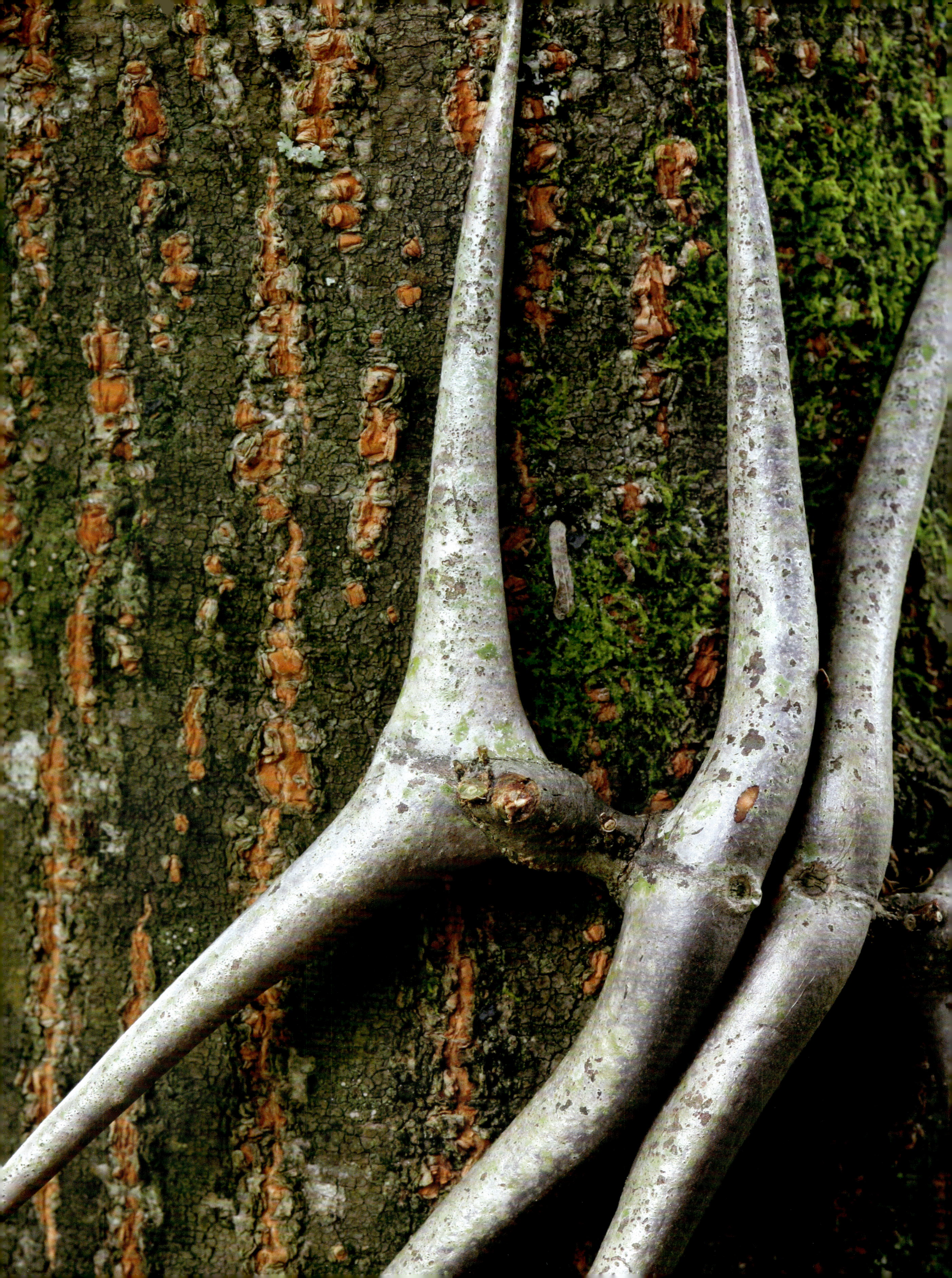

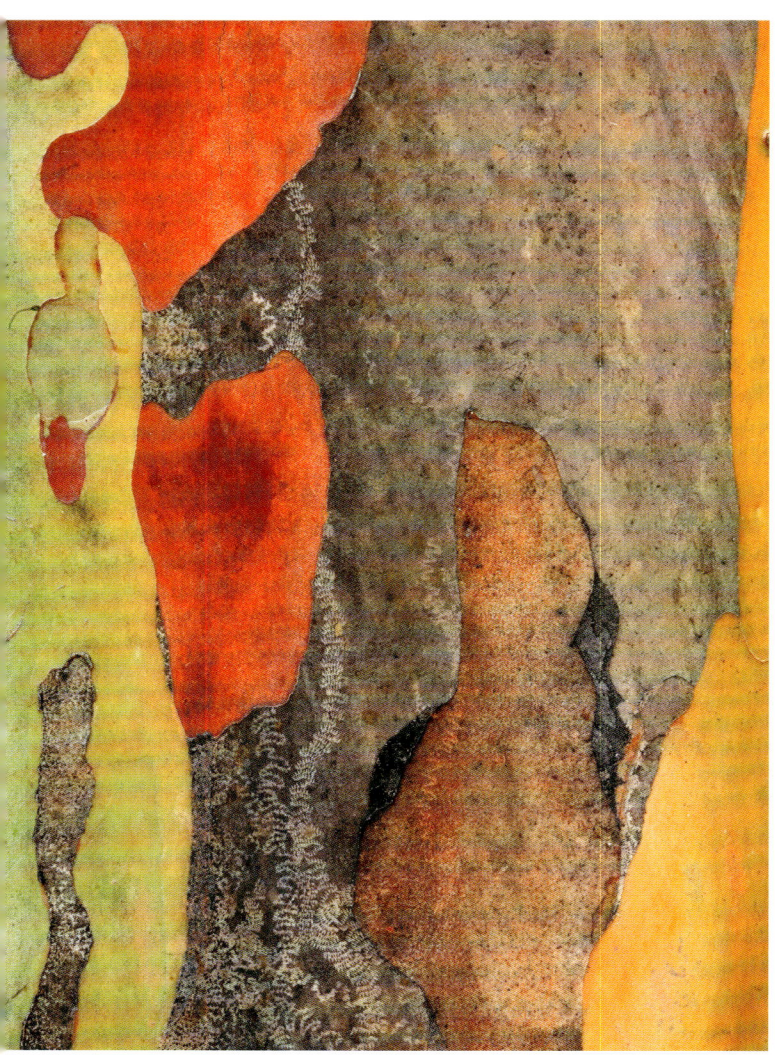

Psidium guayava,
Historisch-botanischer Garten La Concepción, Malaga, Spanien.

Psidium guineense,
Parc Phoenix, Nizza, Frankreich.

Guave
Psidium guajava

Die Guave ist ein kleiner Baum aus dem Süden Mexikos und Mittelamerikas, der weithin in den Tropen kultiviert wird und sogar leicht verwildert. Seine vitamin- und mineralstoffreichen Früchte können frisch verzehrt oder zu Marmelade, Gelee und Ähnlichem verarbeitet werden. Alle Teile der Guave werden zu medizinischen Zwecken verwendet: Die Blätter und die Rinde haben sich nützlich bei Diabetes, Durchfallerkrankungen, Gastroenteritis und sogar Krebs erwiesen. Während die stark tanninhaltige Rinde in Mittelamerika zum Gerben von Fellen benutzt wird, gewinnt man in Südostasien aus den an ätherischen Ölen reichen Blättern einen schwarzen Farbstoff, der zum Färben von Stoffen dient.

Psidium guayava,
Historisch-botanischer Garten La Concepción,
Malaga, Spanien.

[FAMILIE DER CARICACEAE]

Melonenbaum
Carica papaya

Der Melonenbaum oder Papaya, der wild vom Süden Mexikos bis in den Norden Südamerikas vorkommt, wird in den gesamten Tropen als Nutzpflanze kultiviert. Die vitaminreiche Papaya-Frucht kann entweder wie Gemüse zubereitet oder frisch mit etwas Zitronensaft verzehrt werden. Der Saft der noch grünen Frucht ist reich an Papain, einem proteinspaltenden Enzym. Diese Eigenschaft wird seit Jahrtausenden von den südamerikanischen Ureinwohnern genutzt: Um Fleisch zart zu machen, wickeln sie es in Papaya-Blätter ein. Papain wirkt positiv auf die Verdauung, die Vernarbung von Schnittwunden und auf das Nervensystem. Die scharfen Samen können zu Pulver vermahlen und als Pfefferersatz verwendet werden.

Carica papaya, die natürlichen Blattnarben, die nach dem Fallen der Blätter zu sehen sind, Ambositra, Madagaskar.

Kauliflorie

Die Blüten der verholzenden Pflanzen treiben meistens aus den Knospen der Jahrestriebe oder der jungen, beblätterten Äste. Bei den sogenannten kaulifloren Pflanzen, also Pflanzen mit Stammblütigkeit, entwickeln sie sich direkt auf dem Stamm oder mehrjährigen Altholz, was die Bestäubung und die Verbreitung der Samen vereinfacht. Dieses für tropische Gewächse typische Phänomen findet sich bei mehr als 100 Arten, wobei der Kakaobaum (*Theobroma*), der Kalebassenbaum (*Crescentia*) und der Brotfruchtbaum (*Artocarpus*) wohl die bekanntesten Beispiele sind.

1. *Phyllartron*, im Wald von Kirindy, Madagaskar.
2. *Cercis siliquastrum*, Parc Phoenix, Nizza, Frankreich.
3. *Saraca palembanica*, Kebun Raya Bogor, Indonesien.
4. *Parmentiera cerifera*, Kebun Raya Bogor, Indonesien.
5. *Ficus racemosa*, Montgomery, Coral Gables, USA.
6. *Averrhoa bilimbi*, Gifford Arboretum, Universität von Miami, USA.
7. *Diospyros cauliflora*, Kebun Raya Bogor, Indonesien.
8. *Ceratonia siliqua*, Nizza, Frankreich.
9. *Ficus heteropoda*, Kebun Raya Bogor, Indonesien.
10. *Theobroma cacao*, Ciomas Bogor, Indonesien.
11. *Artocarpus heterophyllus*, Rumpin, Indonesien.
12. *Crescentia cujete*, Fruit and Spice Park, Homestead, USA.

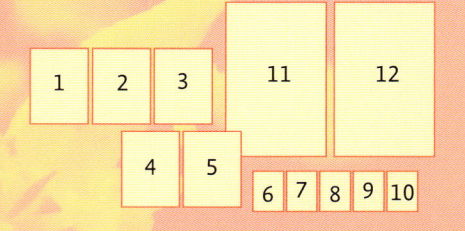

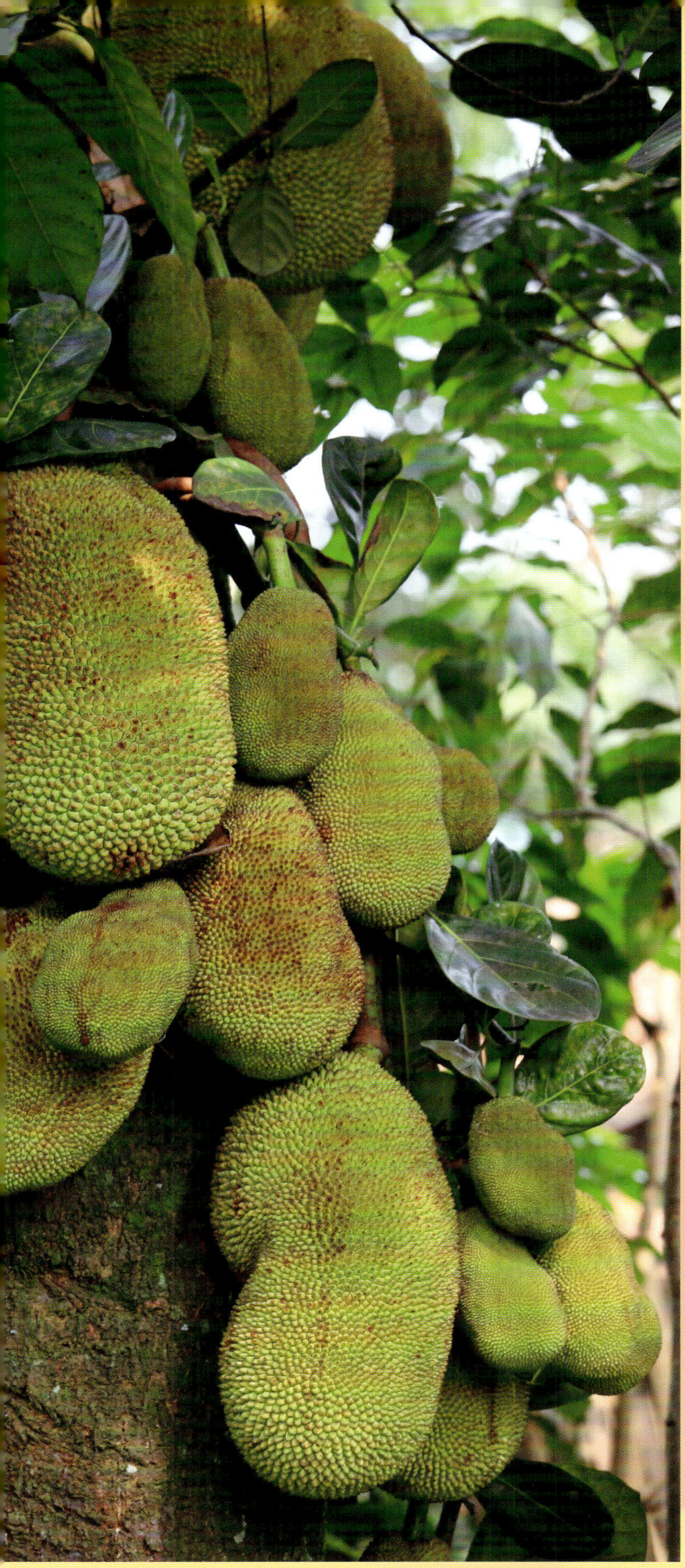
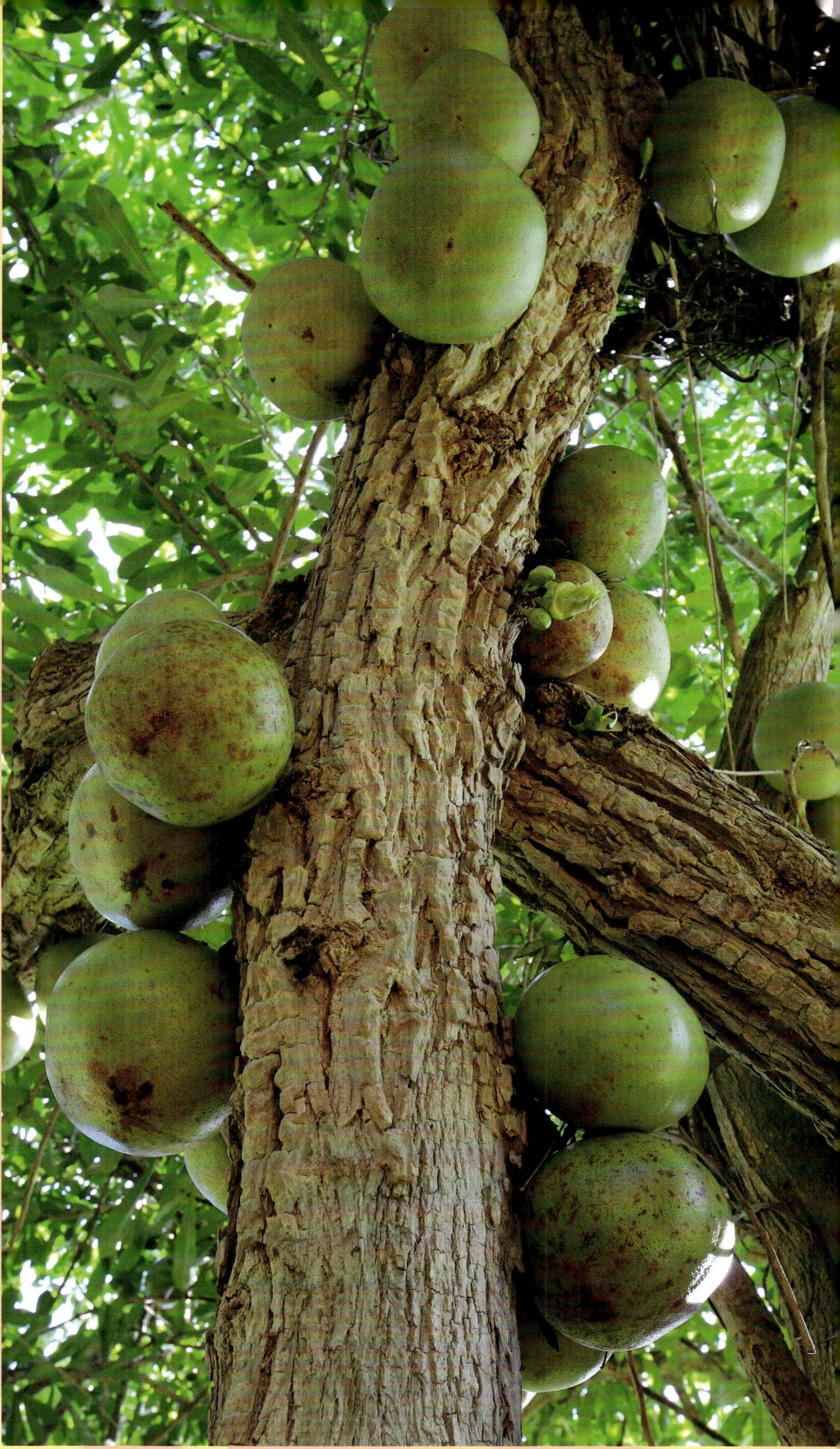
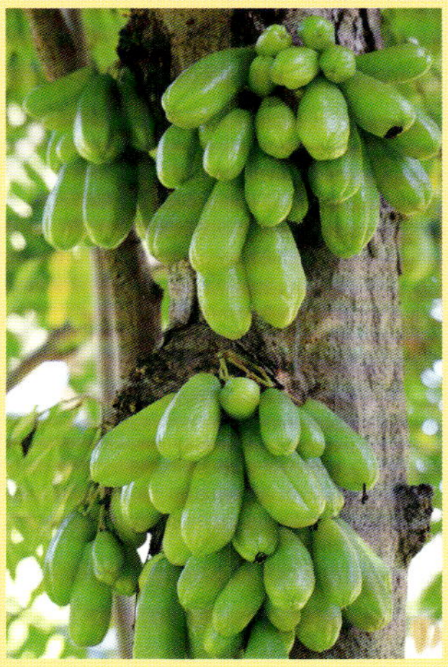
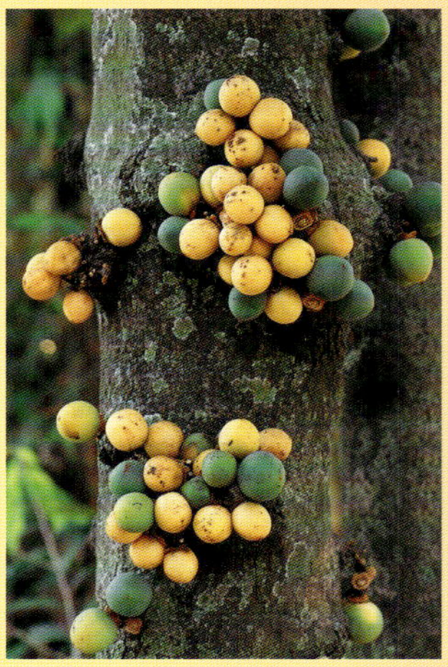
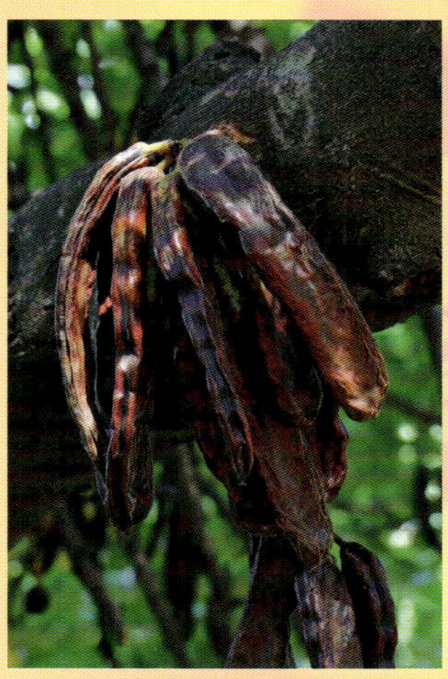
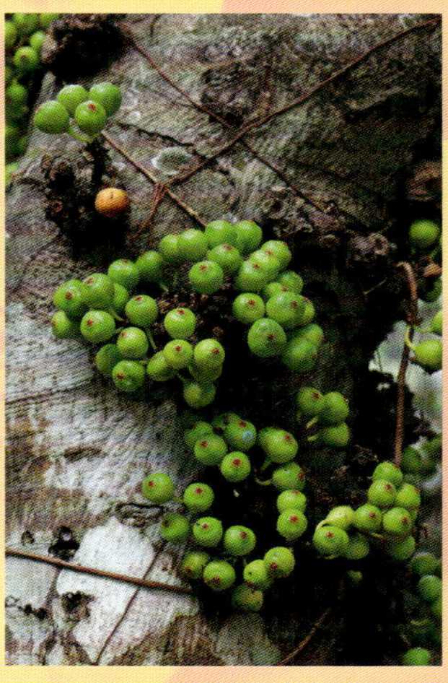
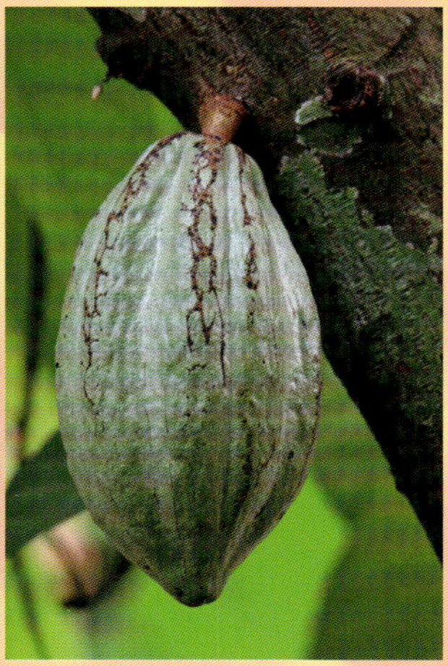

Seidenwollbaum
Pseudobombax ellipticum

Ursprünglich vom Süden Mexikos über Guatemala, Salvador bis Honduras beheimatet, zieren die Blüten des *Pseudobombax* die Kirchen des gesamten tropischen Amerikas. Die je nach Art roséfarbene oder weiße Blüte bricht im Winter auf, sobald die Blätter abgefallen sind. Sie besteht aus einem grazilen Bündel bis zu 10 Zentimeter langer Staubgefäße, das an einen Rasierpinsel erinnert. In Salvador behandelt man mit einem Tee aus jenen Blüten die Gastroenteritis. Wie der Kapokbaum stammt auch der Seidenwollbaum aus der alten Familie der Bombacaceae. Deren charakteristische Früchte sind teils mit seidenähnlichen Fasern gefüllt, die man als Kissen- und Matratzenfüllung oder sogar als Isolationsmaterial in Kühlschränken verwendet. In der Heimat von *Pseudobombax ellipticum* wird das Holz, das sich leicht bearbeiten lässt, im Kunsthandwerk zur Herstellung diverser Gebrauchsgegenstände genutzt.

Pseudobombax ellipticum, Montgomery Botanical Center, Coral Gables, Florida, USA.

Pseudobombax ellipticum, Schildpattmuster auf dem Baumstamm, Firma Kuentz, Fréjus, Frankreich.

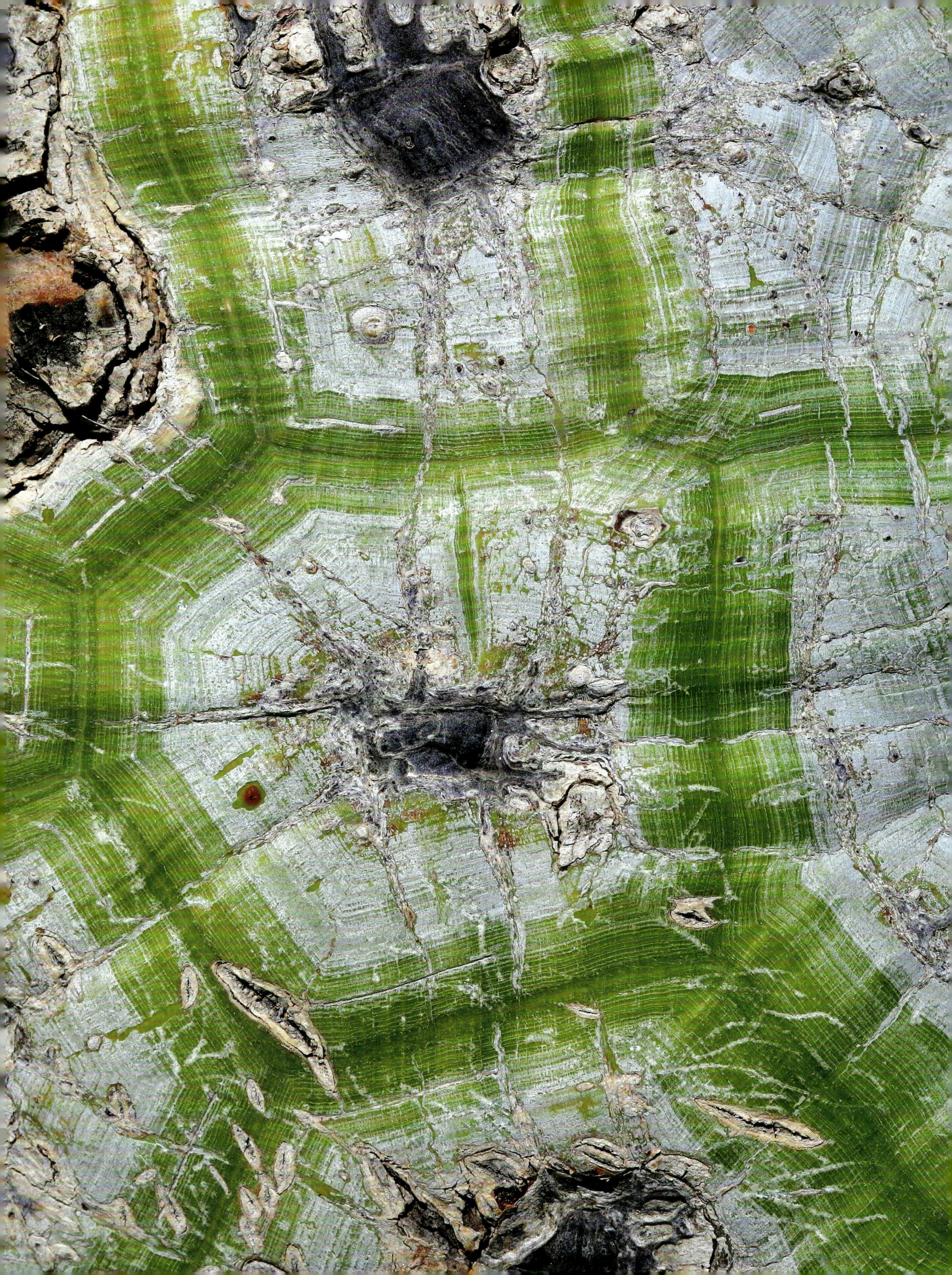

Weißer Kapokbaum
Ceiba pentandra

Zahlreiche Vertreter der Gattung *Ceiba* haben eine grüne, von Dornen bedeckte Rinde. Der majestätischste ist der Kapokbaum. Für die Maya war er der heilige Baum, der die unterirdischen, irdischen und himmlischen Reiche verband. Ursprünglich in der Karibik, in Mittel- und Südamerika beheimatet, wurde er in allen tropischen Regionen weltweit gepflanzt. Er zählt zu den heilkräftigen Bäumen, mit denen man viele Übel kurieren oder zumindest lindern kann. Seine trockenen, bananenförmigen Früchte sind voller leichter Pflanzenfasern – *Kapok* genannt. Dieser ist wasserundurchlässig und nicht verrottend. Man nutzt ihn zum Füllen von Matratzen, zur Herstellung von Rettungswesten oder zur Isolation. Das in den Samen enthaltene Saponin dient als natürliche Seife. *Ceiba* ist der Volksname, den der Stamm der Taino, der zu den Ureinwohnern der Großen Antillen gehört, diesem mythischen Baum gab. Er wurde zum Wahrzeichen von Puerto Rico und Guatemala.

Ceiba aesculifolia, Montgomery Botanical Center, Coral Gables, Florida, USA.

Ceiba insignis mit flaschenförmigem Stamm, Jardin Exotique, Monaco.

Ceiba pentandra mit gigantischen Streben am Fuß des Stammes, Kebun Raya Bogor, West-Java, Indonesien.

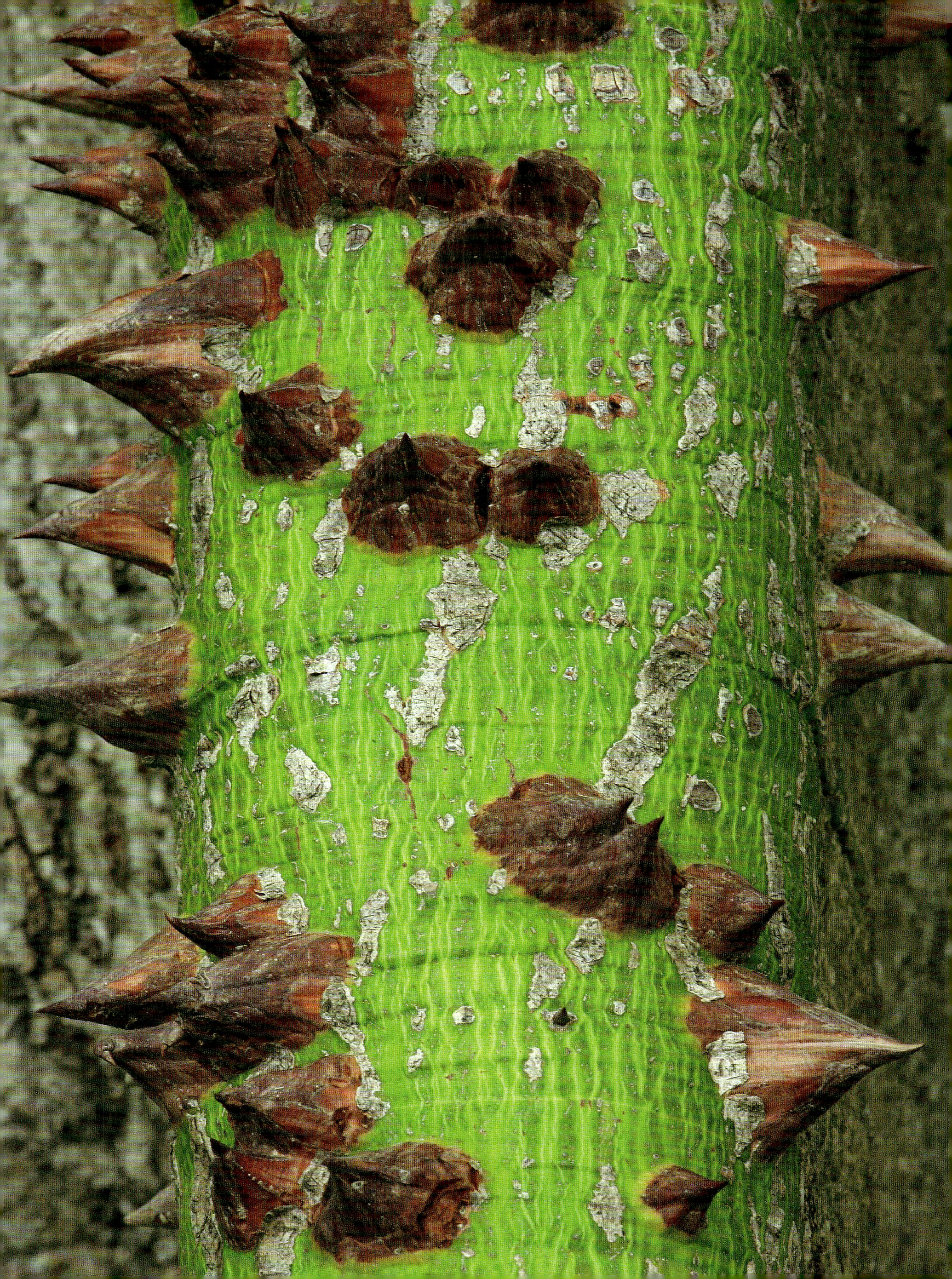

Gujakbaum
Guaiacum officinale

Dieser kleine Baum ist an den Küsten des Golfs von Mexiko und an den Karibikküsten beheimatet. Sein wertvolles schwarzes Holz zählt zu den schwersten Hölzern der Welt. Es dient zur Herstellung von Mörsern, Holzhämmern und Hämmern für Gerichtsverhandlungen. Außerdem wurde es lange Zeit in der Seefahrt zum Herstellen von Rollen verwendet, weil es widerstandsfähig ist. Bei Reibung schmiert es sich selbst. Leider steht der Baum in weiten Teilen der Karibik vor der Ausrottung. Der Artname *officinale* bezeichnet Heilpflanzen, die vormals in Apotheken gehandelt wurden. Spanische Seefahrer führten Anfang des 16. Jahrhunderts den Baum unter dem Namen *Palo sancta* (spanisch = heiliger Baum) oder *Lignum vitae* (= Lebensholz) in Europa ein. Auch wenn die gesamte Pflanze als Heilmittel dienen kann, wird das Kernholz am häufigsten zur Behandlung von Syphilis, Gicht, Rheuma und Hautproblemen verwendet.

Guaiacum officinale,
Montgomery Botanical Center,
Coral Gables, Florida, USA.

Guaiacum officinale,
Fairchild Tropical Botanic Garden,
Coral Gables, Florida, USA.

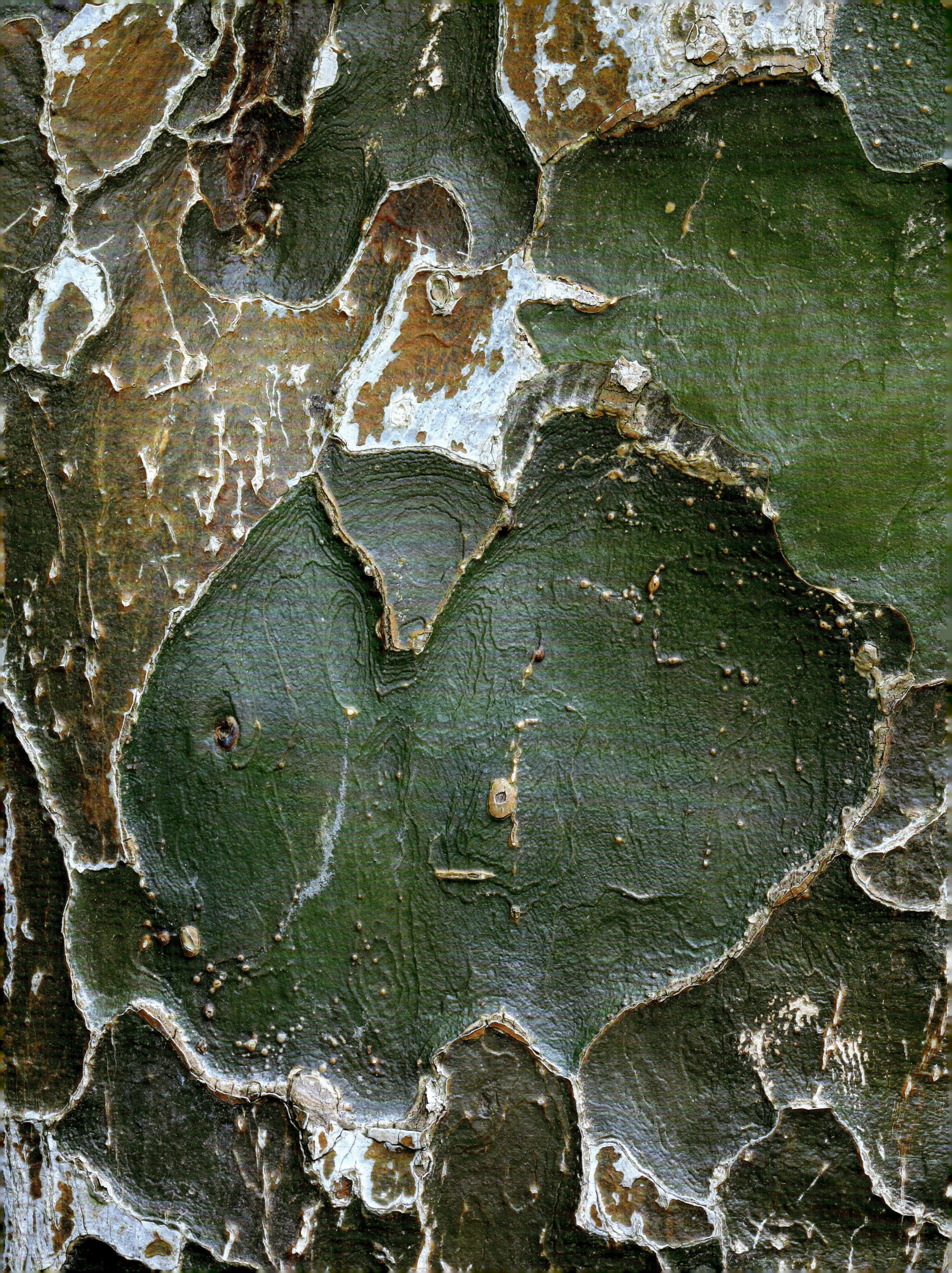

Hevea brasiliensis, Plantage im Morgengrauen, Rumpin, West-Java, Indonesien.

[FAMILIE DER EUPHORBIACEAE]

Amazonas-Parakautschukbaum

Hevea brasiliensis

Weit von seiner Heimat am Amazonas entfernt wird der Amazonas-Parakautschukbaum, der Hauptlieferant von Naturkautschuk, vor allem seit dem ausgehenden 19. Jahrhundert in Südostasien kultiviert. Der edle Stoff Latex (der Milchsaft, aus dem Kautschuk hergestellt wird) ist Inhaltsstoff von weiteren fast 7500 Pflanzenarten. Die präkolumbianischen Kulturen nutzten den Kautschuk bereits bei ihrem Ballspiel, das vermutlich der Vorläufer des Basketball-Spiels war. Ab einem Alter von 5 Jahren wird *Hevea* an einer inneren Rindenschicht angezapft, die reich an milchführenden Kanälen ist – dem Latexspeicher. Ein Exemplar liefert durchschnittlich 5 Kilogramm Kautschuk-Trockenmasse pro Jahr – und das über einen Zeitraum von 25 bis 30 Jahren hinweg. Dieser erste elastische „Kunststoff" revolutionierte das Transportwesen und unser alltägliches Leben. Naturkautschuk bleibt auch im Vergleich zu seinem synthetischen Nachbau absolut konkurrenzfähig, vor allem bei Flugzeugreifen, Operationshandschuhen, Kondomen usw.

Hevea brasiliensis, Ablaufen des Kautschuk nach dem Anzapfen.

Naturkautschuk – das traditionelle Ernteverfahren

Hevea brasiliensis, Rumpin, West-Java, Indonesien.

Lumamyrte
Luma apiculata

Die Lumamyrte ist ein kleiner, langsam wachsender Baum, der in seinem natürlichen Lebensraum bis zu 20 Meter hoch werden kann. Er kommt aus den gemäßigt tropischen Wäldern des Valdivio im Herzen der Kordilleren. Der Name *Luma* ist aus dem Wort *Kelümamüll* (= orangefarbenes Holz) abgeleitet, mit dem der Stamm der Mapuche den Baum gemeinhin bezeichnet. Ähnlich wie die Gewöhnliche Myrte aus dem Mittelmeerraum (*Myrtus communis*) trägt der Baum Blätter mit heilkräftigen Eigenschaften. Die weißen duftenden Blüten liefern einen Waldhonig, der – wie auch die süßen, essbaren Beeren – in Chile sehr beliebt ist. Wie bei den meisten Arten der Familie Myrtaceae entwickeln die adulten Bäume eine erstaunliche Rinde: Rundliche Schuppen lösen sich ab und hinterlassen weiße Spuren auf einem rötlichen Stamm mit feiner papierartiger Haut.

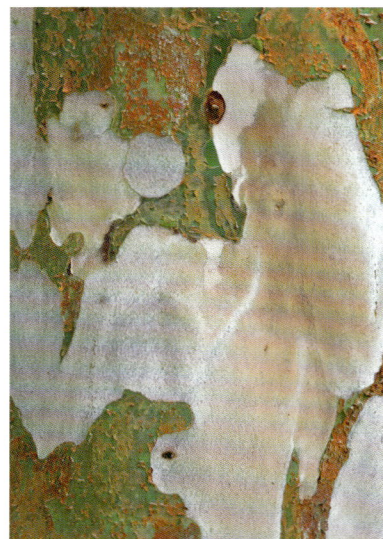

Luma apiculata,
Sir Harold Hillier Gardens,
Ampfield, Großbritannien.

Luma apiculata,
Sir Harold Hillier Gardens,
Ampfield, Großbritannien.

Hevea brasiliensis, Ablaufen des Kautschuk nach dem Anzapfen.

Naturkautschuk – das traditionelle Ernteverfahren

Hevea brasiliensis, Rumpin, West-Java, Indonesien.

Tabaquillo-Baum
Polylepis australis

Weit oberhalb der üblichen Baumgrenze besiedeln diese kleinen Bäume mit verwundenen Stämmen die Hochebenen der Kordilleren-Kette in den Anden. Sie halten den Höhenweltrekord unter den blühenden, verholzenden Arten mit *P. tarapacana*, die in Bolivien auf bis zu 5200 Höhenmetern wächst. Der Name *Polylepis* mit der Bedeutung schuppenreich rührt von der Rinde her, die aus einer Vielzahl von blattähnlichen Schichten aufgebaut ist. Sie schützen den Baum vor Frost und der Hitze von Waldbränden. Seinen Volksnamen Tabaquillo trägt der Baum, weil die Rinde den südamerikanischen Völkern als Zigarettenpapier diente. Bei dieser Art handelt es sich um den am weitesten nach Süden verbreiteten Vertreter der Gattung, den man in bis zu 3500 Metern Höhe findet. Die Wälder mit Beständen von *Polylepis* zählen zu den am stärksten bedrohten Ökosystemen der Welt: Überweidung und wiederkehrende Brände verhindern hier die natürliche Regeneration.

Polylepis australis,
Royal Botanic Gardens Kew, Richmond, und
Wakehurst Place, Ardingly, Großbritannien.

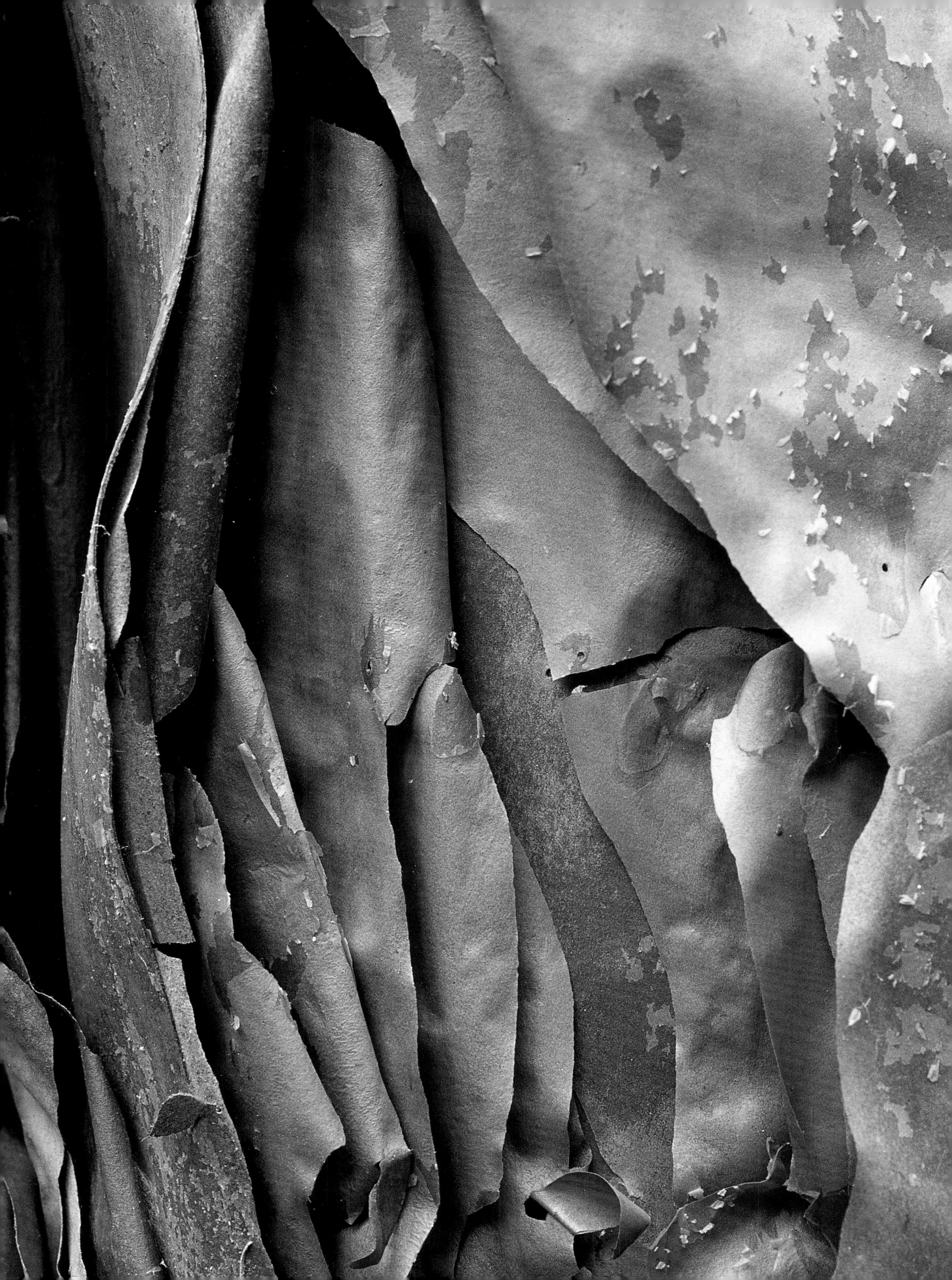

Lumamyrte
Luma apiculata

Die Lumamyrte ist ein kleiner, langsam wachsender Baum, der in seinem natürlichen Lebensraum bis zu 20 Meter hoch werden kann. Er kommt aus den gemäßigt tropischen Wäldern des Valdivio im Herzen der Kordilleren. Der Name *Luma* ist aus dem Wort *Kelümamüll* (= orangefarbenes Holz) abgeleitet, mit dem der Stamm der Mapuche den Baum gemeinhin bezeichnet. Ähnlich wie die Gewöhnliche Myrte aus dem Mittelmeerraum (*Myrtus communis*) trägt der Baum Blätter mit heilkräftigen Eigenschaften. Die weißen duftenden Blüten liefern einen Waldhonig, der – wie auch die süßen, essbaren Beeren – in Chile sehr beliebt ist. Wie bei den meisten Arten der Familie Myrtaceae entwickeln die adulten Bäume eine erstaunliche Rinde: Rundliche Schuppen lösen sich ab und hinterlassen weiße Spuren auf einem rötlichen Stamm mit feiner papierartiger Haut.

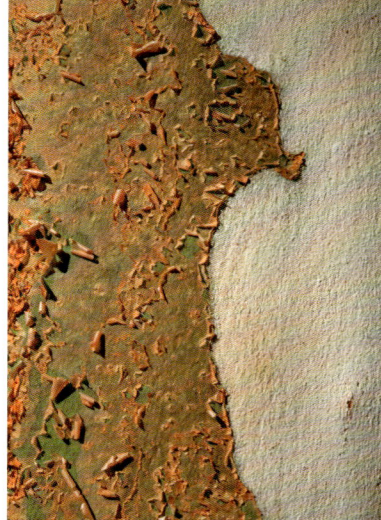

Luma apiculata,
Sir Harold Hillier Gardens,
Ampfield, Großbritannien.

Luma apiculata,
Sir Harold Hillier Gardens,
Ampfield, Großbritannien.

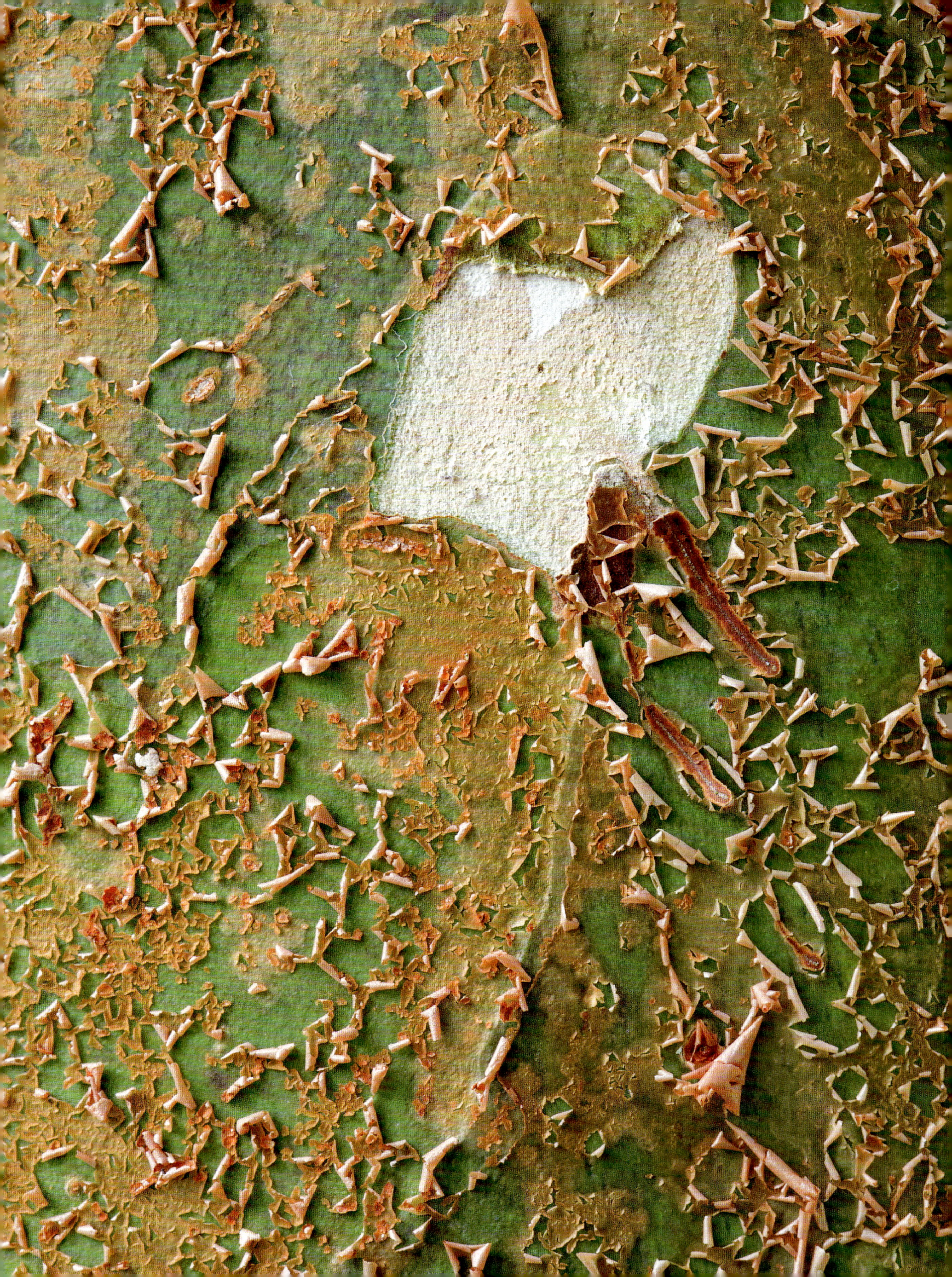

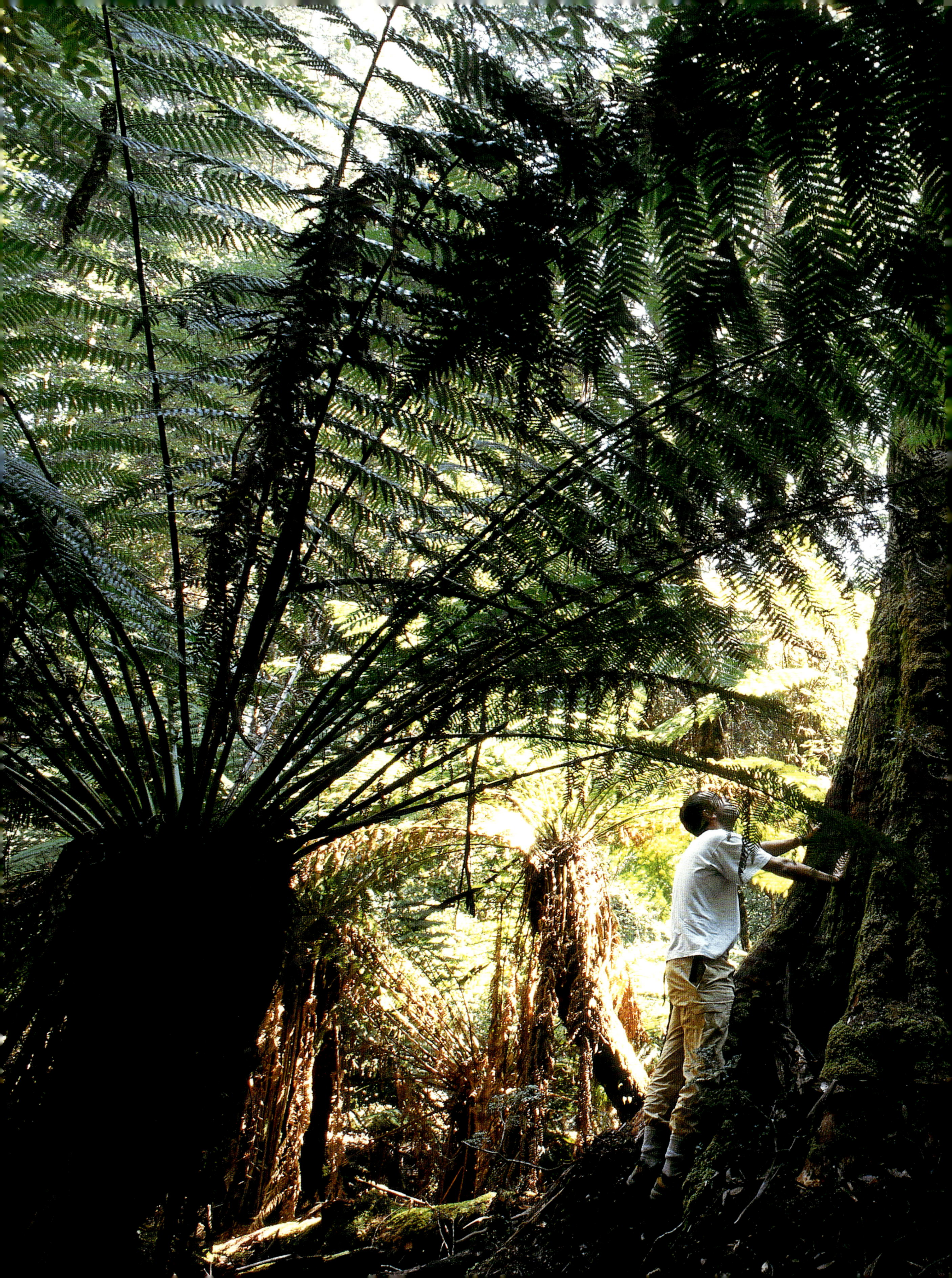

OZEANIEN

Eucalyptus regnans, der König der *Eucalyptus*-Arten kann mehr als 100 Meter hoch werden. Styx Valley Big Tree Reserve, Tasmanien.

Schwarzer Becherfarn
Cyathea medullaris

Baumfarne bilden einen faserigen Scheinstamm aus, der bei den größten Exemplaren annähernd 30 Meter hoch ist. Fast 1000 Arten sind beschrieben, die sich zwei Hauptgattungen zuordnen lassen – *Cyathea* und *Dickinsonia*. Meistens sind sie an tropisches, warm-feuchtes Klima gebunden. Dennoch vertragen einige Arten, insbesondere die am weitesten aus dem Süden kommenden, Frost. Das gilt auch für diesen winterharten Schwarzen Becherfarn, der ein Wahrzeichen der neuseeländischen Landschaften und der Fidschi-Inseln ist. Sein eigentümlicher, blauschwarzer Schaft ist übersät mit eiförmigen Narben, die von den alten Wedeln herrühren. Im Gegensatz zu den Blütenpflanzen produzieren die Farne Sporen. Der Gattungsname *Cyathea* ist vom griechischen *kyatheion* abgeleitet, was Kuppel bedeutet und Bezug nimmt auf die Häufchen von Sporangien an den Blattunterseiten.

Cyathea intermedia,
Place des Cocotiers, Nouméa,
Neukaledonien.

Cyathea cooperi,
Parc Phoenix, Nizza, Frankreich.

Cyathea medullaris,
Narben nach dem Blattfall,
Kerikeri, Neuseeland.

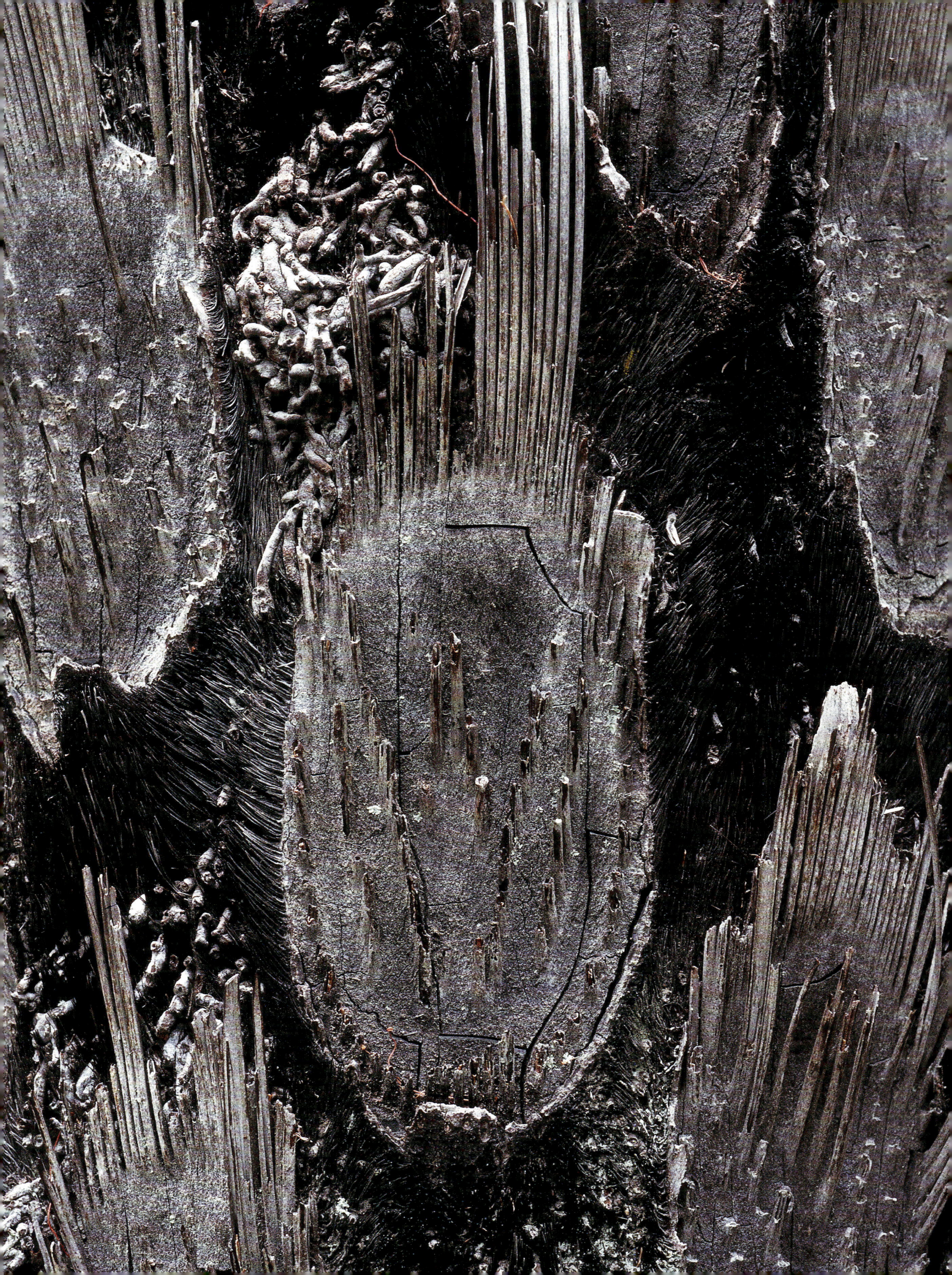

Kaurifichte
Agathis australis

Bei der Gattung *Agathis* handelt es sich um primitive tropische Nadelbäume, die etwa in der Mitte des Eozäns vor einigen Dutzend Jahrmillionen auftraten. Die Kaurifichte ist der heilige Baum der Maori in Neuseeland. Sie ist für ihr leichtes, biegsames, wertvolles und unverwesliches Holz bekannt. Das nicht entflammbare Harz diente zum Erhitzen, zur Produktion von hochwertigem Firnis und zur Schmuckherstellung. Das aus dem Ruß hergestellte Pulver wurde als schwarzes Farbpigment zum Tätowieren benutzt. Im 19. Jahrhundert haben die Kolonialherren diesen Reichtum der Natur ausgebeutet. So sind heute nur einige Restbestände der ursprünglichen Wälder erhalten, die nun unter Schutz stehen. Einige mehr als 1000 Jahre alte Exemplare sind auf der Coromandel-Halbinsel und im Norden der Nordinsel im Waipoua-Waldschutzgebiet zu sehen. Mit seiner Höhe von 51 Metern und dem atemberaubenden Umfang von 14 Metern wacht der König des Waldes *Tane Mahuta* über das Maori-Heiligtum.

Waipoua-Waldschutzgebiet, Neuseeland.

Tane Mahuta, der berühmteste der *Agathis australis* auf der Insel, Waipoua-Waldschutzgebiet, Neuseeland.

Durch das regelmäßige Abwerfen der Rinde entledigt sich *Agathis australis* der Epiphyten, Waipoua-Waldschutzgebiet, Neuseeland.

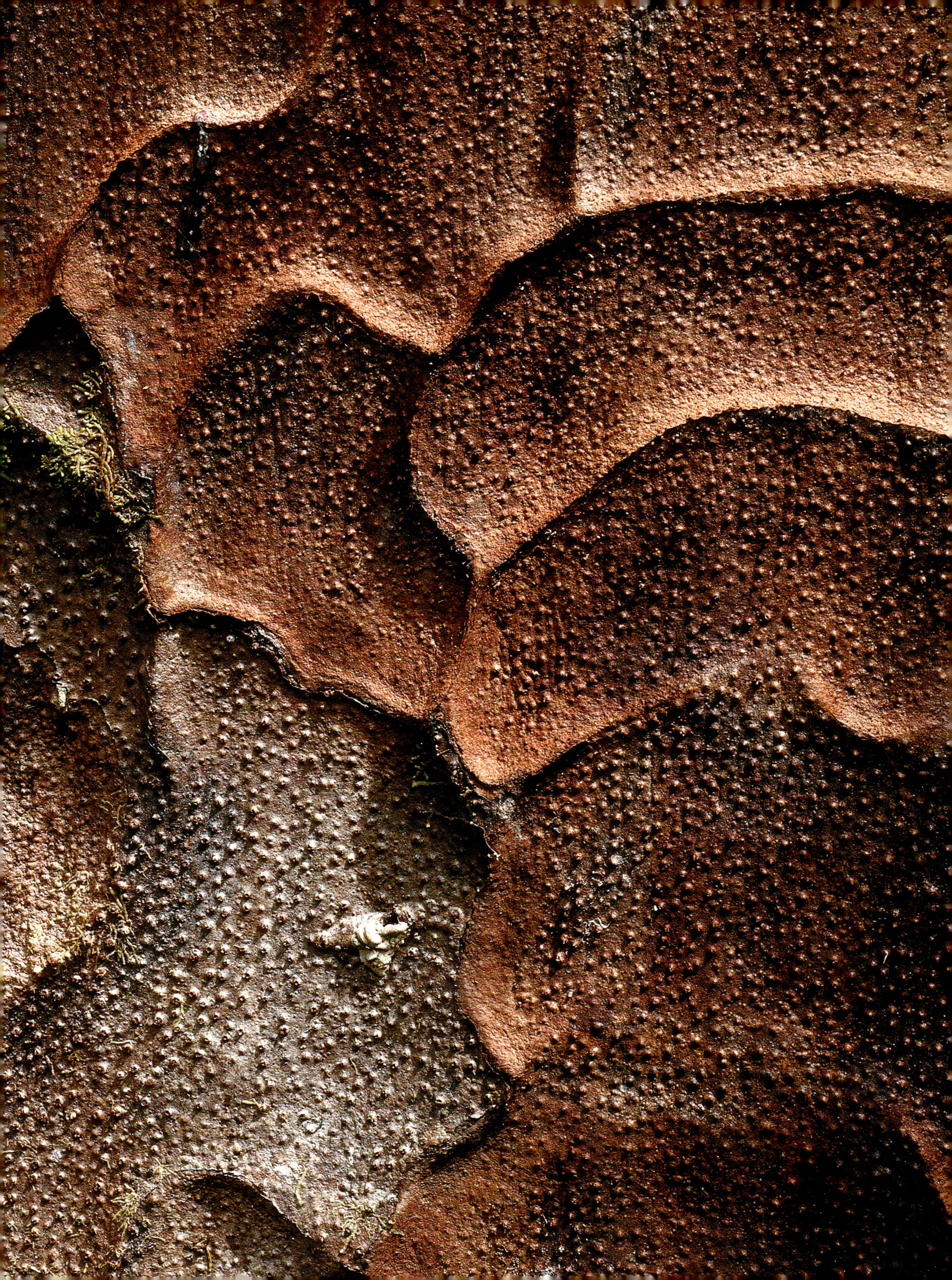

Araucariaceae

Die Familie der Araucariengewächse umfasst gut 40 primitive Nadelbaumarten, die typisch für die Südhalbkugel sind. Es sind Vertreter der Gattungen *Araucaria*, *Agathis* und *Wollemia*. Allein in Neukaledonien versammelt sich fast die Hälfte aller Arten. Meistens sind es große Bäume mit massiven Stämmen, die wegen des Holzes, des Harzes (Lacke und Schutzlacke) und der teilweise essbaren Samen genutzt werden. Der französische Name der Andentanne lautet übrigens sinngemäß übersetzt „Baum, der die Affen verzweifeln lässt".

1. *Agathis robusta*, Vigier-Park, Nizza, Frankreich.
2. *Agathis borneensis*, Kebun Raya Bogor, Indonesien.
3. *Agathis lanceolata*, Koghis, Neukaledonien.
4. *Agathis ovata*, Dzumac-Gebirge, Neukaledonien.
5. *Wollemia nobilis*, Mount Annan Botanic Garden, Australien.
6. *Araucaria hunsteinii*, Kew Gardens, Richmond, Großbritannien.
7. *Araucaria heterophylla*, Nizza, Frankreich.
8. *Araucaria angustifolia*, Antibes, Frankreich.
9. *Araucaria araucana*, Kew Gardens, Richmond, Großbritannien.

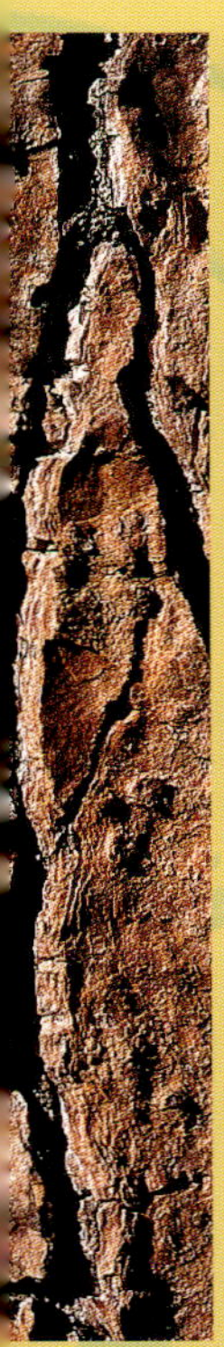
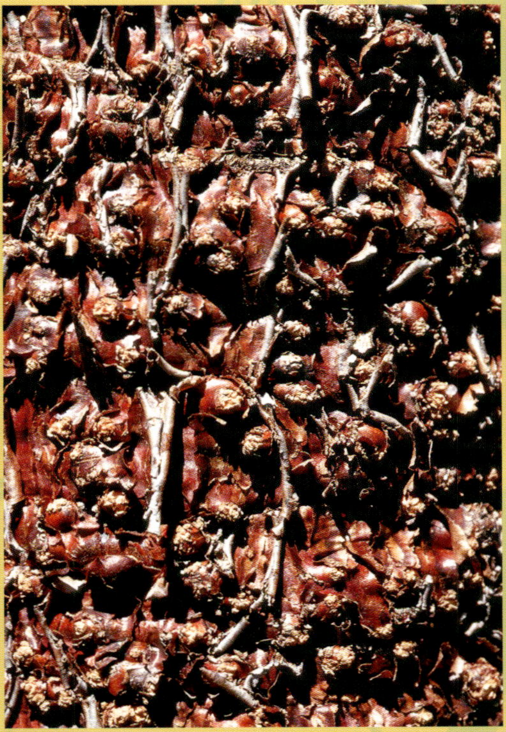
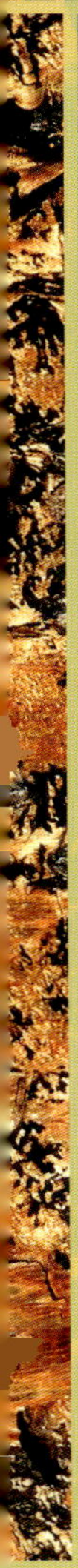
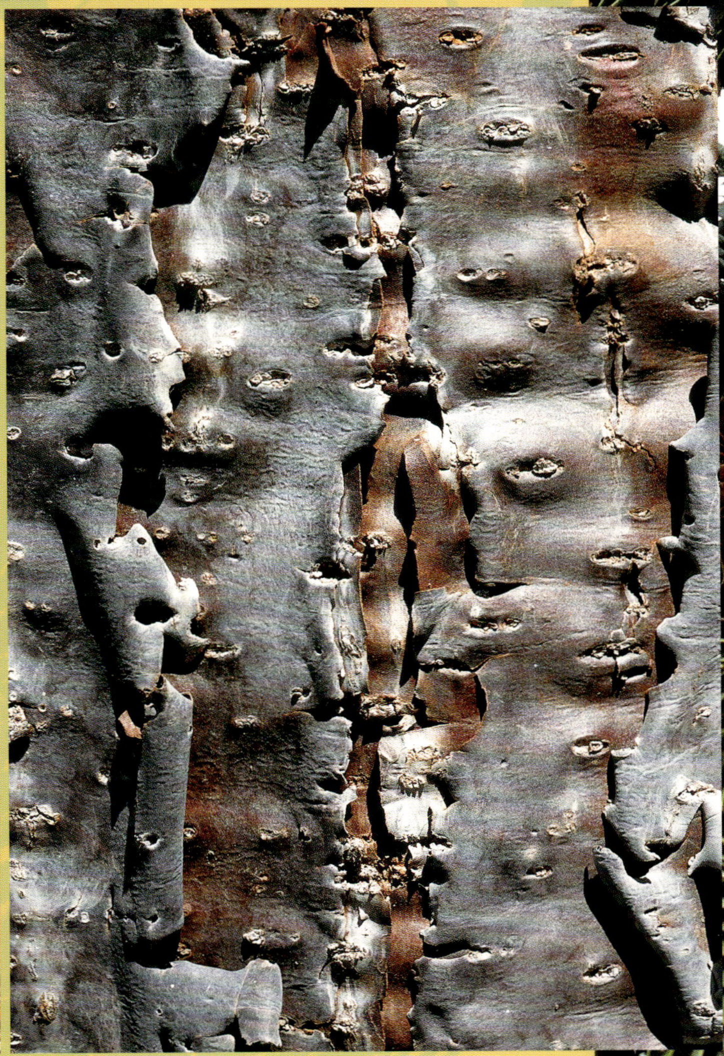
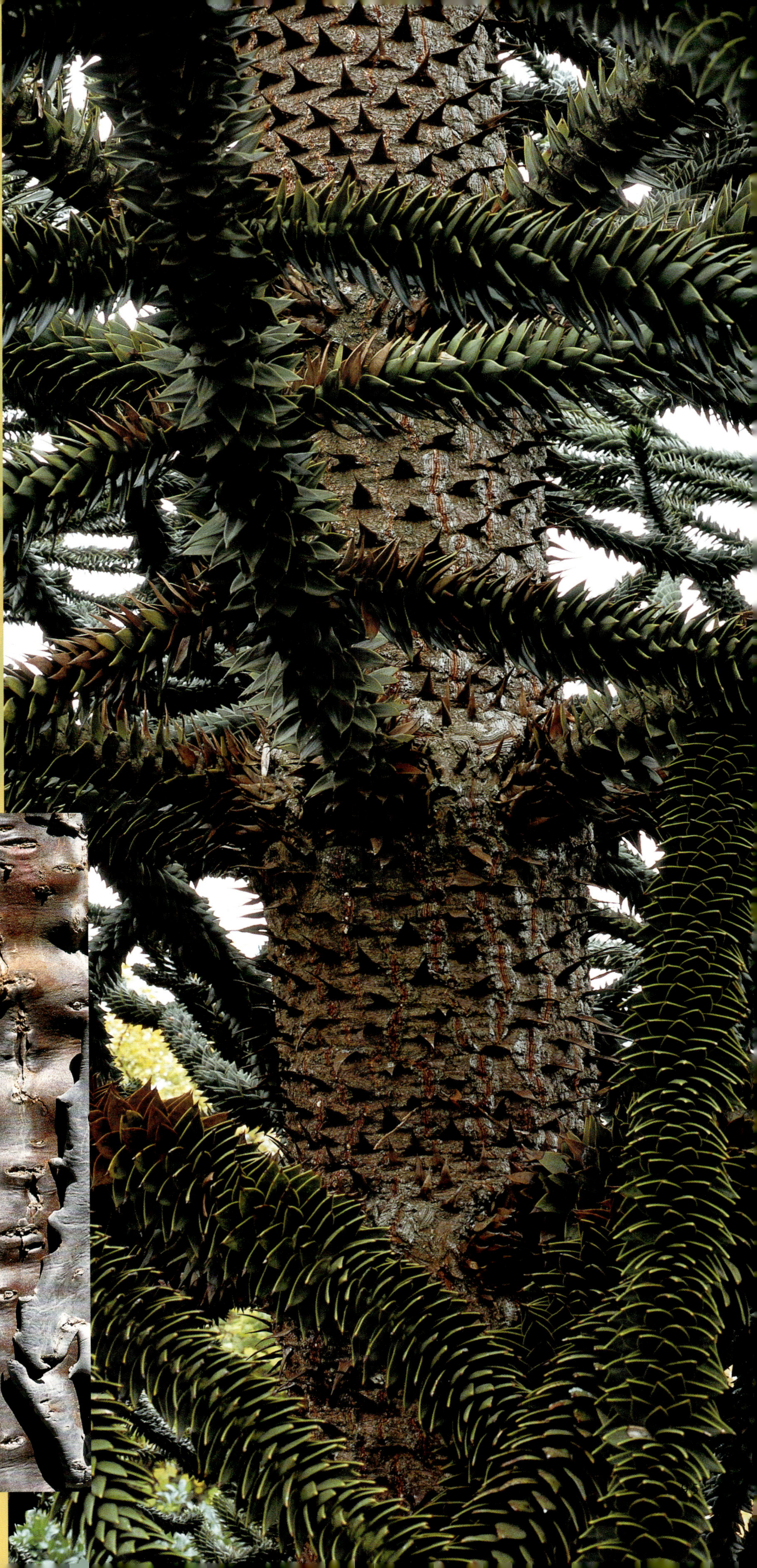

Xanthorroea australis am Wildstandort nach einem Buschfeuer, Rocky Cape Nationalpark, Tasmanien.

Südlicher Grasbaum

Xanthorrhoea australis

Dieses seltsame Riesengras in Baumform ist ein echtes lebendes Fossil, dessen Wachstum kaum 1 Meter pro 100 Jahre beträgt. Unter den gut 30 endemischen Arten Australiens wächst diese Art am weitesten im Süden. Man findet sie im Südosten sowie in Tasmanien. Es handelt sich um einen Vertreter der Pyrophyten, das sind Bäume, die durch Brände gegenüber anderen Konkurrenten begünstigt werden. Der Grasbaum ist sogar in seiner Vermehrung auf Feuer angewiesen, da er nur nach einem Brand blüht. Die Pflanze war im Leben der australischen Ureinwohner überall präsent. Die Basis der Blätter, der Vegetationspunkt und die Wurzeln sind essbar. Ihre nektarreichen Blütenstände wurden zum Süßen und Aromatisieren von Wasser geerntet. Der Schaft der Blüten diente zum Herstellen von Speerspitzen oder als Zunder zum Feuermachen – nach alter Sitte durch Reiben. Der Gattungsname *Xanthorrhoea* stammt aus dem Griechischen und bedeutet gelbe Flüssigkeit, er nimmt Bezug auf den als Klebstoff, Wasserschutzschicht, Lack oder Räucherwerk genutzten Pflanzensaft. Deutsche Truppen haben ihn während des Ersten Weltkrieges sogar als Sprengstoff verwendet.

Xanthorroea australis,
Rocky Cape Nationalpark, Tasmanien.

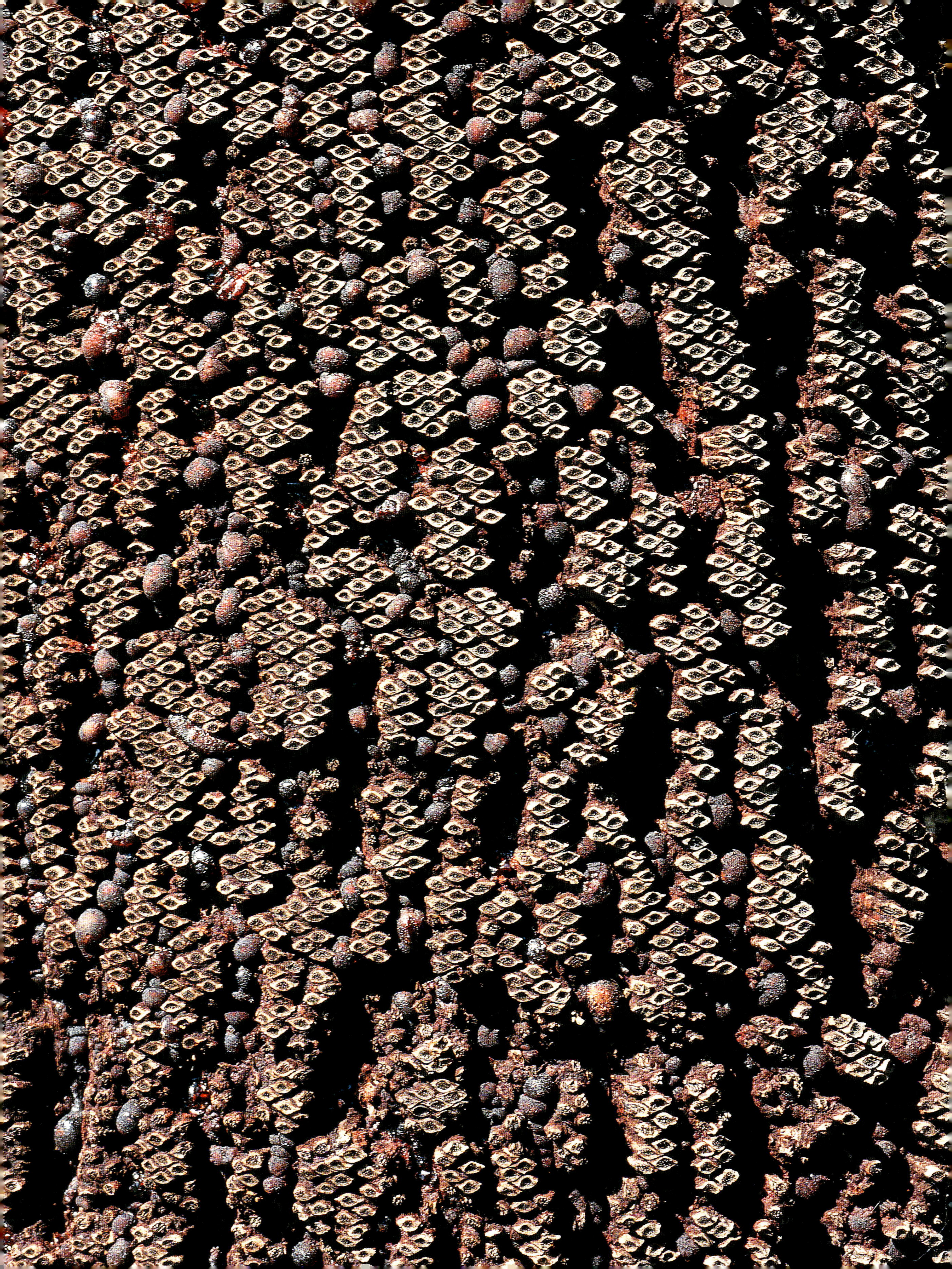

Die vergänglichen Farben der Stämme von *Eucalyptus coccifera*, Lake Fenton, Mount Field Nationalpark, Tasmanien.

[FAMILIE DER MYRTACEAE]

Trichterfrucht-Eukalyptus

Eucalyptus coccifera

In den Bergwäldern auf den Hochebenen der Berge im Süden Tasmaniens ist dieser kleine, oft geduckt wachsende Baum mit dem gewundenen Stamm bis zur Baumgrenze bei 1300 Metern hinauf anzutreffen. Er ist ein sagenhaftes Beispiel für die Winterhärte des Eukalyptus, denn er verträgt mehr als 150 Frosttage im Jahr. Bei günstigen Bedingungen kann er bis zu 30 Meter hoch aufwachsen. Im Herbst färben die Blätter von *Nothofagus gunii* (Scheinbuche), der einzigen laubabwerfenden Art Australiens, die Berge von Tasmanien glutrot. Und als ob sie in dieses Fest der warmen Farben mit einstimmen wollten, hüllen die winterharten Eukalyptusarten ihre Stämme in alle Farben des Regenbogens, die mit dem Fortschreiten des Winters zu Grauweiß vergehen. Der Artname *coccifera* bezieht sich auf ein Insekt (*Coccus*), das einen Teil der ersten in Tasmanien gesammelten Exemplare befallen hatte.

Frischer Stamm eines *Eucalyptus coccifera*, Lake Skinner, Tasmanien.

Eucalyptus coccifera,
Cradle Mountain - Lake St. Clair Nationalpark, Tasmanien.

Eucalyptus coccifera,
Lake Skinner, Tasmanien.

Spatelblättriger Eukalyptus
Eucalyptus spathulata

Die Art *E. spathulata*, so benannt wegen der Form ihrer Blätter (*spathulata* = spatelig), ist ein im Südwesten Australiens weit verbreiteter, kleiner Baum, der eine glatte, farbenfrohe Rinde hat. Er verträgt Frost, Salzwasser und Trockenheit und wächst sogar an sumpfigen Standorten, was ihm den Beinamen Sumpfschlegel eingebracht hat. Daher ist er nicht von der gewaltigen Umweltkatastrophe bedroht, unter der Australien leidet: der steigenden Salinität der Böden. Die Bäume als Großverbraucher von Wasser haben das Niveau des Grundwassers unterhalb der in Australien seit Jahrtausenden in den Bodenschichten vorhandenen Salzflöze gehalten. Durch die Abholzung der Wälder steigt das Wasser zur Oberfläche und schwemmt das Salz aus, was zu einer Verseuchung der Wurzelbereiche führt. Intensive Bewässerung der landwirtschaftlichen Nutzflächen verstärkt das Phänomen noch weiter, was langfristig vermutlich in der Auslöschung Hunderter von Arten enden wird.

Leuchtende Farben der jungen Rinde.

Eucalyptus spathulata,
Wildflower Garden, Black Hill Conservation Park,
Adelaide, Australien.

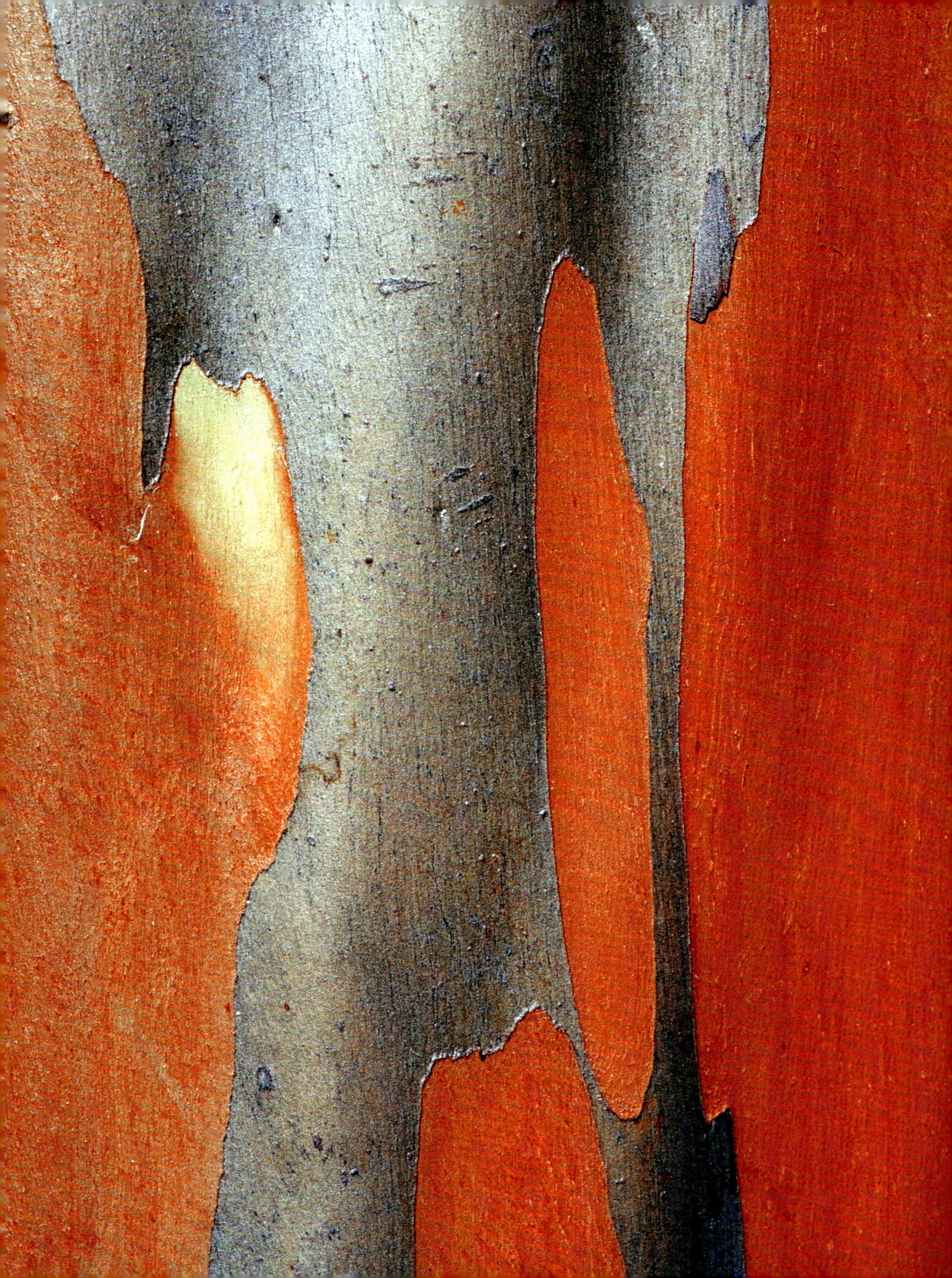

Eucalyptus camaldulensis, der Rote Eukalyptus greift mit seinen tentakelgleichen Ästen bis 40 Meter in die Breite, Dunkeld, Victoria, Australien.

Roter Eukalyptus

Eucalyptus camaldulensis

Dieser in ganz Australien verbreitete Eukalyptus wächst im Murray-Becken besonders zahlreich. Trotzdem bezieht sich der Artname *camaldulensis* auf den italienischen Grafen Camaldoli, in dessen Garten Hortus Camaldulensis in Neapel die Exemplare stehen, anhand derer die Art erstmals beschrieben wurde. Wegen seines roten, extrem harten Holzes wurde der schnell wachsende Baum weltweit in großer Zahl gepflanzt. Für die australischen Ureinwohner war der Baum lebenswichtig: das Holz als gutes Feuerholz und idealer Werkstoff für das Instrument Didgeridoo, die Rinde zur Herstellung von Kanus, Behältern oder Kleidung, das Harz und die Blätter als Heilmittel gegen Fieber, Halsschmerzen oder Durchfall. Er gehört zu der kleinen Gruppe der Eukalyptusarten, deren Blätter auf dem Speiseplan der Koalas stehen.

Eucalyptus camaldulensis, typisches rotes Holz, Nizza, Frankreich.

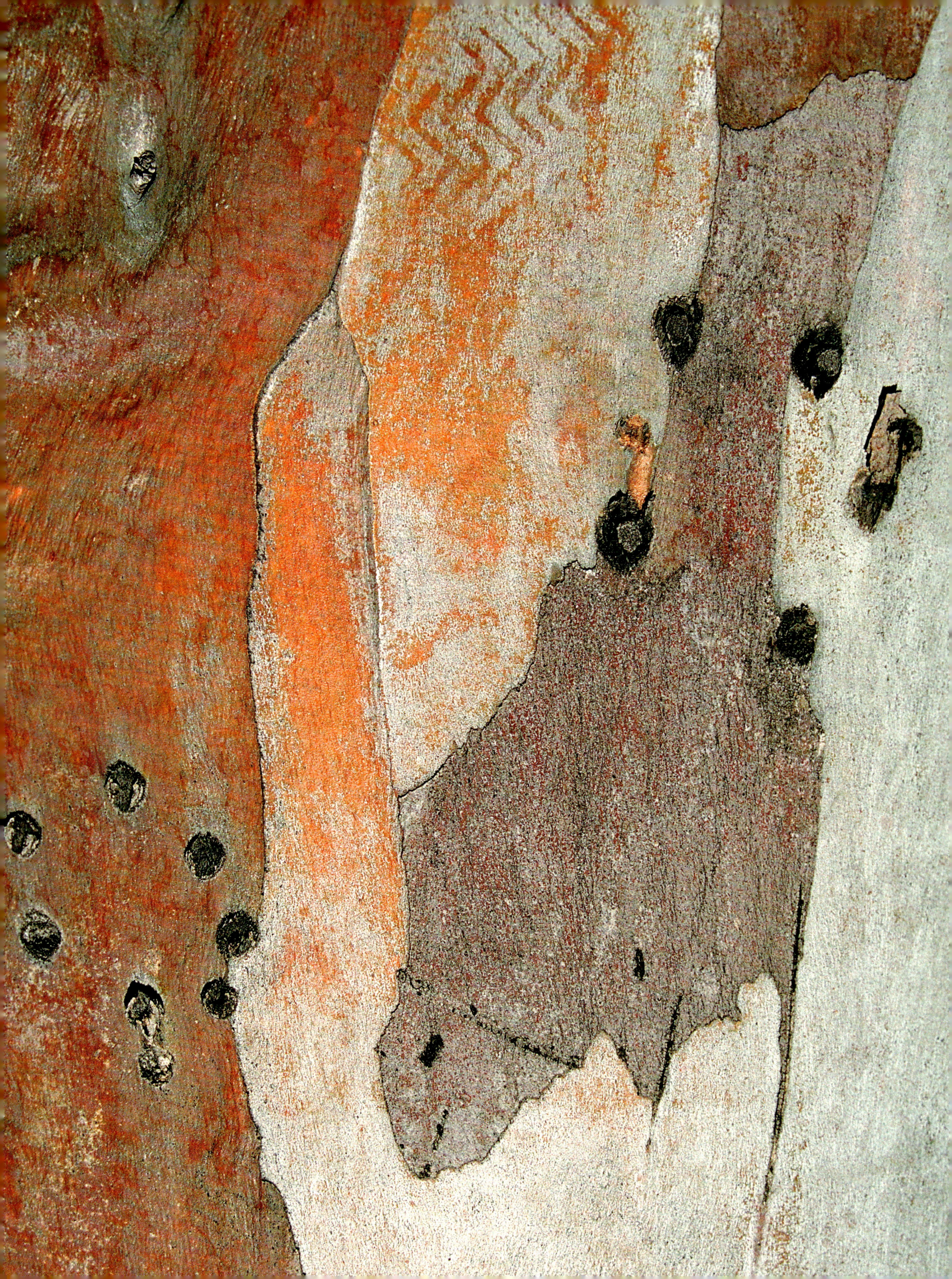

Hartblättriger Eukalyptus
Eucalyptus sclerophylla

Manche Eukalyptusarten haben die Ureinwohner lange Zeit vor ein Rätsel gestellt: Ihre Stämme zeigen eine mysteriöse Musterung wie ein Zick-Zack-Gekritzel, das aber niemand entziffern konnte. In den 1930er-Jahren hat Tom Greaves das Rätsel der „Busch-Graffiti" teilweise entschlüsselt. Ein winziger Schmetterling (*Ogmograptis scribula*) legt seine Eier zwischen alter und neuer Rinde ab. Die holzfressende Larve wandert dann über den Stamm hinweg und gräbt Gänge, die nur sichtbar werden, wenn der Stamm sich schält. Diese überraschenden Arabeskenmuster dienen den Botanikern als Bestimmungsmerkmal. Man unterscheidet mindestens fünf verschiedene Linientypen und etwa 20 Arten von „Grafitti-Gummibäumen". Der hier gezeigte wächst vor allem in den Blue Mountains westlich von Sydney. Es gelang übrigens erst im Jahr 2005, den Schmetterling zu fangen und seine Metamorphose erstmals zu beschreiben.

Eucalyptus sclerophylla, Blue Mountains National Park, Neusüdwales, Australien.

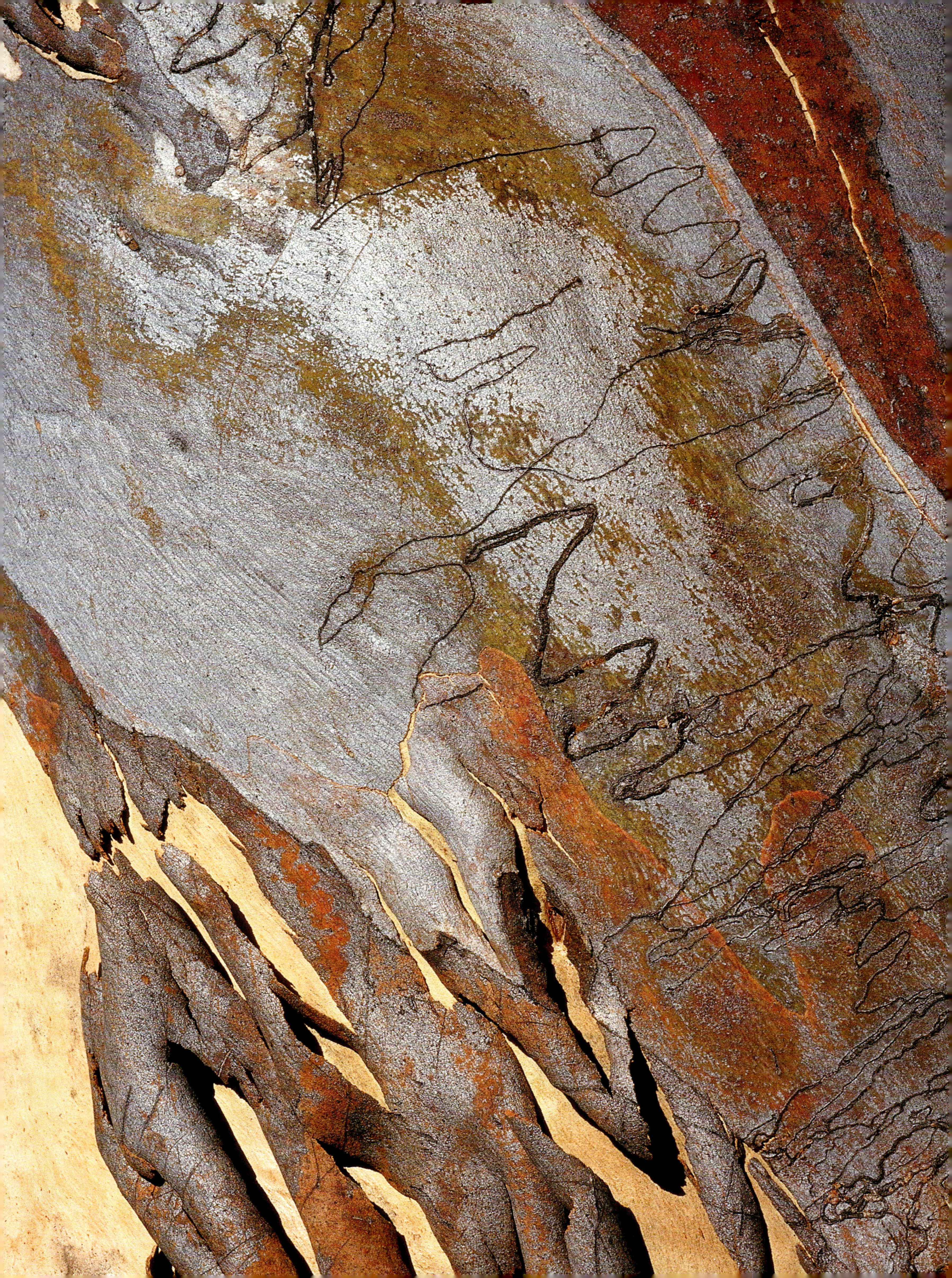

Weißer Dorrigo-Eukalyptus
Eucalyptus dorrigoensis

Dieser prachtvolle Eukalyptus stammt ursprünglich aus der australischen Region Dorrigo im Nordosten von Neusüdwales. Die natürlichen Populationen sind isoliert und nicht besonders zahlreich, weshalb die Art stark bedroht ist. Die geisterhafte Silhouette bietet einen unvergesslichen Anblick. Direkt vor der Erneuerung der Rinde verfärben sich die Äste und Zweige roséfarben. Riesige Rindenlappen, die stellenweise noch am Stamm haften, flattern im Wind, fallen herab und bedecken den Boden, der unter jedem Schritt knackt. Die frische Rinde, die anfangs gelblich ist, verfärbt sich zu einem strahlenden, reinen Weiß – daher der Volksname Weißer Eukalyptus.

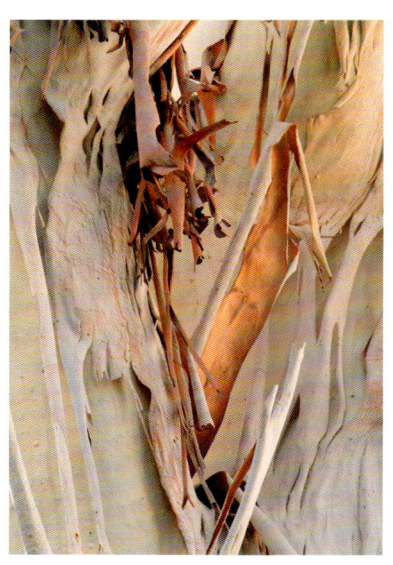

Eucalyptus dorrigoensis, Botanischer Garten der Villa Thuret, Antibes, Frankreich.

[FAMILIE DER MYRTACEAE] 107

Angophora costata,
Royal Botanic Gardens,
Sydney, Australien.

Die Rinde von *Angophora costata*
vor und nach dem Abblättern,
Botanischer Garten der Villa Thuret,
Antibes, Frankreich.

Gummimyrte
Angophora costata

Es gibt knapp ein Dutzend Vertreter der Gattung *Angophora*, das im Osten Australiens beheimatet ist. Auf den ersten Blick werden die Pflanzen von vielen Betrachtern für Eukalyptus gehalten, und man nennt sie mit Volksnamen in manchen Ländern auch Eukalyptus. Sie unterscheiden sich aber durch die paarig angeordneten Blätter und durch Blüten ohne die deckelartige Haube, die bei allen *Eucalyptus*-Arten die Blütenknospen einhüllt. Die Namensgebung (griechisch *Angophora costata* = gerippte Kapsel tragend) ist ein Hinweis auf die markante Form der Früchte. Sobald der Stamm seine alte graue Rinde abwirft, erscheinen verschiedene bunte Farben. Nach einem sehr flüchtigen Blaugrün wird die Rinde rasch gelb, dann orangefarben und schließlich lachsrosa.

OZEANIEN [FAMILIE DER MYRTACEAE]

Eukalyptus

Die Gattung *Eucalyptus* mit ihren gut 700 überwiegend in Australien heimischen Arten ist eine würdige Vertreterin aus der bezaubernden Familie der Myrtengewächse (Myrtaceae). Der aus dem Griechischen stammende Name (er bedeutet gut verborgen) wurde ihr gegeben, weil die Blütenknospen einen kleinen Deckel tragen. Die Gattung stellt den höchsten blühenden Baum der Erde: Es ist ein Exemplar von *E. regnans* mit gut 100 Metern Höhe. Als Nutzpflanze für die Holz-, Papier- und Kosmetikindustrie wie auch in der Medizin wird der Eukalyptus weltweit in allen tropischen und gemäßigten Klimazonen kultiviert.

1. *Eucalyptus rossii*, Australian National Botanic Gardens, Canberra, Australien.
2. *Eucalyptus deglupta*, Fairchild, Coral Gables, USA.
3. *Eucalyptus torrelliana*, Kebun Raya Cibodas, Indonesien.
4. *Eucalyptus coccifera*, Lake Skinner, Tasmanien.
5. *Eucalyptus mannifera*, Australian National Botanic Gardens, Canberra, Australien.
6. *Eucalyptus rubiginosa*, Royal Botanic Gardens, Sydney, Australien.
7. *Eucalyptus tesselaris*, Australian National Botanic Gardens, Canberra, Australien.
8. *Eucalyptus sideroxylon*, Botanischer Garten der Villa Thuret, Antibes, Frankreich.
9. *Eucalyptus moluccana*, Royal Botanic Gardens, Sydney, Australien.
10. *Eucalyptus delegatensis*, Wakehurst Place, Ardingly, Großbritannien.
11. *Eucalyptus globulus*, Nizza, Frankreich.
12. *Eucalyptus spathulata*, Wildflower Garden, Adelaide, Australien.

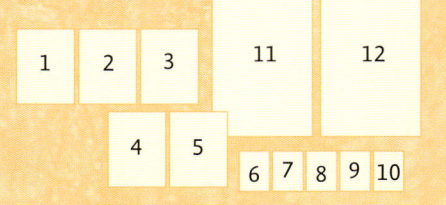

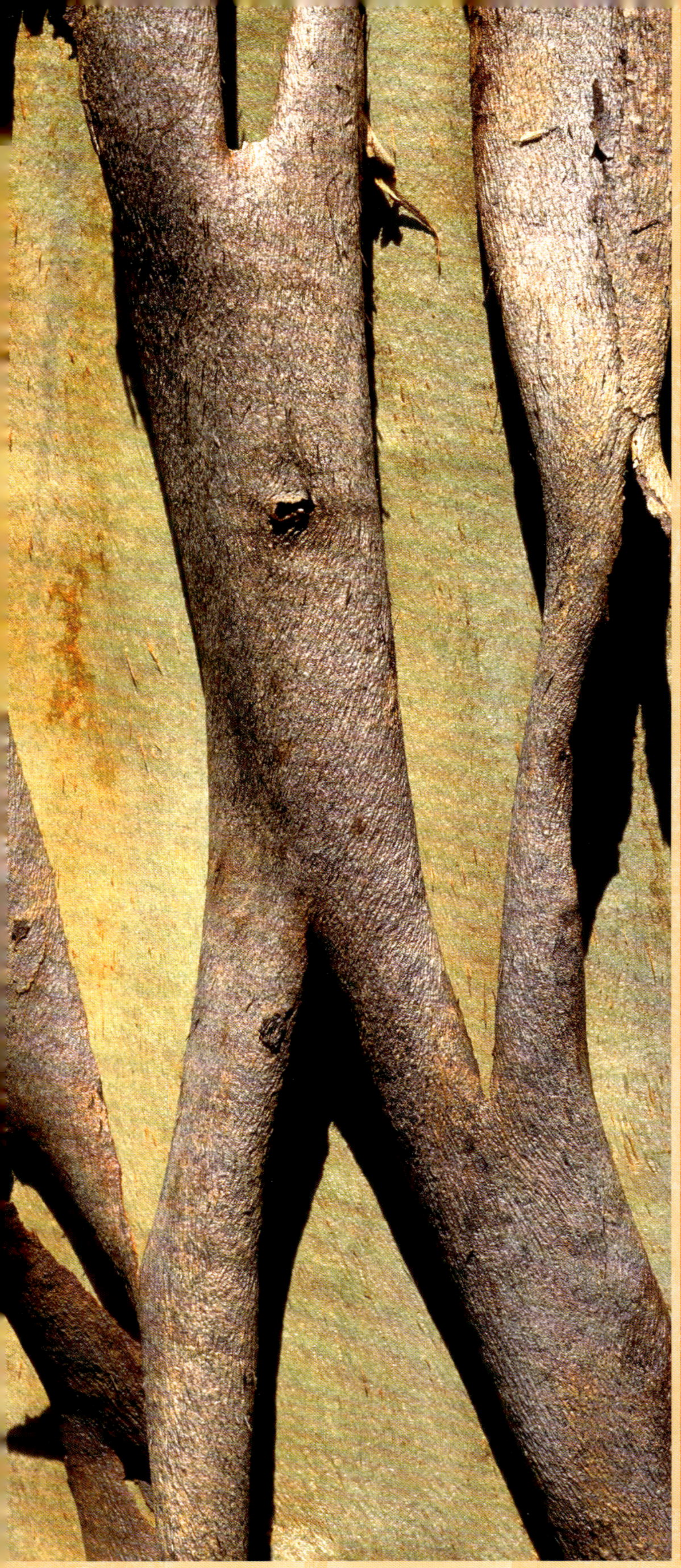
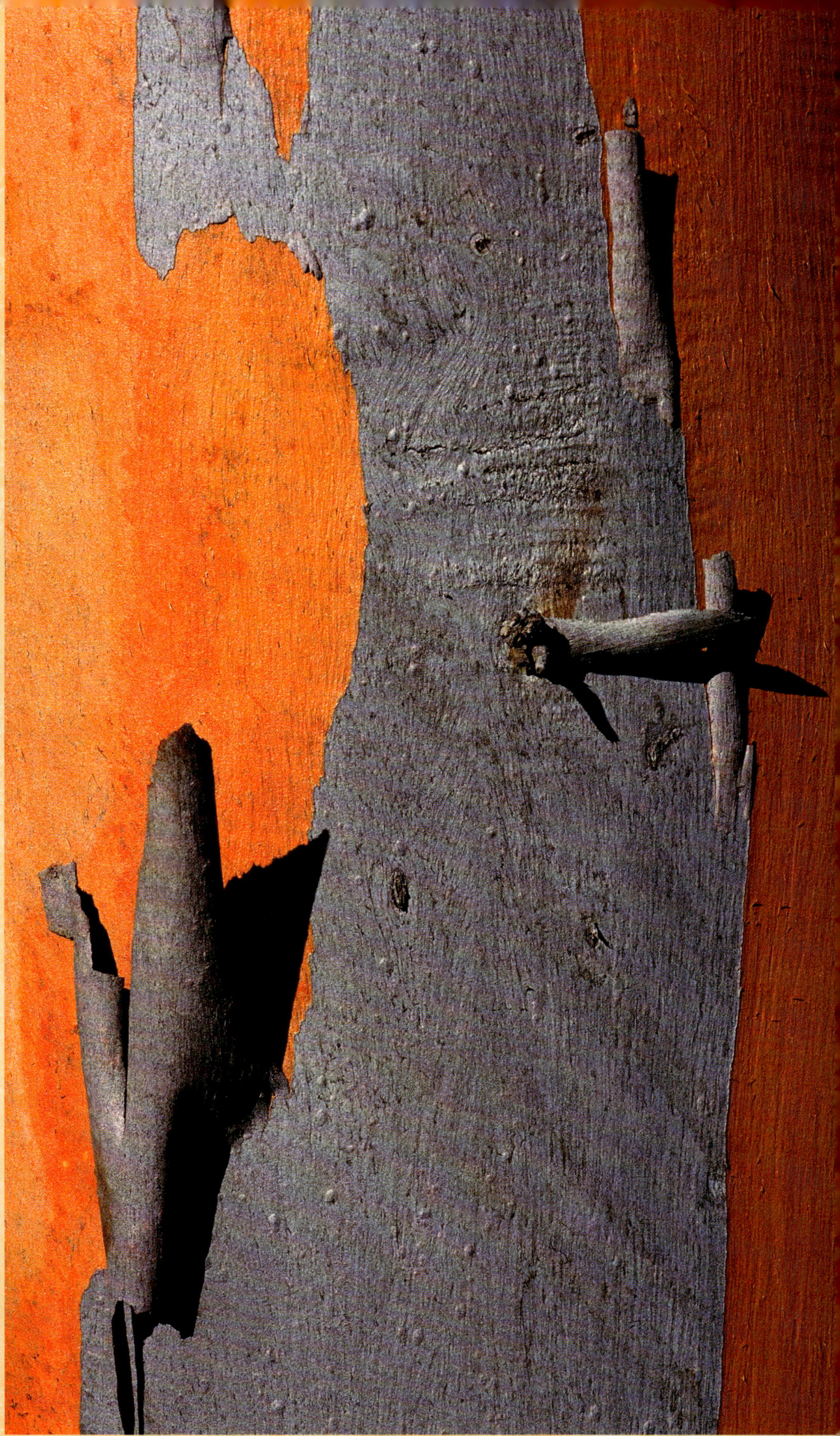
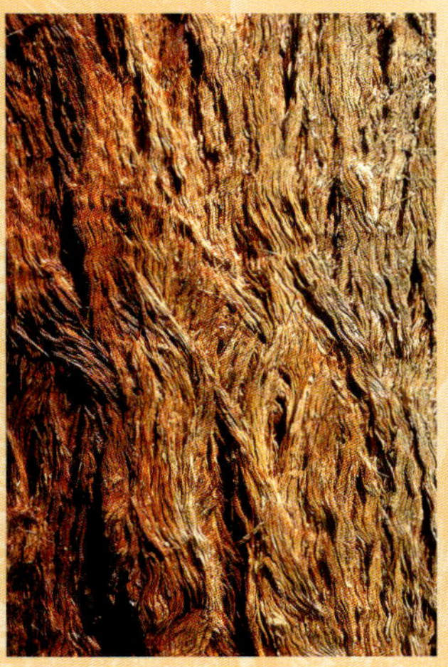
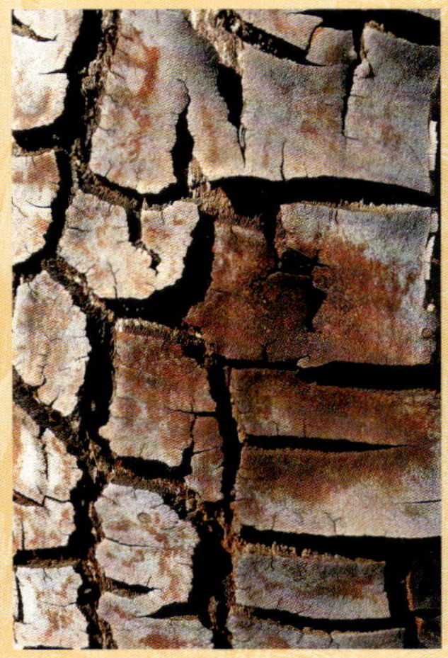
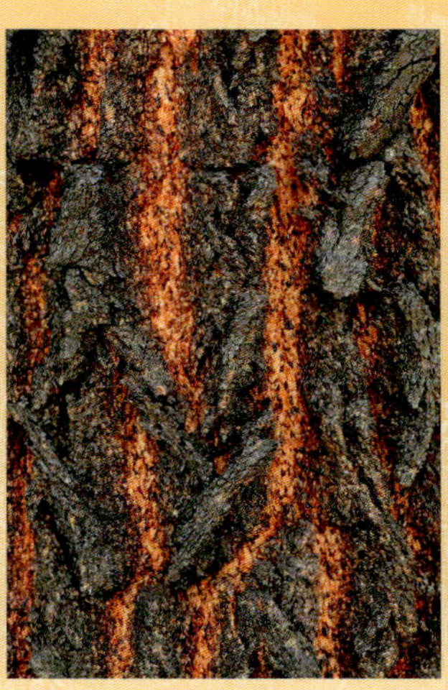
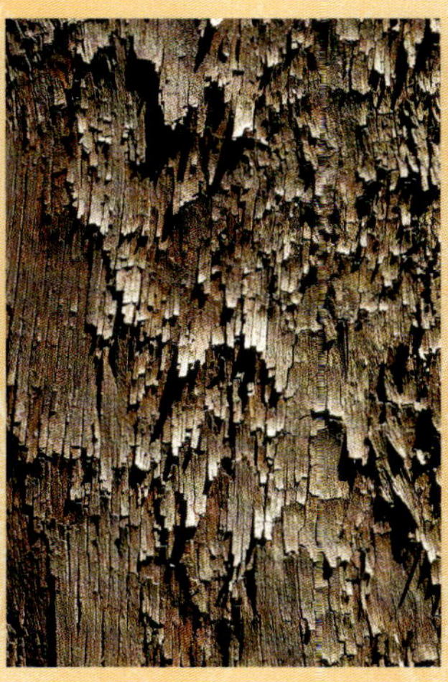
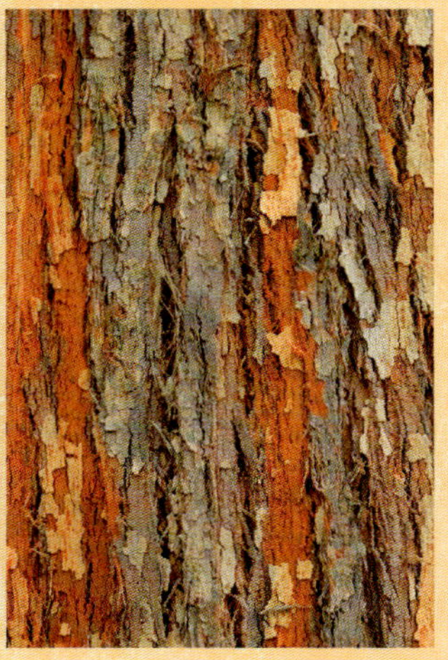

[FAMILIE DER MYRTACEAE]

Gesprenkelter Eukalyptus
Corymbia maculata (Syn. *Eucalyptus maculata*)

Diese Art wächst an der australischen Ostküste. Der aus dem lateinischen Wort *maculosus* oder *maculatus* (= gefleckt, getupft) abgeleitete Name nimmt Bezug auf die Musterung der Rinde, die an Platanen erinnert. Die alte orangefarbene Rinde löst sich zu Beginn des Sommers und darunter erscheinen asymmetrisch gerundete Flächen in grünen, grauweißen und später gelblichen Farbtönen. Das sehr harte Holz wird für unterschiedlichste Bauten verwendet. Die nektarreichen Blüten produzieren einen exzellenten Honig. Ende des 20. Jahrhunderts haben einige Autoren gut 100 Eukalyptusarten, darunter auch die genannte, der Gattung *Corymbia* zugeordnet. Sie unterschieden sich durch die Infloreszens, also den Bau des Blütenstandes – einer Dolde, deren Blüten alle auf einer Ebene liegen.

Corymbia maculata,
der intensiv gefärbte Stamm wenige
Tage vor der Erneuerung der Rinde,
Serre de la Madone, Menton, Frankreich.

Die Entwicklung der Rinde im Jahreszyklus

Corymbia maculata, Botanischer Garten der Villa Thuret, Antibes, Frankreich.

Zitronen-Eukalyptus

Corymbia citriodora (Syn. *Eucalyptus citriodora*)

Der Zitronen-Eukalyptus aus Nordostaustralien ist ein Glücksfall für die Parfümeure und die Mediziner. Seine Blätter geben einen sehr intensiven Zitronella-Duft ab und werden zur Herstellung von Aromen oder in der Phytotherapie zur Behandlung von Erkältungen, Halsschmerzen, Infektionen der Atemwege und Ähnlichem verwendet. Auch wirkt er gut als natürliches Insektenabwehrmittel. Wenn der Baum zu Beginn des Sommers seine alte Rinde abwirft, liefert er ein bezauberndes Schauspiel. Anfangs ist sie reinweiß, dann wird die Rinde plötzlich roséfarben. Sie reißt ein – wie bei einem Reißverschluss – und enthüllt eine unerwartet blaue Rinde darunter. Die Symphonie der Farben beginnt mit dem ersten Sonnenstrahl auf der frischen Rinde und im Laufe weniger Wochen verfärbt sich die Oberfläche erst grauweiß, dann gelblich und schließlich leicht lachsfarben.

Corymbia citriodora, Botanischer Garten der Villa Thuret, Antibes, Frankreich.

Die Rindenverfärbung im Jahreszyklus

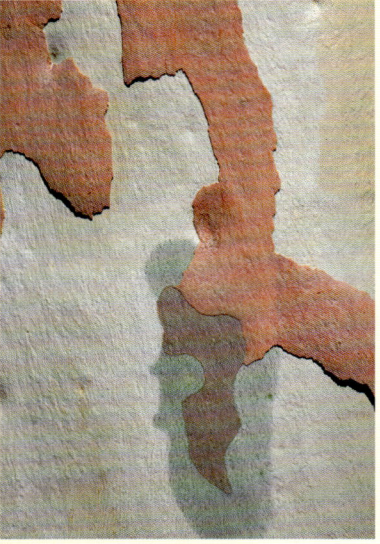

Corymbia citriodora, Botanischer Garten der Villa Thuret, Antibes, Frankreich.

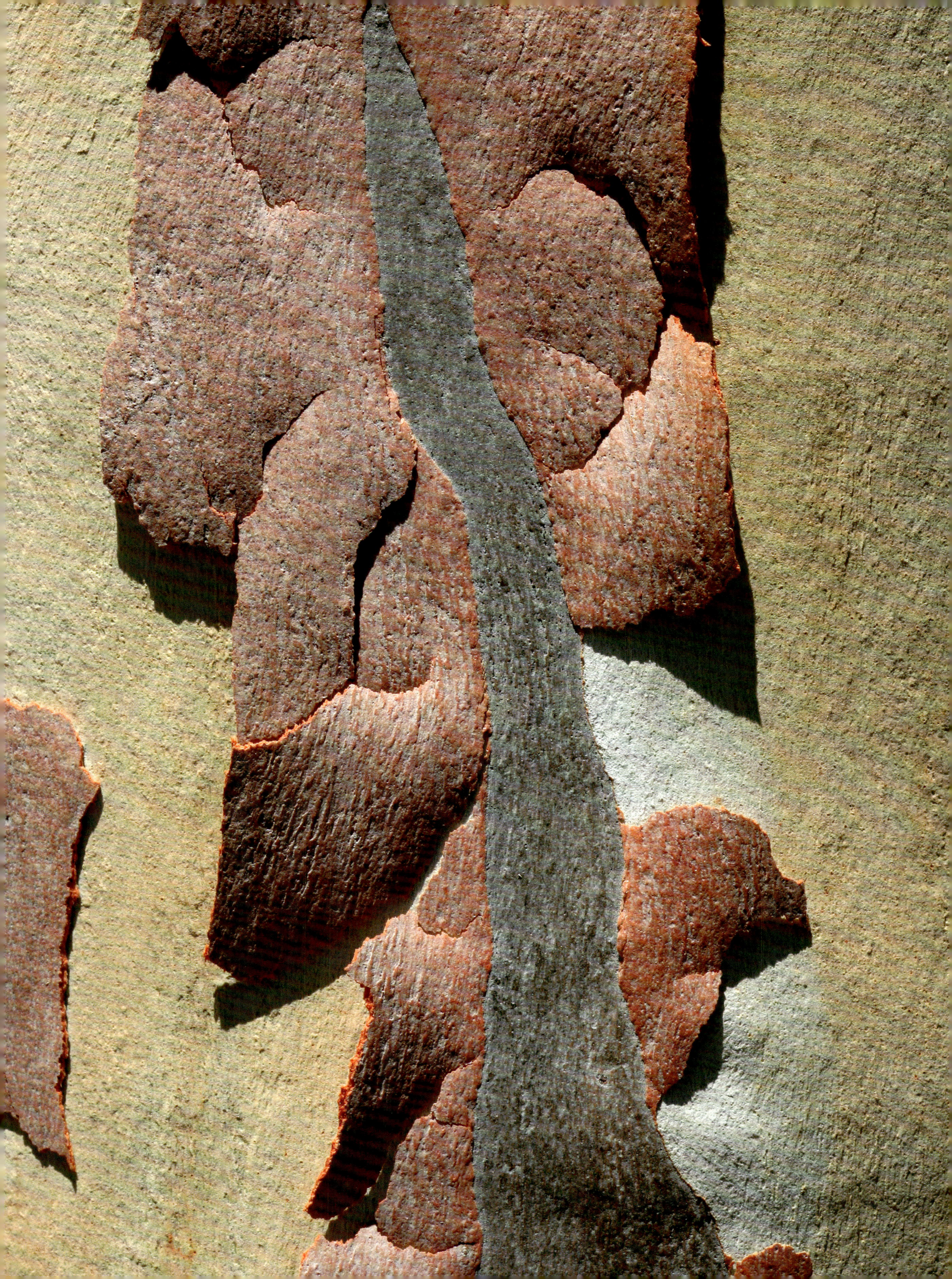

Weiße Myrtenheide
Melaleuca quinquenervia

Unter den 250 *Melaleuca*-Arten ist dieses zweifellos die bekannteste Art. Der Gattungsname ist aus dem griechischen *melas* (= schwarz) und *leukos* (= weiß) abgeleitet, als Anspielung auf den schwarzen Stamm und die weißen Äste mancher Arten nach einem Buschfeuer. Der Artname *quinquenervia* (= fünfnervig) bezieht sich auf die fünf annähernd parallel verlaufenden Adern auf den markanten Blättern. Er gedeiht in den feuchten Zonen der australischen Ostküste, in Neuguinea und Neukaledonien. Im Leben der Ureinwohner hatte er eine große Bedeutung: Die papyrusähnliche Rinde diente als Isoliermaterial der traditionellen Behausungen, als Hüllmaterial zum Kochen oder zum Einwickeln der landestypischen Speisen. Die an ätherischen Ölen (Niaouli) reichen Blätter heilen unter anderem Erkrankungen der Atemwege. Die Weiße Myrtenheide ist leider eine sehr invasive Pflanze, die empfindliche Ökosysteme wie die Everglades im Süden von Florida bedroht.

Melaleuca quinquenervia wird noch immer direkt in Boulouparis zur Herstellung des wertvollen ätherischen Öls Niaouli destilliert, Grande Terre, Neukaledonien.

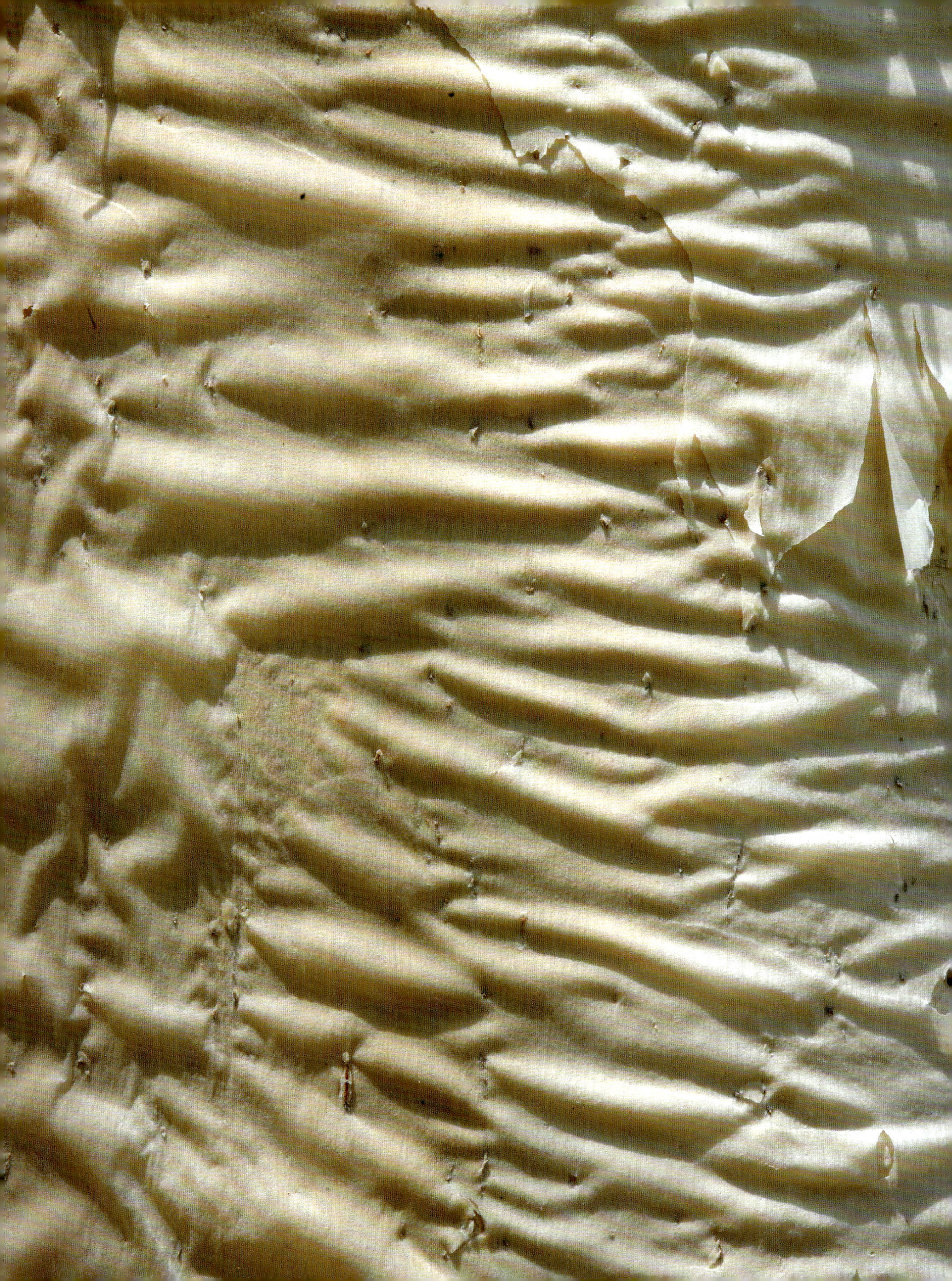

Queensland-Flaschenbaum
Brachychiton rupestris

Der Gattungsname ist aus den beiden griechischen Begriffen *brachys* (= kurz) und *chiton* (= Kleid, Gewand) abgeleitet und bezieht sich auf die Umhüllung der Samen. Geschält sind die gerösteten Samen essbar. Der Flaschenbaum gedeiht auf felsigen Böden, was sein Artname *rupestris* (= felsenbewohnend) verrät. Man findet ihn vor allem auf steinigen, trockenen Böden im australischen Queensland. Während der Regenzeit saugt sich sein Gewebe voll Wasser. Es genügt dann, die Rinde leicht einzuritzen, um eine nahrhafte, gallertartige Flüssigkeit zu gewinnen, die bei den australischen Ureinwohnern beliebt war. Der flaschenförmig aufgeblähte Stamm kann einen Durchmesser von bis zu 2 Metern erreichen. Er ist von einer charakteristischen, chlorophyllhaltigen Rinde bedeckt, die bei Alterung dicker wird und springt. Dabei verliert sie die grüne Farbe und ihre Eigenschaften als Fotosyntheseorgan. Die Ureinwohner haben die faserigen Schichten (Kambium) unter der Borke zur Herstellung von Netzen verwendet.

Brachychiton rupestris,
Royal Botanic Gardens,
Sydney, Australien.

Brachychiton discolor,
Botanischer Garten der Villa Thuret,
Antibes, Frankreich.

Brachychiton rupestris,
Alterung der Rinde, Schuppenborke ohne Chlorophylleinlagerung,
Royal Botanic Gardens, Sydney, Australien.

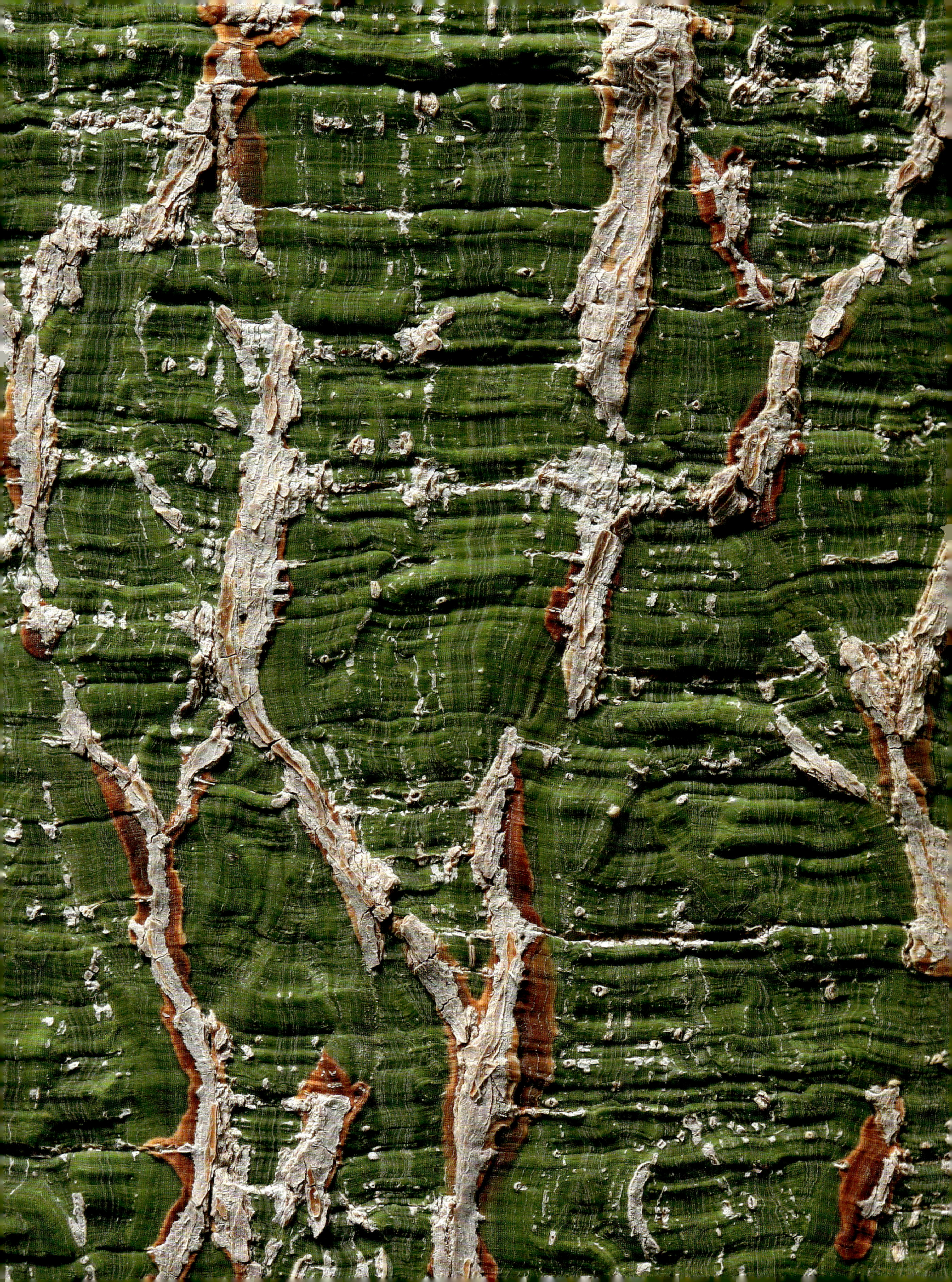

[FAMILIE DER ARAUCARIACEAE]

Neuguinea-Araukarie
Araucaria cunninghamii

In den 1820er-Jahren entdeckte der englische Forscher und Botaniker Alan Cunningham diese Nadelbaumart in den tropischen Wäldern an der australischen Ostküste. Als relativ robuster Baum konnte die Art erfolgreich an der Côte d'Azur akklimatisiert werden. Seine Rinde löst sich in regelmäßigen Abständen als horizontale Streifen ab, so wie es auch bei einigen Zierformen der Gattung *Prunus* der Fall ist. Der englische Name *hoop pine* – was so viel wie Reifen-Kiefer bedeutet – nimmt genau auf diese für harzreiche Nadelbäume ungewöhnliche Borke Bezug. Das sehr hochwertige Holz wurde von der australischen Sperrholzindustrie hinlänglich ausgebeutet. Zudem wächst der Baum sehr langsam – etwa 2 Zentimeter pro Jahr bei einem adulten Exemplar. Es kann bis zu 200 Jahre dauern, bis er die ersten Zapfen hervorbringt. Deshalb sind die meisten natürlichen Bestände ausgerottet. Das Harz wurde von den Ureinwohnern in erhitzter Form wie Zement verwendet.

Araucaria cunnighamii, Kebun Raya Cibodas, West-Java, Indonesien.

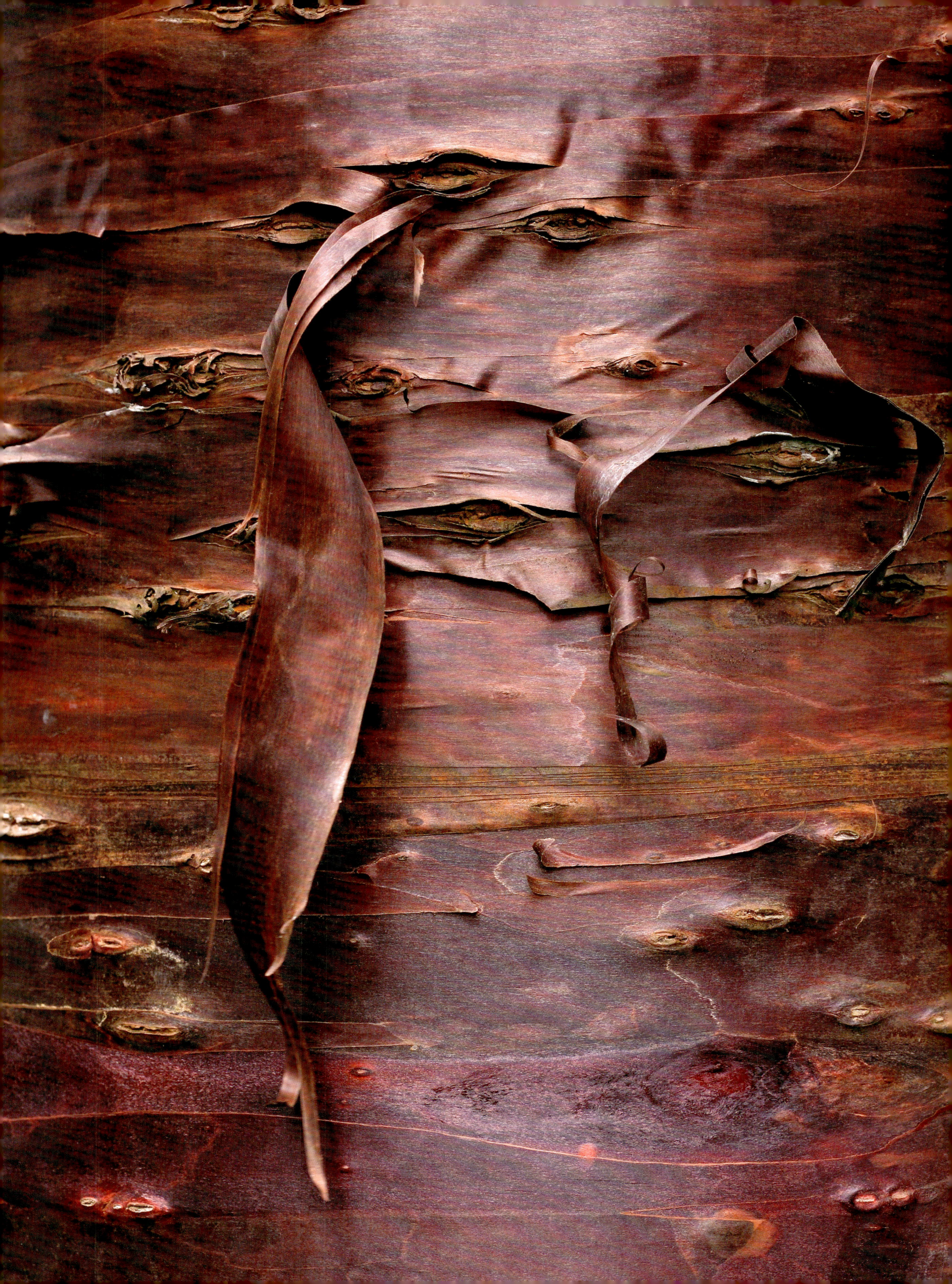

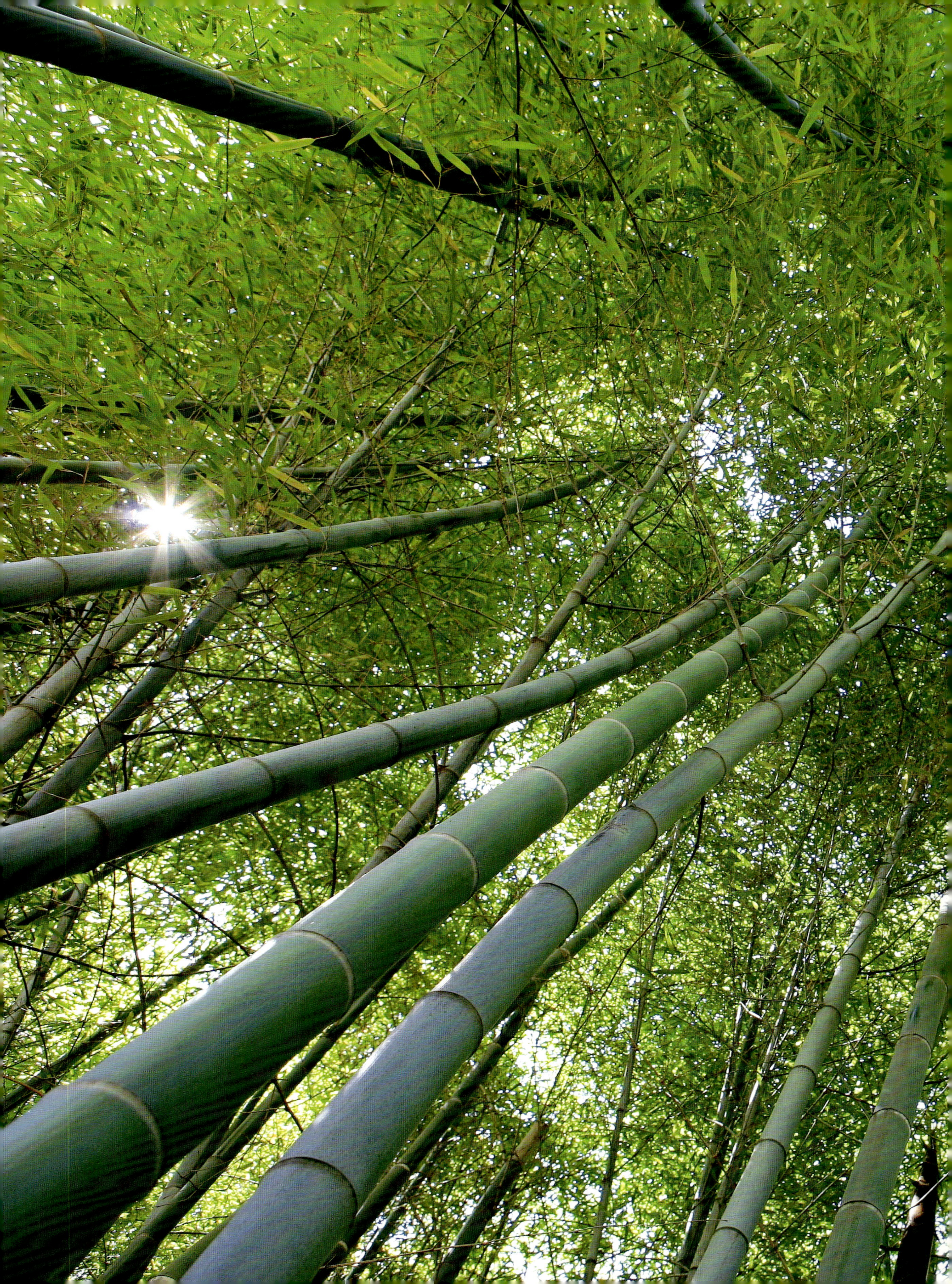

ASIEN

Phyllostachys edulis, der Bambus mit tausendundeinem Verwendungszweck, Bambouserai de Prafrance, Générargues, Frankreich.

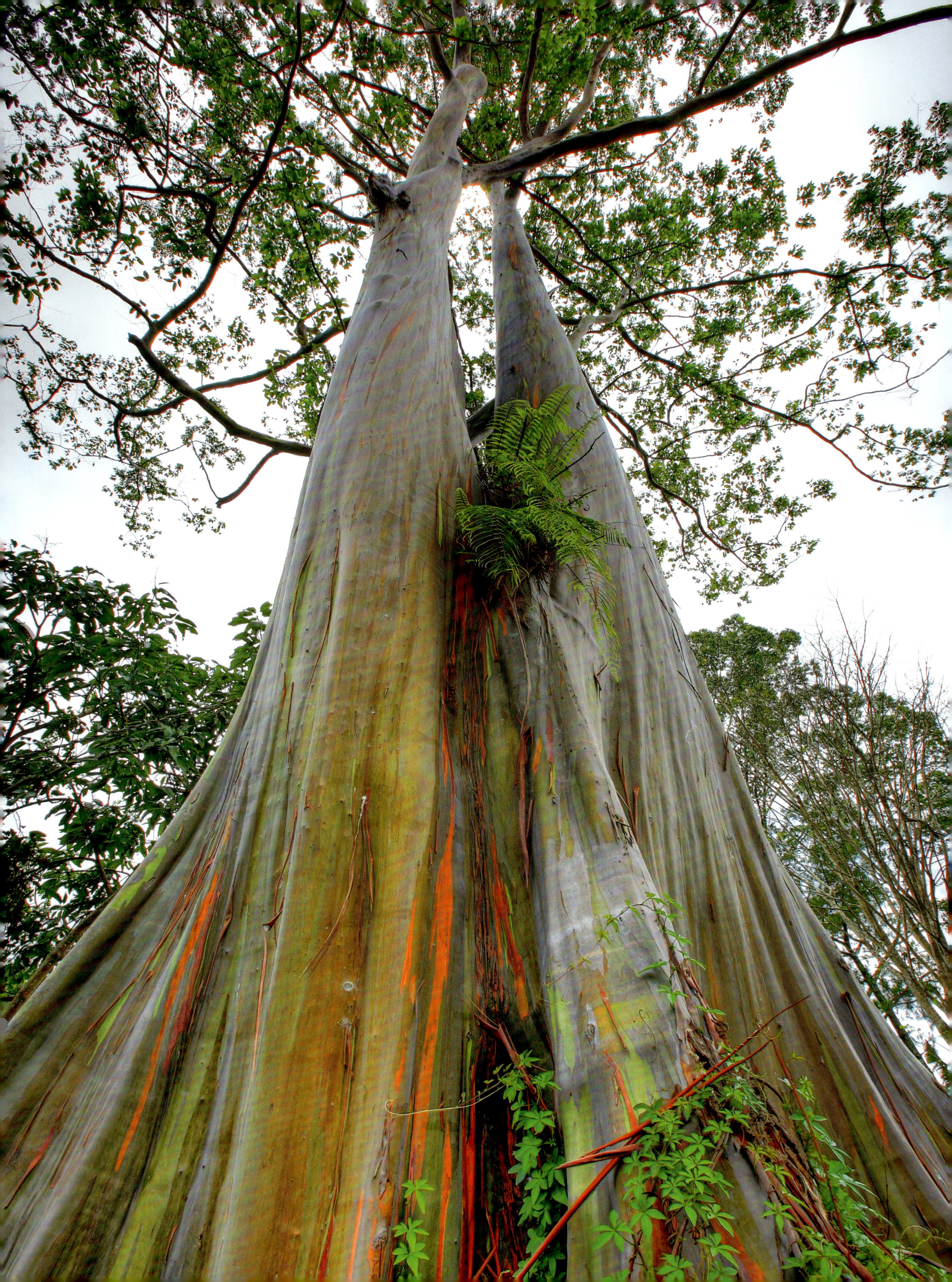

[FAMILIE DER MYRTACEAE] 123

Regenbogen-Eukalyptus
Eucalyptus deglupta

Dieser wunderbare Gummibaum aus Mindanao, der von der gleichnamigen Insel im Südwesten des philippinischen Archipels kommt, ist der einzige auf der Nordhalbkugel beheimatete Eukalyptusvertreter. Er wächst außerdem wild in den tropischen Wäldern Indonesiens und auf Neuguinea. Sein in unwirklichen Farben leuchtender Stamm sieht aus, als wäre er direkt aus einem Maleratelier entsprungen. Während seines gesamten Wachstumszyklus in der Regenzeit schält sich die alte Borke an zahlreichen Stellen in Form von feinen Platten ab. Darunter kommt ein Farbenreigen in hellem Grün, Dunkelgrün, Blaugrün, Purpur und Orangerot zum Vorschein, was an die Farben des Regenbogens erinnert. Der Baum wird oft als Lieferant von Pulpe (Papierrohmasse) und von Bauholz kultiviert. Auf den Philippinen verwendet man die Rinde in der traditionellen Medizin gegen Erschöpfung.

Eucalyptus deglupta
mit vielfarbiger Rinde, Kebun Raya Bogor, West-Java, Indonesien.

Eucalyptus deglupta,
ein majestätisches Exemplar mit sich rollender Borke, Puncak-Pass, West-Java, Indonesien.

Sagopalme
Metroxylon sagu

Die Sagopalme gehört zu den in Südostasien (Indonesien, Malaysia, Philippinen) und Papua-Neuguinea heimischen Palmenarten. Der Gattungsname *Metroxylon* (griechisch für Kernholz) wurde der Art in Anlehnung an das Markparenchym des Stammes gegeben, aus dem der berühmte Rohsago hergestellt wird. Die Palme gehört zu den monokarpen Arten – sie blüht und fruchtet nur einmal in ihrem Lebenszyklus. Im Alter von 10 bis 15 Jahren, sobald sich besonders viel Mark gesammelt hat und kurz vor dem damit einhergehenden Hervorbrechen einer immensen Blüte, wird die Sagopalme gefällt. Der Stamm wird aufgesägt, um das Mark herauszuschälen. Es wird zerkleinert, gewaschen und ausgepresst, um die in den Fasern eingeschlossene Stärke zu gewinnen. Da die Sagopalme auch in sumpfigen Gebieten gedeiht, wo keine anderen Kulturpflanzen kultiviert werden können, ist sie für viele Inselvölker noch immer die Nahrungsgrundlage.

Metroxylon sagu
mit der typischen, sehr dornigen Basis,
Kebun Raya Bogor, West-Java, Indonesien.

Metroxylon sagu,
Kebun Raya Bogor, West-Java, Indonesien.

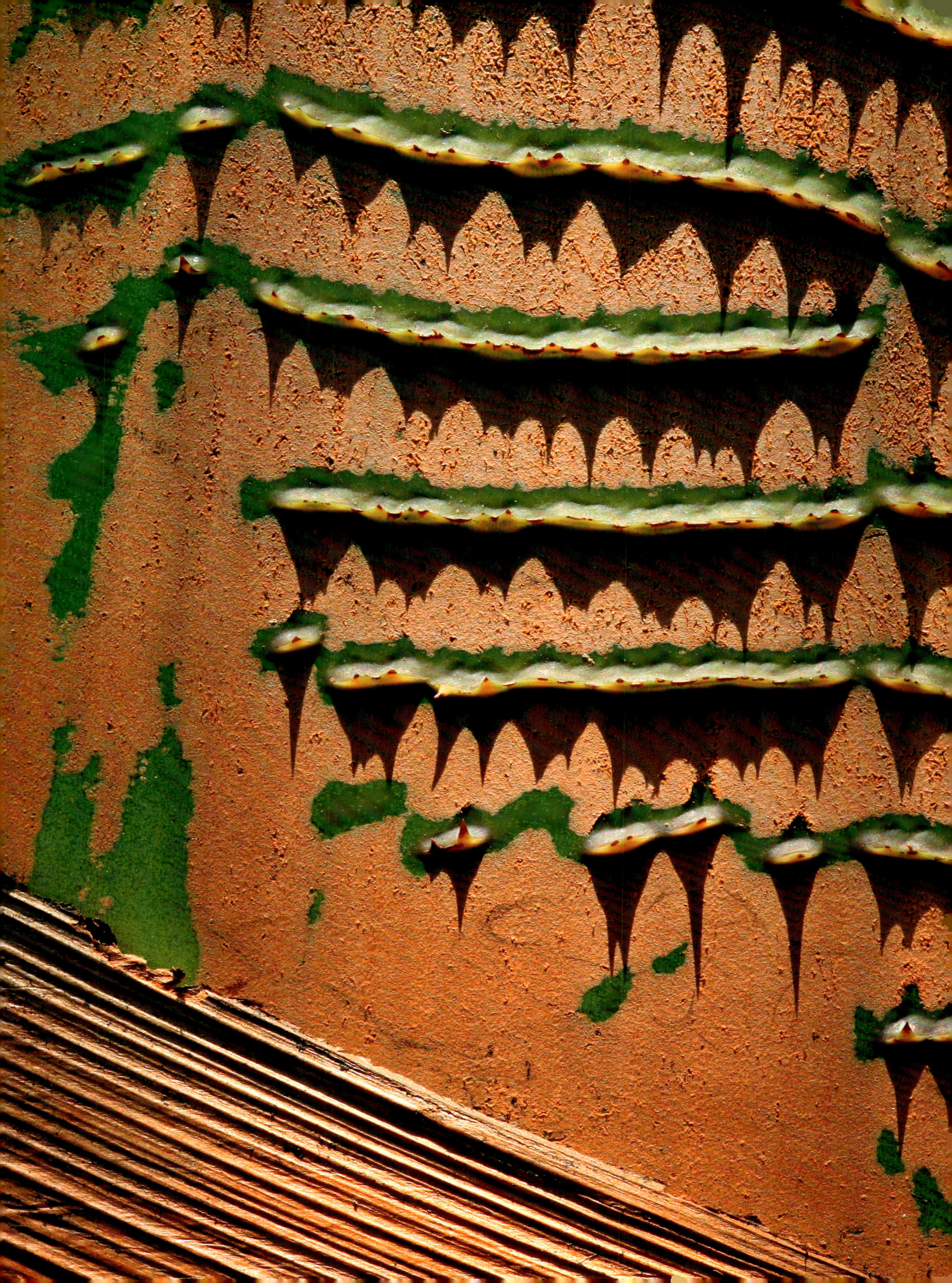

[FAMILIE DER ARECACEAE]

Rotstielpalme
Cyrtostachys renda

Diese typische tropische Palmenart ist in Südostasien im Malaiischen Archipel und in Indonesien (Sumatra, Borneo) sehr weit verbreitet. Blattscheide, Blattstiel und Hauptadern dieser Palmen sind orangerot, weshalb sie in Frankreich im Volksmund Lippenstift-Palmen heißen, in Deutschland dagegen bezeichnet man sie als Rotstielpalmen oder Siegellackpalmen. Sie wachsen buschartig und die chlorophyllbildenden Stämme stehen in dichten Gruppen, was an die Halme des Riesenbambus erinnert. Trotz der sehr dekorativen Wirkung ist die Art weltweit kaum verbreitet. Die Pflanze ist wärmeliebend, braucht viel Feuchtigkeit und verträgt Temperaturen unter 10 °C und trockene, starke Winde nicht, weshalb sie schwierig zu kultivieren ist. In China wird empfohlen, diese Palme im Garten direkt neben den Hauseingängen zu pflanzen. Nach den Grundregeln der mehrtausendjährigen Geomantie (Fengshui) würden dadurch günstige Kräfte gesammelt und dem Haushalt Gedeihen und Wohlstand zuteilwerden.

Cyrtostachys renda,
Kebun Raya Bogor, West-Java,
Indonesien.

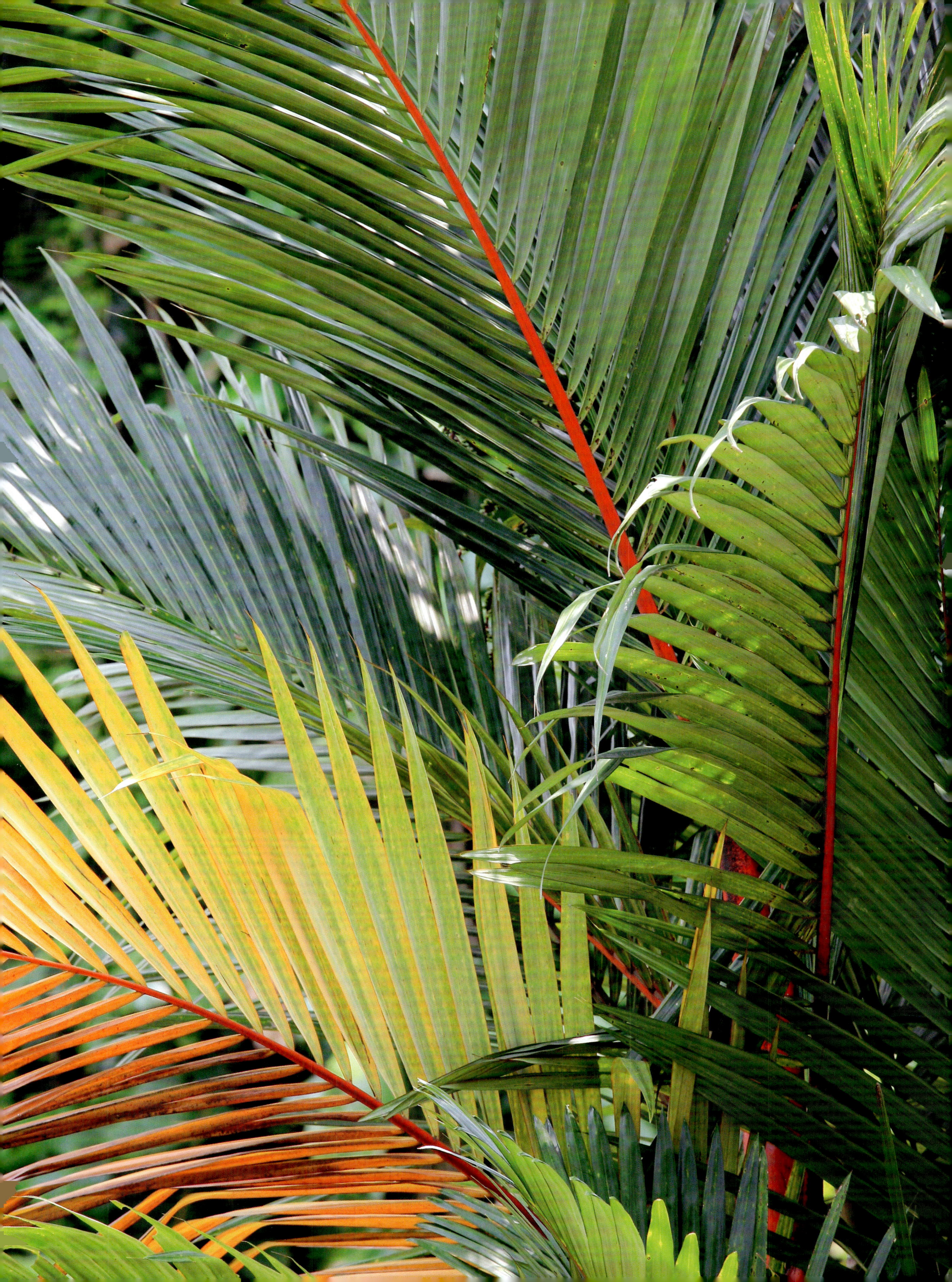

Birken-Feige
Ficus benjamina

Die Gattung *Ficus* mit ihren 750 Arten zeichnet sich durch einen mehr oder weniger giftigen, klebrigen Saft aus, der auch in der Produktion von Kautschuk (*F. elastica*) verwendet wird. Die Arten präsentieren sich als Kletterpflanzen, Sträucher oder riesige Bäume. Der berühmte Banyan-Baum im indischen Kalkutta bedeckt eine Fläche von 1,5 Hektar und bildet einen Wald von mehr als 2500 Stämmen, die alle aus einer einzigen Mutterpflanze hervorgegangen sind. Die pflegeleichte und einfach zu kultivierende Birken-Feige hat sich rasch zur unvermeidlichen Zimmerpflanze in den Geschäftsfoyers der ganzen Welt gemausert. In ihren Ursprungsgebieten, vor allem Indien und Südostasien, sind es jedoch große Bäume, die bis zu 30 Meter hoch wachsen können. Die Bäume sind oft mit einem dichten Netz aus Luftwurzeln überzogen. Man sollte unbedingt beachten, dass die aus den Blättern austretende Milch bei Kleinkindern Vergiftungen verursacht.

Ficus tettensis,
Soutpansberg, Limpopo, Südafrika.

Ficus,
eine stammblütige Art, Kebun Raya Bogor,
West-Java, Indonesien.

Ficus benjamina,
dicht in Luftwurzeln eingehüllt,
Miami, Florida, USA.

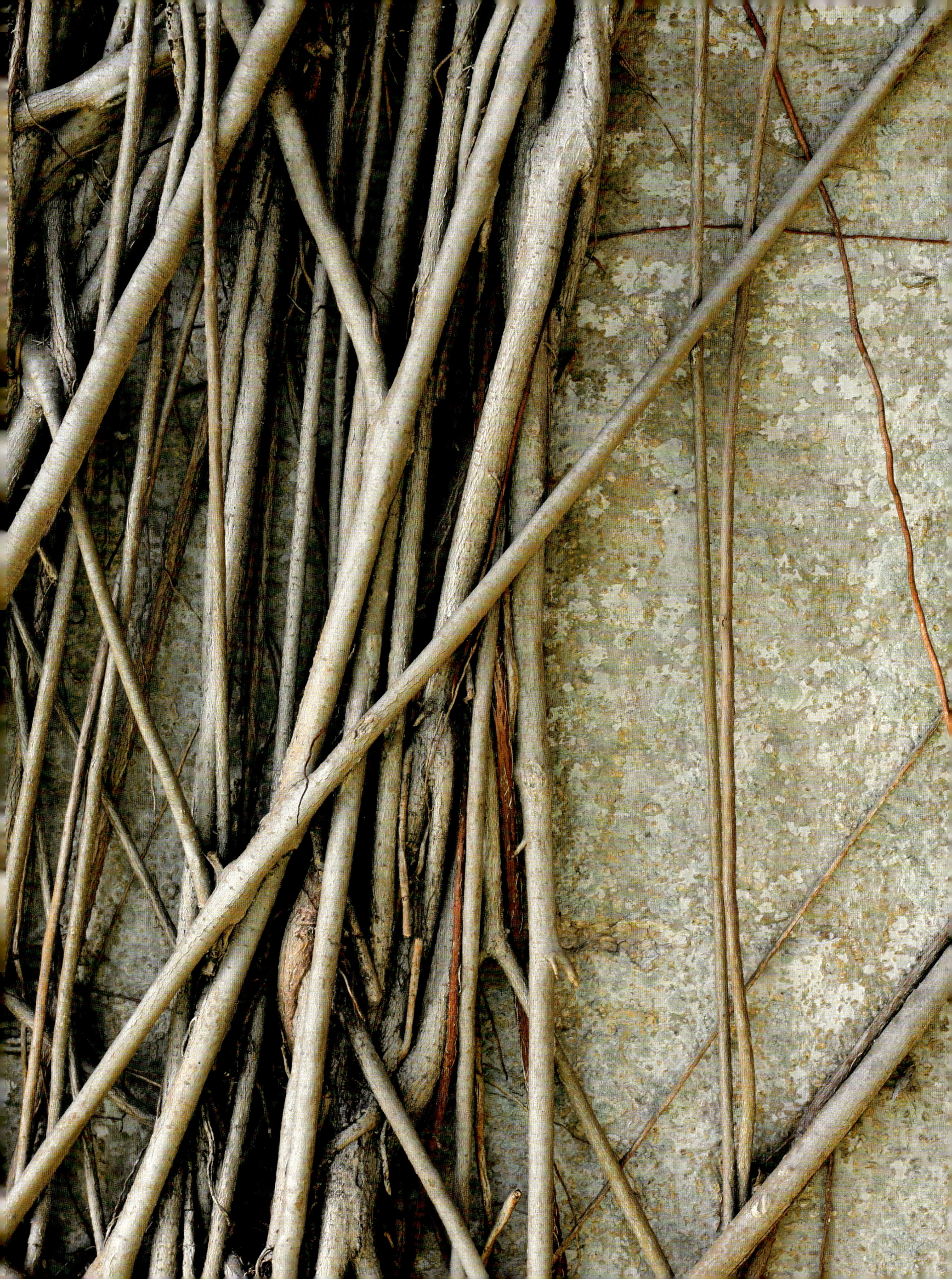

Ceylon-Zimt
Cinnamomum verum

Von China bis in den Mittelmeerraum, erwähnt in den ägyptischen Papyri und der Bibel, hat die aromatische Rinde des Zimtbaumes über Jahrtausende hinweg die oftmals wogende Geschichte um das Wohlergehen der Völker beeinflusst – sei es als Duftstoff, Heilmittel oder Gewürz. Sie würzt den Tee ebenso wie Glühwein, Backwaren, Reis, Fleisch, Curry, Gemüse und anderes. Die Ernte erfolgt in der Regenzeit, wenn sich die inneren Rindenschichten mit ätherischen Stoffen anreichern und sich leicht vom Holz lösen lassen. Nach dem Trocknen bilden sich die Zimtstangen, die wie kleine Stöckchen aussehen. Ceylon-Zimt mit der feinen, süß und unaufdringlich duftenden Rinde wächst ausschließlich in Sri Lanka als kleiner Strauch. Die Rinde des China-Zimts (*C. aromaticum*) ist dicker und intensiver im Aroma, sie wird in der berühmten chinesischen Gewürzmischung „Fünf-Gewürze-Pulver" verwendet.

Cinnamomum verum
inmitten einer Teeplantage, Puncak-Pass, West-Java, Indonesien.

Cinnamomum verum,
Jungtriebe mit rotem Blattwerk, darunter Zimtstangen, Puncak-Pass, West-Java, Indonesien.

[FAMILIE DER MUSACEAE] 131

Japanische Faser-Banane

Musa basjoo

Der lateinische Name dieser Bananenart ist Antonio Musa gewidmet, einem berühmten Leibarzt der Päpste und gekrönten Häupter im 16. Jahrhundert. Es gibt um die 50 Arten, die in Asien und Ozeanien heimisch sind, jedoch weltweit wegen ihrer Früchte kultiviert werden. Die Japanische Faser-Banane verdankt ihre Popularität keineswegs der Frucht, die keinerlei Bedeutung als Nahrungsmittel hat, sondern vielmehr ihrem dekorativen Habitus. Ursprünglich in Yunnan und Sichuan, den subtropischen Regionen Chinas, beheimatet, handelt es sich hierbei um die am weitesten im Norden verbreitete Bananenart, die auch zu den am besten winterharten Vertretern zählt. Aus dem kräftigen Rhizom wachsen viele Blätter, die rasch ein dichtes Nest bilden. Der grüne, markgefüllte Scheinstamm ist oftmals von gelblichen Blattscheiden eingehüllt, den Resten alter, bei Frost vertrockneter Blätter. Die Fasern dieser erstmals in Japan entdeckten Bananenart werden dort seit Jahrhunderten genutzt. Man verarbeitet sie zu Textilien und Tauwerk.

Musa basjoo, Bambouseraie de Prafrance, Générargues, Frankreich.

Musa basjoo, Aufnahme der faserigen und schwammigen Rinde, St-Jean-Cap-Ferrat, Frankreich.

Blüte von *Musa ornata*, unten Fruchtstand von *Musa acuminata*, Fairchild Tropical Botanic Garden, Coral Gables, Florida, USA.

[FAMILIE DER POACEAE]

Bambus
Phyllostachys edulis

Dieses gigantische Gras, das in China den Volksnamen Menschenfreund trägt, bestimmt den Alltagsrhythmus im Leben von Millionen Menschen in Asien, da man dem Bambus fast 1500 Verwendungsmöglichkeiten zuschreibt. Als Sinnbild von Biegsamkeit und Kraft ist der Bambus ein überliefertes, ideales Konstruktionsmaterial für Häuser, Schiffe, Gerüste und Ähnliches. *Moso*, so die japanische Bezeichnung, ist die beliebteste chinesische Bambusart. Vitamin- und ballaststoffreich sind seine frischen Sprossen seit Jahrtausenden ein Grundnahrungsmittel in der traditionellen asiatischen Küche. Da er sehr winterhart ist, kann er selbst in Frankreich Wuchshöhen von mehr als 20 Metern erreichen. Dabei wächst er mit der erstaunlichen Geschwindigkeit von fast 5 Zentimetern pro Stunde. Markantes Merkmal sind die flaumhaarigen Blattscheiden, die platzen und dann einen mit feinem weißem Puder überzogenen Halm freigeben. Das erleichtert das Dehnen der ineinander angelegten Internodien.

Der Entwicklungszyklus des Halmes

Phyllostachys edulis, Bambouserai de Prafrance, Générargues, Frankreich.

Phyllostachys edulis,
Wachstum der Bambussprossen,
Bambouserai de Prafrance, Générargues, Frankreich.

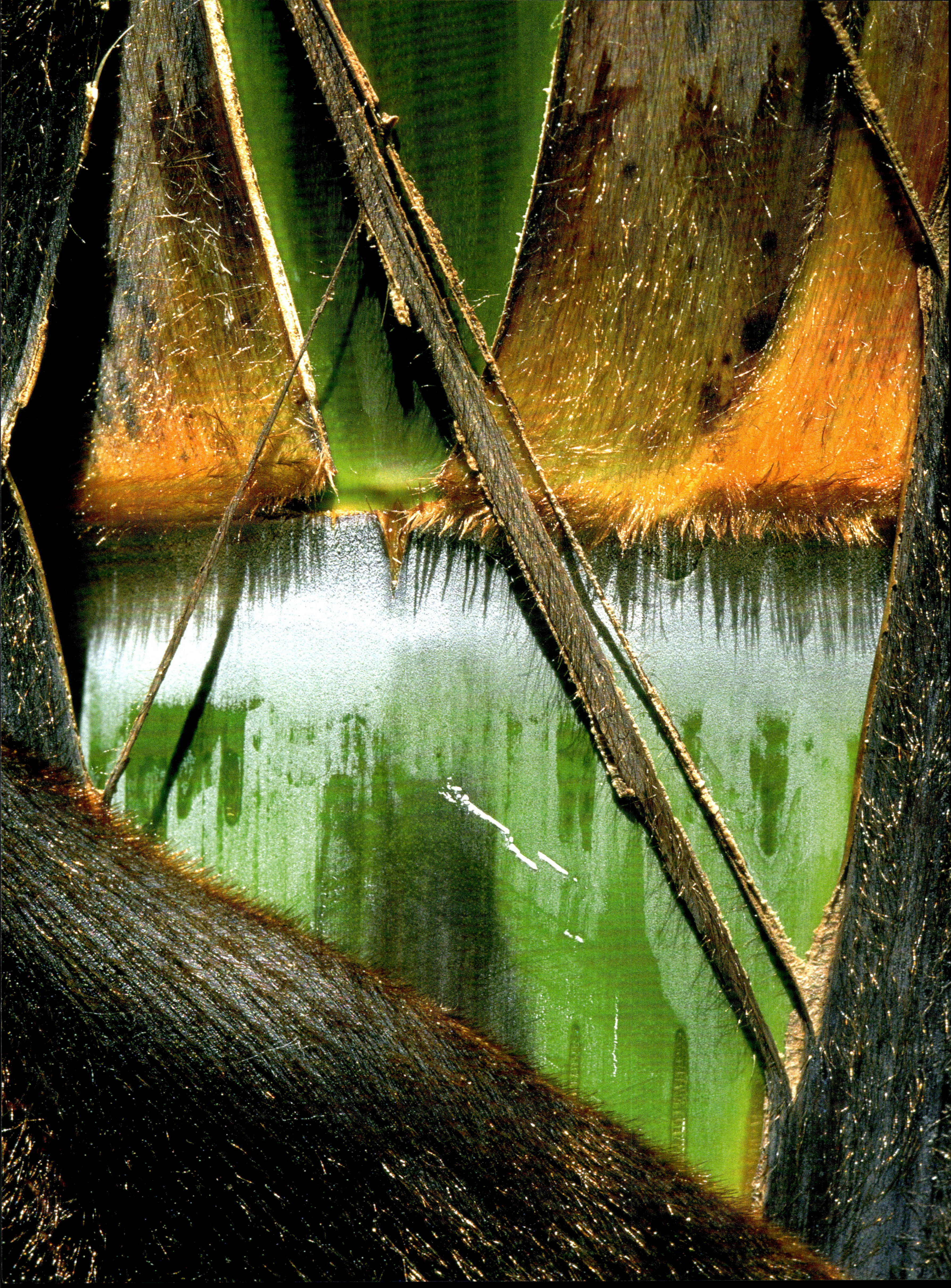

| ASIEN [FAMILIE DER POACEAE]

Bambus

Bambus ist ein Riesengras, das seit Jahrtausenden in Asien, wo auch die größte Vielfalt an Bambusarten beheimatet ist, Verwendung findet. Aber er ist auch auf anderen Kontinenten mit Ausnahme Europas heimisch. Man rechnet mit gut 1500, mehrheitlich tropischen Arten, wovon jedoch nur ein Fünftel als winterhart gilt. Manche Arten fallen besonders wegen ihrer beeindruckenden Halme auf, wegen ihrer rekordverdächtigen Wuchsgeschwindigkeit von mehr als 1 Meter pro Tag oder gar wegen der noch immer rätselhaften Blüte.

1. *Gigantochloa atroviolacea*, Kebun Raya Bogor, Indonesien.
2. *Dendrocalamus asper*, St-Jean-Cap-Ferrat, Frankreich.
3. *Phyllostachys edulis* 'Bicolor', La Bambouserai, Générargues, Frankreich.
4. *Dendrocalamus giganteus*, Kebun Raya Bogor, Indonesien.
5. *Phyllostachys edulis* 'Heterocycla', La Bambouserai, Générargues, Frankreich.
6. *Phyllostachys edulis* 'Castillonis Inversa', La Bambouserai, Générargues, Frankreich.
7. *Bambusa vulgaris* 'Vitatta', Botanischer Garten Lyon, Frankreich.
8. *Phyllostachys sulphurea* fo. *viridis*, La Bambouserai, Générargues, Frankreich.
9. *Phyllostachys sulphurea* fo. *viridis*, La Bambouserai, Générargues, Frankreich.

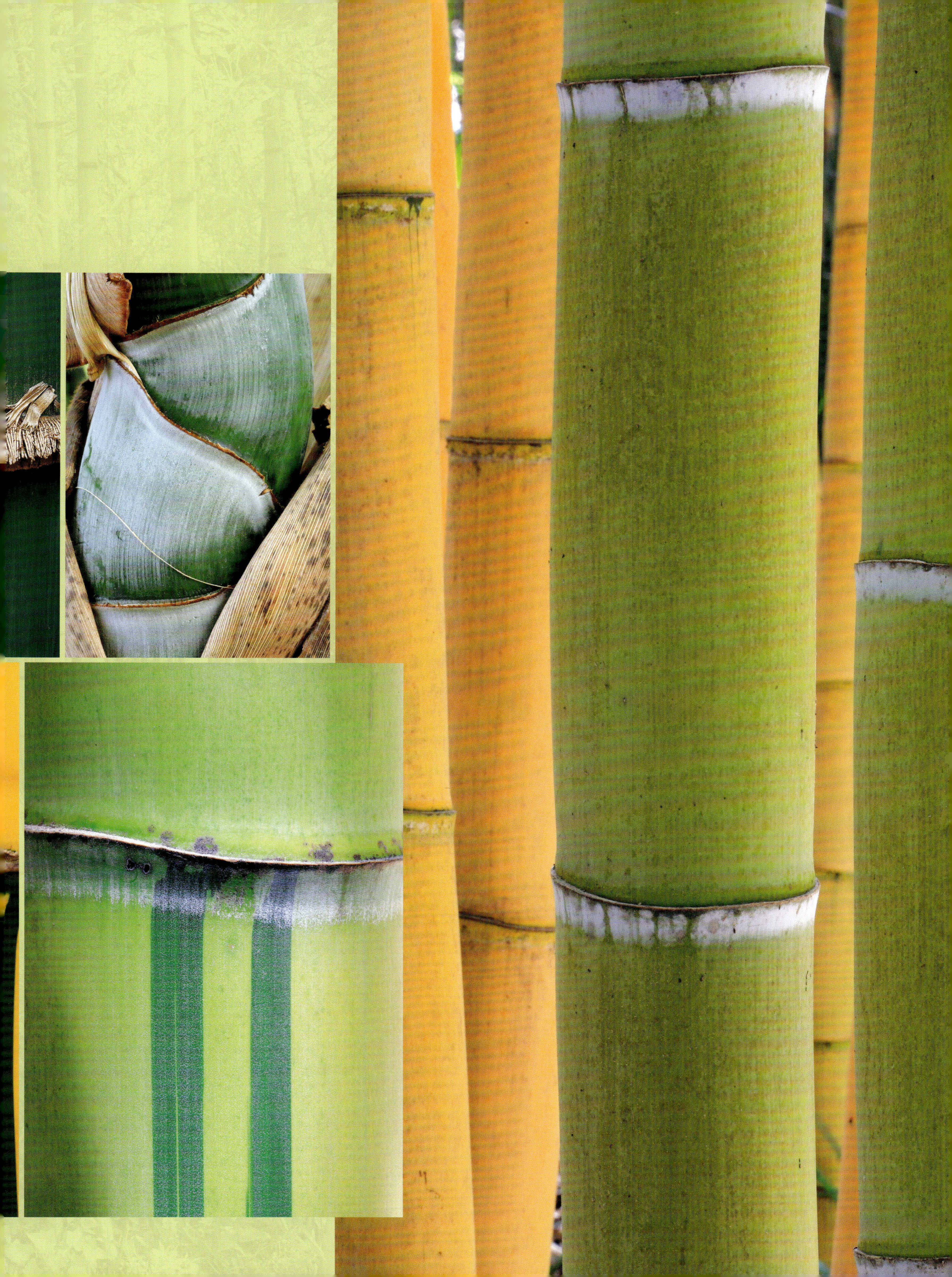

Mahagoni-Kirsche
Prunus serrula

Zur Gattung *Prunus* werden ungefähr 200 Arten gezählt, die in den gemäßigten Klimazonen überwiegend auf der Nordhalbkugel beheimatet sind. Sie werden wie Pflaume, Kirsche, Aprikose oder Pfirsich wegen ihrer Früchte kultiviert, aber auch wegen der Samen (Mandel) oder einfach wegen ihrer üppigen Blüte, wie die zahlreichen blühenden Kirschenarten in Japan. Die Mahagoni-Kirsche (oder auch Tibetische Kirsche) erkennt man vor allem an ihrer rötlichen Rinde, die einen auffallenden Farbton in die winterlichen Gärten bringt. Ihre weiße, zurückhaltende Blüte, die in der Vegetation fast untergeht, ist eher bedeutungslos. Die Art wurde erstmals von Ernest Wilson in den Bergen Südwestchinas entdeckt und dann zu Beginn des 20. Jahrhunderts in Europa eingeführt. Ihr Artname *serrula* (lateinisch für kleine Säge) steht im Zusammenhang mit den fein gezähnten Blättern, die sich im Herbst gelb-rot färben.

Prunus maackii,
Westonbirt Arboretum,
Tetbury, Großbritannien.

Prunus rufa,
Hergest Croft Gardens,
Kington, Großbritannien.

Prunus serrula,
Jardin du Bois Marquis, Vernioz, Frankreich.

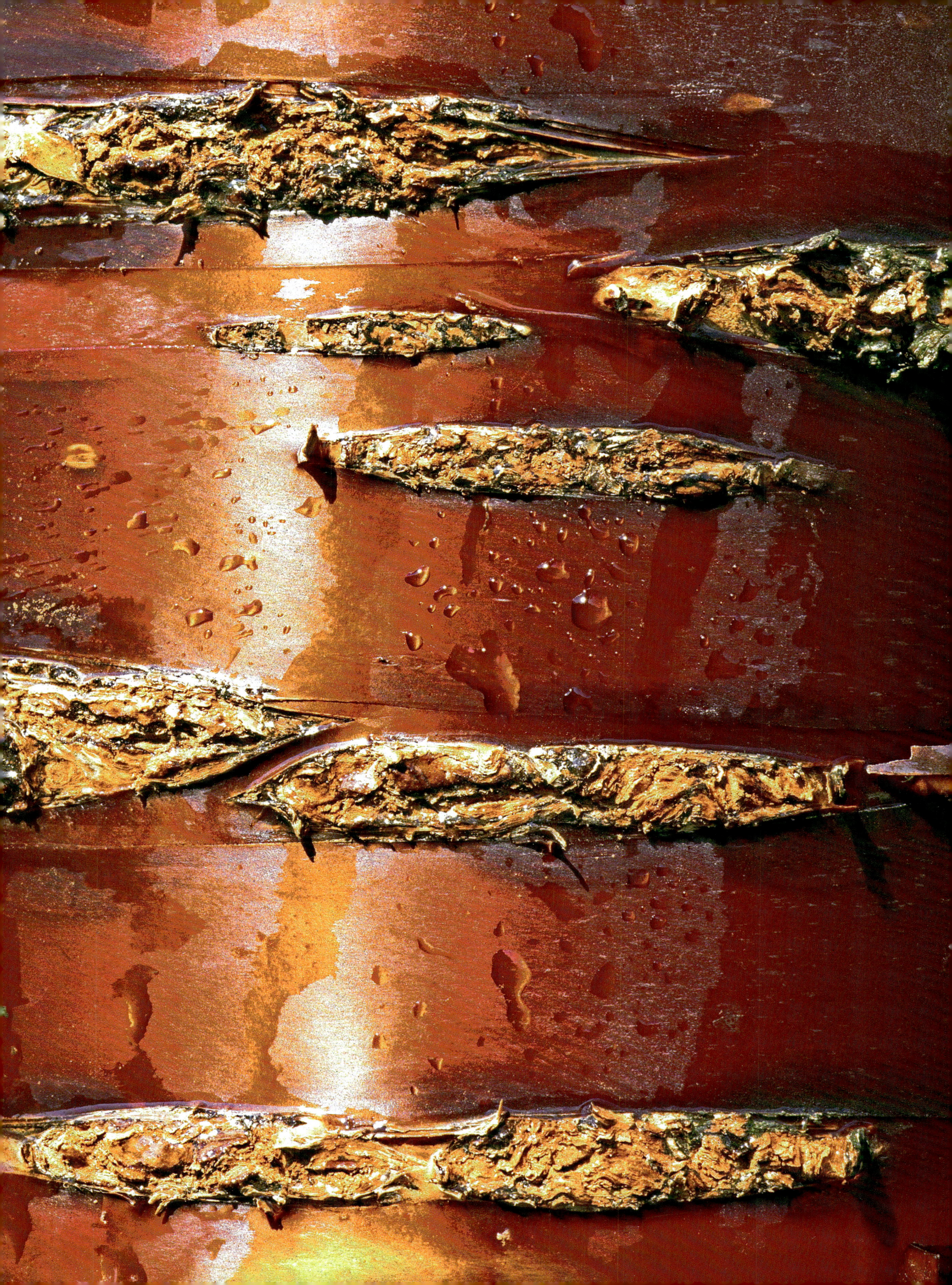

Chinesische Birke

Betula albosinensis

Diese erstaunliche Birke ist in den sommergrünen Wäldern Westchinas heimisch. Sie wurde durch den berühmten englischen Pflanzensammler Ernest Wilson zu Beginn des 20. Jahrhunderts im Westen bekannt gemacht. Da sie im Wildbestand fast 30 Meter hoch werden kann, gehört sie zu den größten Birkenarten. Im Unterschied zu den markanten, bei den meisten Birken grauen, weißen oder pastellfarbenen Rinden bietet der Anblick der Chinesischen Birke ein überraschendes Farbenspektrum. Ihre Rinde kann braunrot, orange- oder schokoladenfarben, sogar rosa oder violett sein. Und auch ihr herbstlich gefärbtes Laub in leuchtenden Gelbtönen ist schön anzusehen.

Betula albosinensis
mit lichtempfindlicher, mehrfarbiger Rinde,
Hergest Croft Gardens, Kington, Großbritannien.

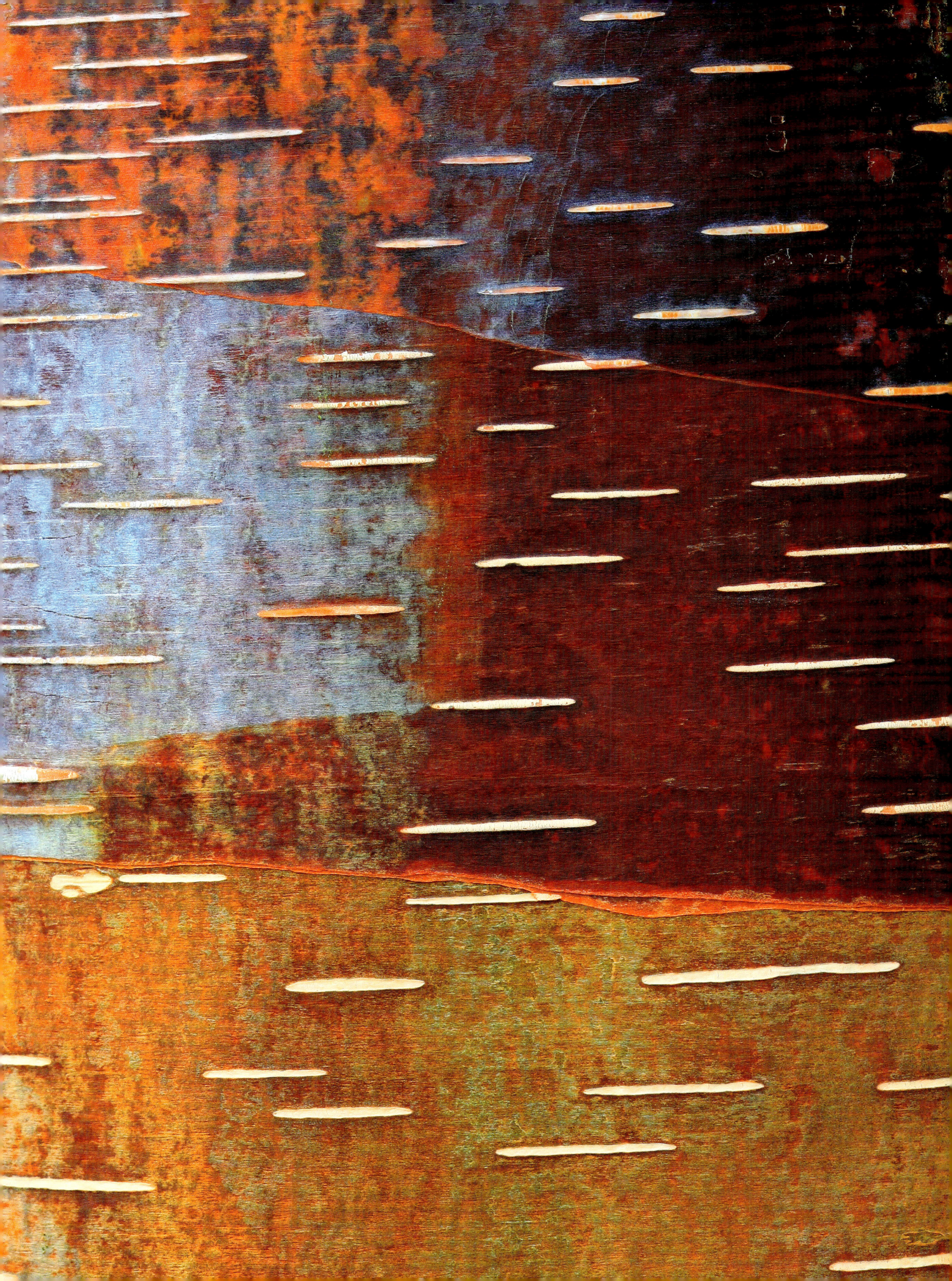

[FAMILIE DER BETULACEAE]

Himalaya-Birke
Betula utilis

Die Klassifizierung der Birken bereitet den Botanikern wirklich großes Kopfzerbrechen. Egal ob die Arten in einem natürlichen Lebensraum oder in einer Baumschule stehen, es entstehen leicht Mischlinge, weshalb es so viele Formen und die große Verwirrung gibt. Die Himalaya-Birken sind durch die Art *B. utilis* vertreten, die in Nepal selbst in extremen Höhenlagen bis über 4000 Meter hinauf gedeiht. Ihr Artname (lateinisch *utilis* = nützlich) nimmt darauf Bezug, dass sie in vielerlei Hinsicht verwendet wird – Dächer, Papier und vieles mehr. Der dänische Botaniker Nathaniel Wallich, seinerzeit Direktor des botanischen Gartens in Kalkutta, entdeckte sie zu Beginn des 19. Jahrhunderts. Im gesamten Himalajagebiet präsentiert sich ihre Rinde in einer großen Farbenvielfalt: Die Varietät *jacquemontii* ist reinweiß, die Varietät *prattii* grau-dunkelviolett. Die Varietät *utilis* tritt in verschiedenen Pastellfarben, Creme, Rosa oder Rotorange auf.

Betula utilis var. *jacquemontii*
mit einer strahlend weißen, makellosen Rinde,
Sir Harold Hillier Gardens, Ampfield, Großbritannien.

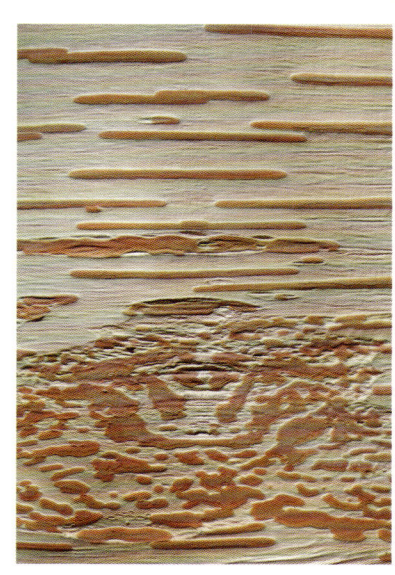

Betula utilis,
Sir Harold Hillier Gardens, Ampfield,
Großbritannien.

Betula utilis var. *utilis*,
Hergest Croft Gardens, Kington,
Großbritannien.

Betula utilis var. *prattii*,
Hergest Croft Gardens, Kington,
Großbritannien.

Betula utilis var. *jacquemontii*,
Jardin du Bois Marquis,
Vernioz, Frankreich.

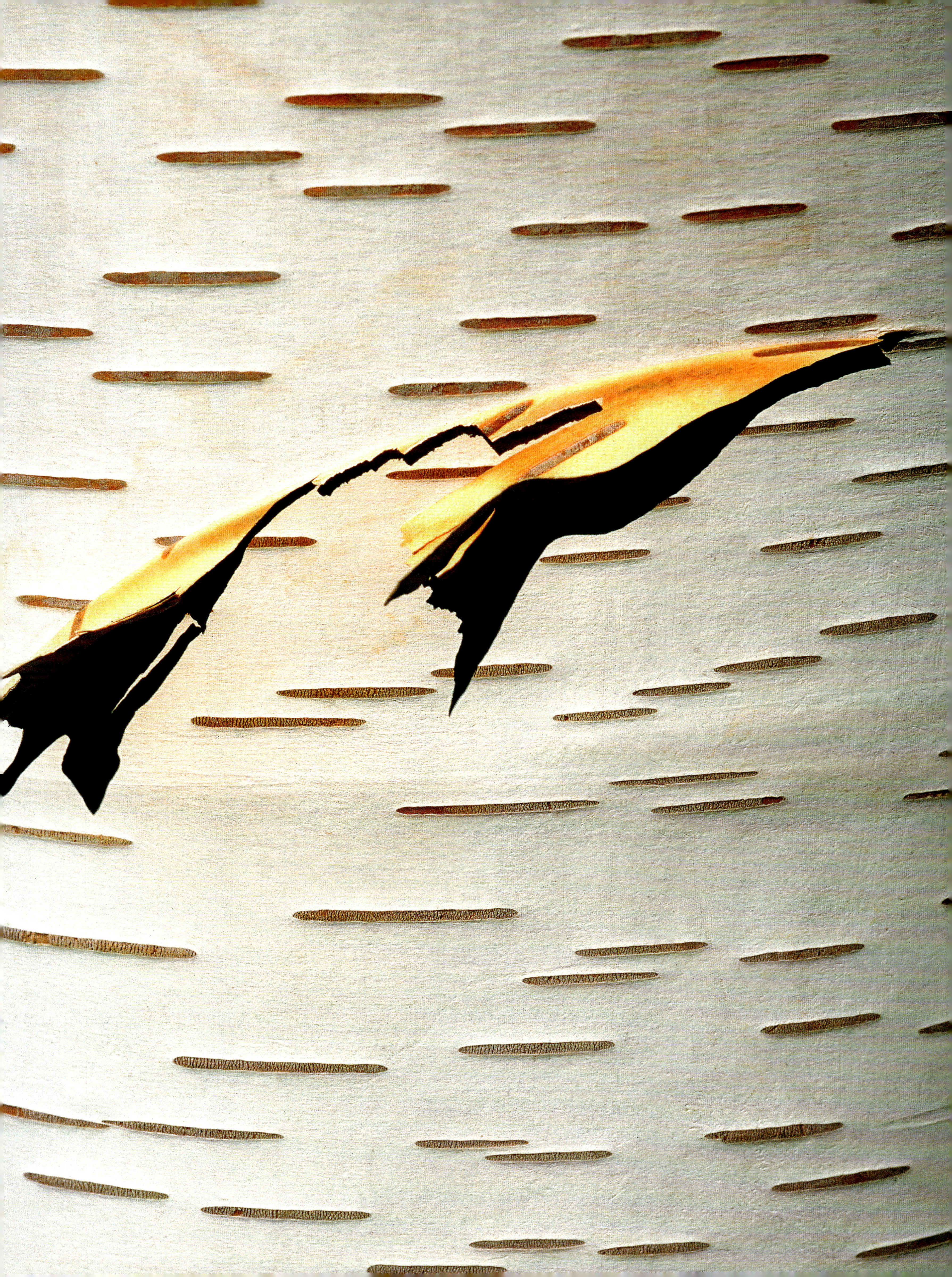

ASIEN [FAMILIE DER BETULACEAE]

Birken

Es gibt einige Dutzend Birkenarten, die alle aus den kalten und gemäßigten Klimazonen der Nordhalbkugel stammen. Birken zählen zu den sehr winterharten Pionierpflanzen, die auf kargen Böden oder im Permafrost einiger arktischer Regionen überleben können. Wie die Haselnuss, die Erle und die Linde gehört auch die Birke zur Familie der Betulaceae, deren Hauptvertreter sie zugleich darstellt. Von zahlreichen Völkern verehrt, verhieß sie Schutz, Wärme, Licht, Heilung. Außerdem stillte sie den Durst.

1. *Betula delavayi*, Westonbirt Arboretum, Tetbury, Großbritannien.
2. *Betula* 'Hergest', Hergest Croft Gardens, Kington, Großbritannien.
3. *Betula utilis*, Wakehurst Place, Ardingly, Großbritannien.
4. *Betula utilis* var. *prattii*, Westonbirt Arboretum, Tetbury, Großbritannien.
5. *Betula forestii*, Hillier Gardens, Ampfield, Großbritannien.
6. *Betula costata*, Westonbirt Arboretum, Tetbury, Großbritannien.
7. *Betula albosinensis*, Hergest Croft Gardens, Kington, Großbritannien.
8. *Betula grossa*, Wakehurst Place, Ardingly, Großbritannien.
9. *Betula papyrifera*, Hergest Croft Gardens, Kington, Großbritannien.
10. *Betula* 'Dick Banks', Hergest Croft Gardens, Kington, Großbritannien.
11. *Betula davurica*, Arnold Arboretum, Boston, USA.
12. *Betula*, Wakehurst Place, Ardingly, Großbritannien.

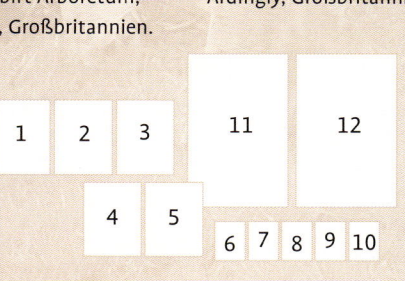

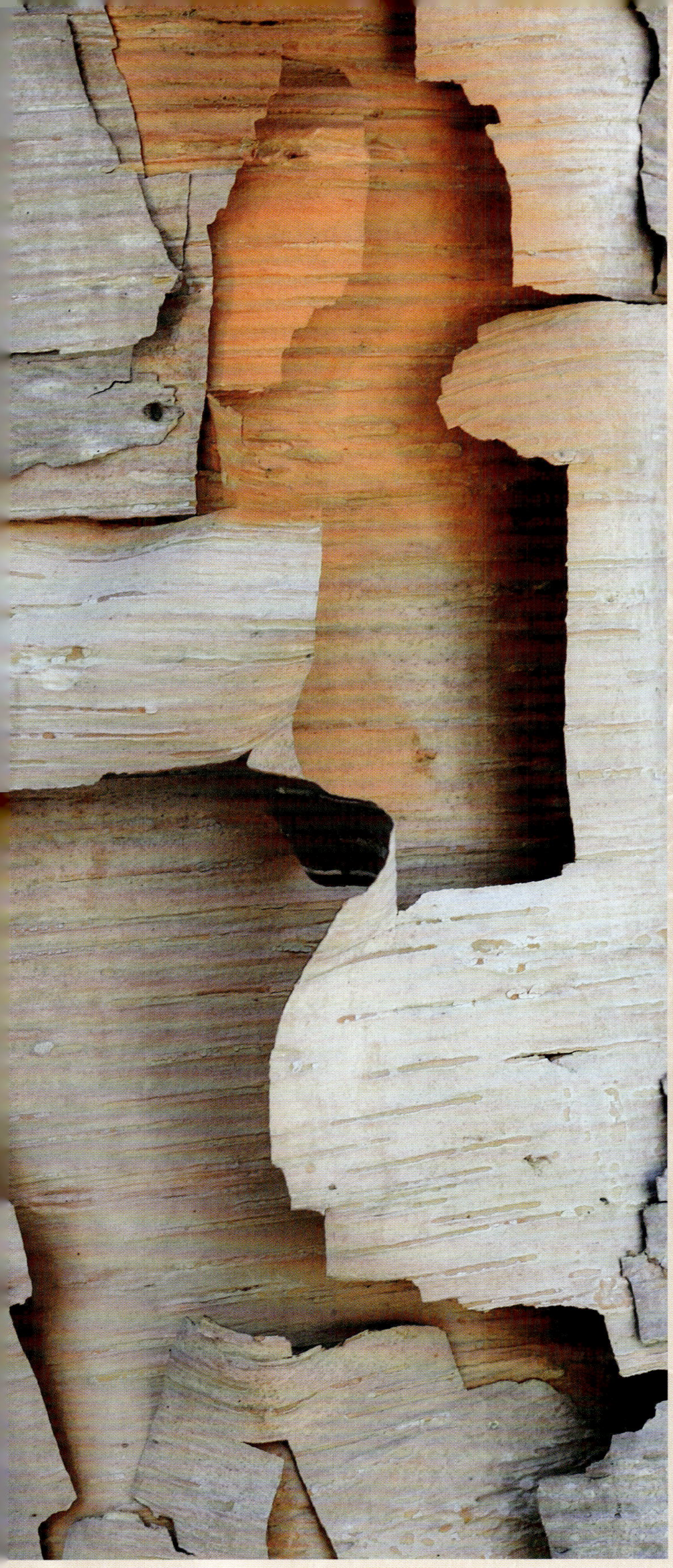
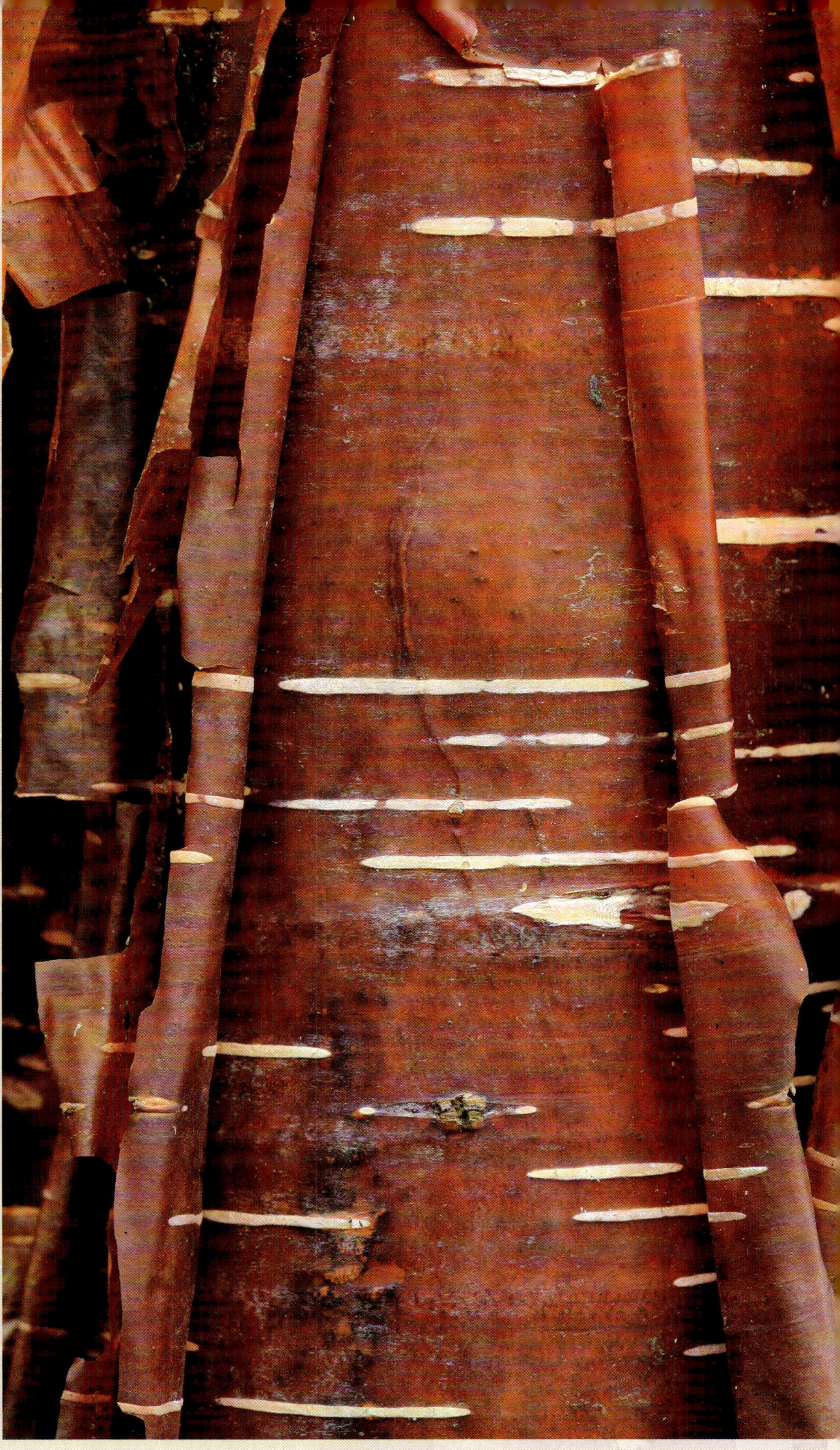
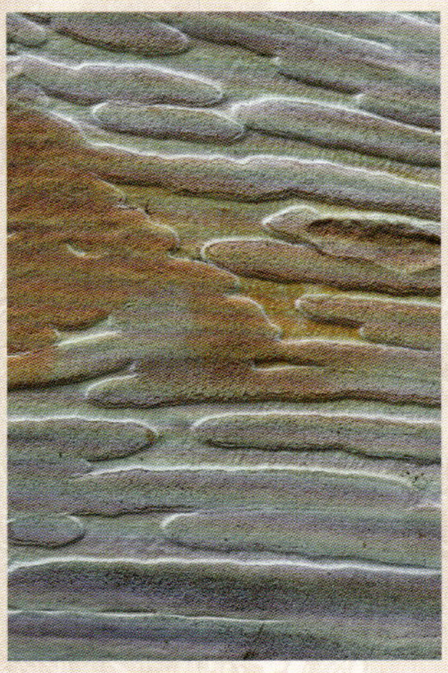
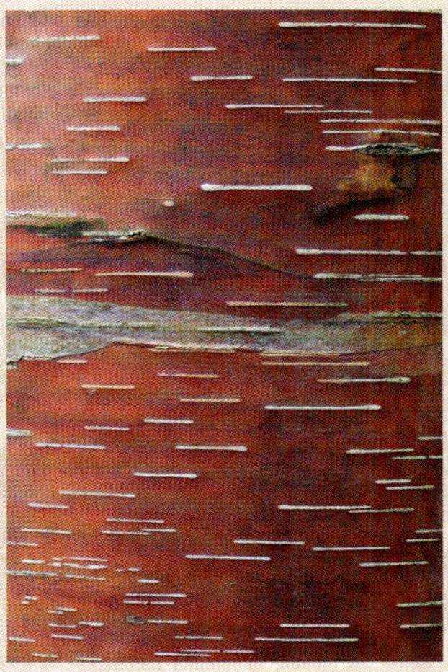
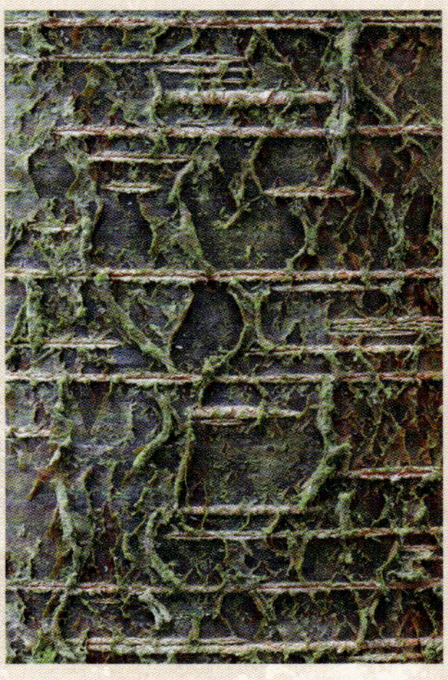
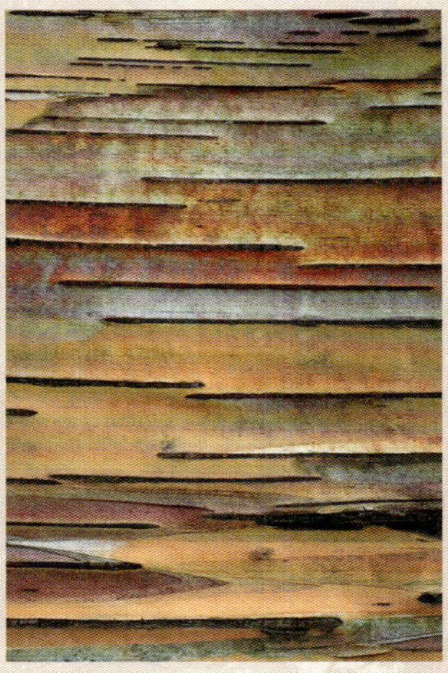
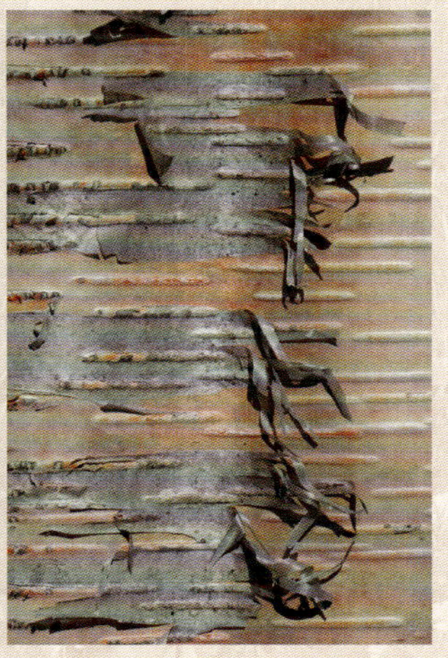

Zelkove
Zelkova sinica

Im Erdzeitalter des Pliozän vor 2 bis 5 Millionen Jahren gab es ausgedehnte Zelkovenwälder auf der gesamten Nordhalbkugel, doch mit der Vereisung im Quartär wurde die geografische Verbreitung der Zelkove massiv eingedämmt. Es blieben nur ein halbes Dutzend Arten übrig, die sich heute in isolierten Populationen auf den Mittelmeerinseln Sizilien und Kreta, im Kaukasus und in Ostasien finden. Der Name ist aus dem Wort *tselkwa* abgeleitet, das die Bewohner des Kaukasus der dort heimischen Art *Z. carpinifolia* (Sibirische Ulme) gaben. *Z. sinica*, die aus China stammende Art, wurde zu Beginn des 20. Jahrhunderts durch Ernest Wilson in Europa eingeführt. Wie die Ulme, mit der sie eng verwandt ist, gehört die Zelkove zu den am besten geeigneten Laubbäumen für das Gestalten von Bonsais. Das ganz frische Frühlingsblattwerk hat einen blassroten Schimmer und im Herbst fallen die Blätter recht spät.

Zelkova serrata,
Arnold Arboretum, Harvard Universität, Boston, USA.

Ulmus parvifolia,
eine enge Verwandte der Zelkove,
Adelaide, Australien.

Zelkova sinica,
Arnold Arboretum, Harvard Universität, Boston, USA.

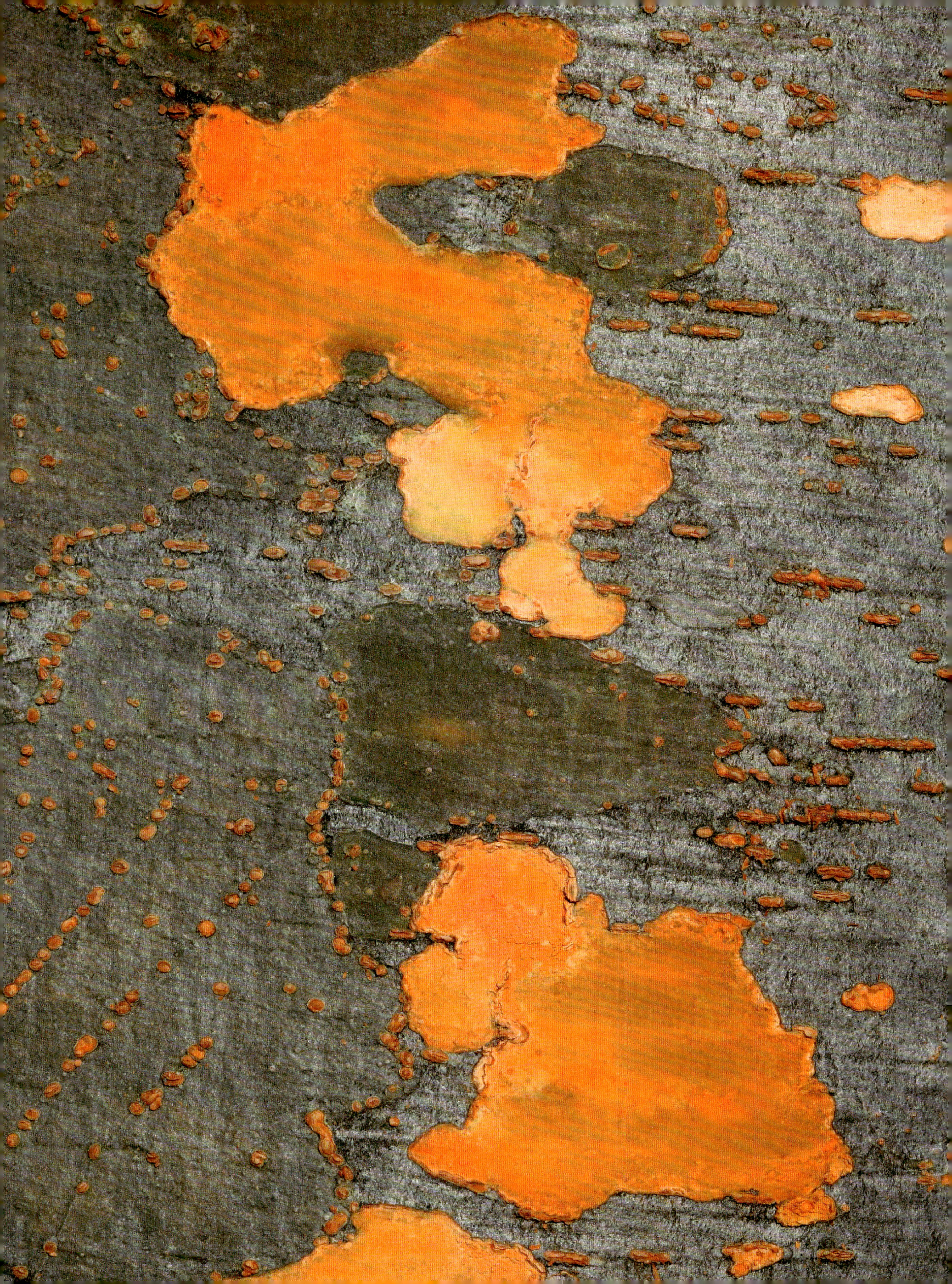

… | ASIEN [FAMILIE DER PINACEAE]

Bunges Kiefer
Pinus bungeana

Diese bemerkenswerte mehrstämmige Kiefernart wurde im Jahre 1831 in den Tempelgärten von Beijing durch den russischen Botaniker Alexander von Bunge entdeckt. Sein Name stand Pate bei der Benennung von gut 100 orientalischen Pflanzen. Ursprünglich in Mittel- und Nordchina heimisch, wurde die Kiefer oft in buddhistischen Tempelanlagen und bei Grabstätten gepflanzt. Sie wächst sehr langsam, weshalb sie kaum als Nutzholz geschlagen wurde. Man muss also sehr geduldig sein, um ihre Rinde bewundern zu können. Sie erinnert an die Platane. Wenn die Borke sich in mehr oder weniger runden Platten schuppt, dann kommt darunter ein überwiegend grüner und grauer Stamm mit gelben und mahagonifarbenen Flecken zum Vorschein. Mit der Zeit verblasst die Rinde zum Weiß hin. Der französische Volksname des Baumes Napoleon-Kiefer ist eine Hommage an Napoleon II, der mit 21 Jahren im Jahr 1832 kurz nach der Entdeckung dieser Kiefer gestorben ist.

Je nach Jahreszeit und Standort verändert die Rinde ihre Farbe.

Pinus bungeana, Botanischer Garten Lyon, Frankreich.

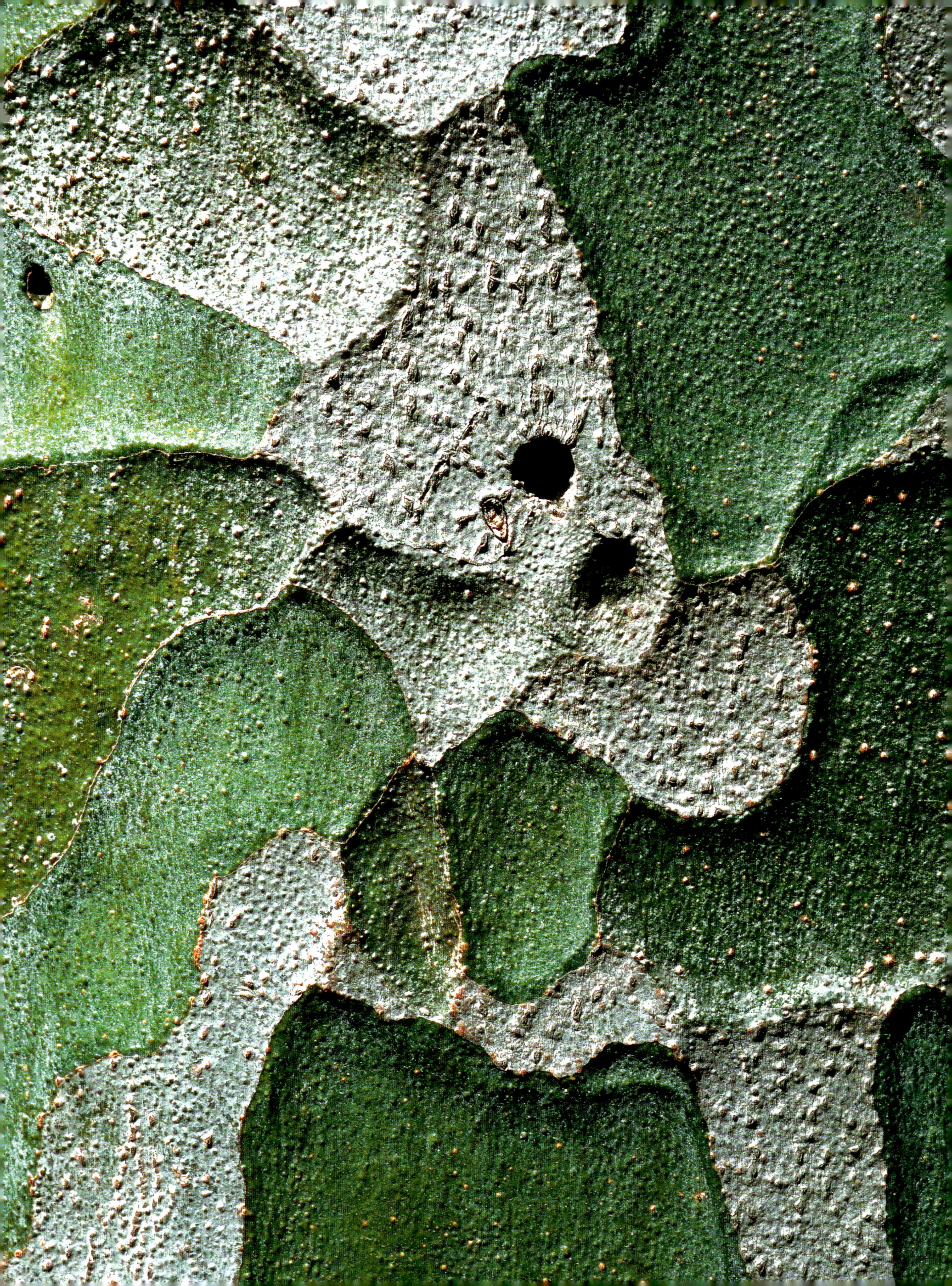

[FAMILIE DER THEACEAE]

Scheinkamelie
Stewartia pseudocamellia

Die Scheinkamelie, ein naher Vorfahr des Tees (*Camellia sinensis*), ist ein gut 15 Meter hoher Baum, der in den südlichen Wäldern Japans, vom Süden der Insel Honshu bis nach Kyushu und Shikoku verbreitet ist. Sie findet sich aber auch in Korea, wo sie eine bessere Kältetoleranz aufweist. Der Baum ist das ganze Jahr über hübsch anzusehen. Im Sommer hüllt er sich in kurzlebige, weiße Blüten, die den Kamelien ähneln. Der japanische Name des Baumes *natsutsubaki* bedeutet sommerblühende Kamelie. Im Herbst trägt er ein schönes orangegelb-rotes Gewand. Sobald die Blätter abgefallen sind, zeigt sich der nackte Stamm mit einer überraschenden, orangefarben gefleckten Rinde. Der botanische Gattungsname der Scheinkamelie ehrt John Stuart III., Earl of Bute, einen schottischen Adeligen aus dem 18. Jahrhundert. Der Politiker war leidenschaftlicher Botaniker und bei der Errichtung der berühmten Kew Gardens in Großbritannien beteiligt.

Stewartia monadelpha,
Westonbirt Arboretum,
Tetbury, Großbritannien.

Stewartia pteropetiolata,
Royal Botanic Gardens Kew,
Richmond, Großbritannien.

Stewartia pseudocamellia,
Arnold Arboretum, Harvard Universität,
Boston, USA.

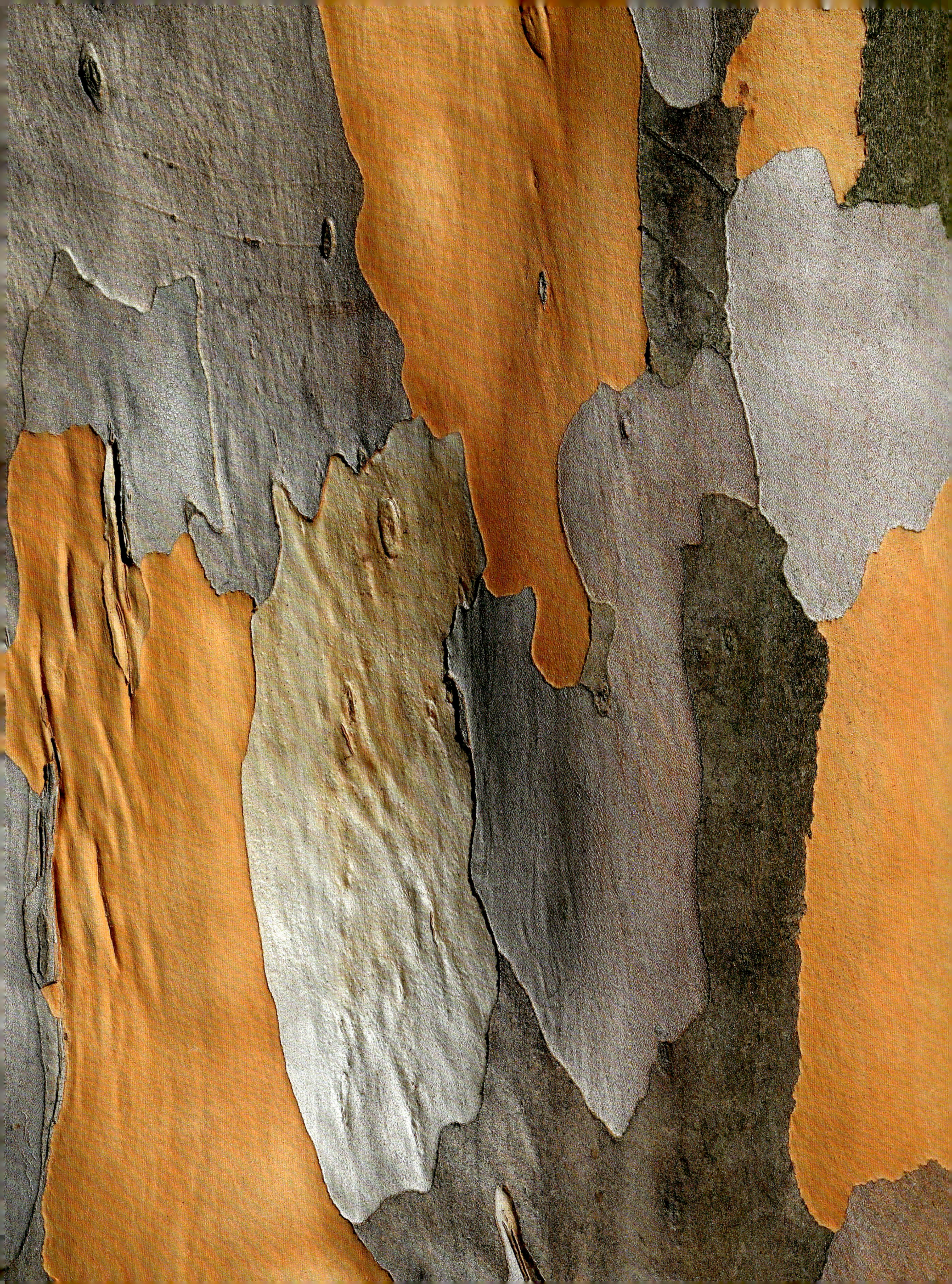

[FAMILIE DER LYTHRACEAE]

Kräuselmyrte

Lagerstroemia 'Natchez' *(L. indica* 'Pink Lace' × *L. fauriei)*

Die Gattung *Lagerstroemia* schließt gut 50 Arten von Bäumen und Sträuchern mit sehr dekorativer Gestalt ein, die überwiegend aus Südostasien stammen. Der Name erinnert an Magnus von Lagerström, den Direktor der Schwedischen Ostindischen Kompanie. Er sammelte zahlreiche asiatische Pflanzen, um sie seinem Freund Linné zu schicken, dem schwedischen Naturforscher und Vater der heute gebräuchlichen, aus zwei Begriffen zusammengesetzten Nomenklatur für Flora und Fauna. *Lagerstroemia indica* – die Chinesische Kräuselmyrte – kam trotz ihres auf Indien verweisenden lateinischen Artnamens eigentlich aus China, wurde aber in Indien des hochwertigen Holzes und der üppigen, an unseren Flieder erinnernden Blüte wegen in großen Mengen angebaut. In den 1950er-Jahren entdeckte man die stärker winterharte Art *L. fauriei* auf der Insel Yakushima im südlichen Japan. Amerikanische Arboristen haben die beiden Arten gekreuzt und etliche Hundert Hybriden gezüchtet, darunter auch die Sorte 'Natchez', die wegen ihrer rötlichen, sehr dekorativen Rinde gerühmt wird.

Lagerstroemia 'Natchez', Brooklyn Botanic Garden, New York, USA.

Lagerstroemia speciosa, Kebun Raya Bogor, West-Java, Indonesien.

Lagerstroemia 'Natchez', Brooklyn Botanic Garden, New York, USA.

Lagerstroemia duperreana, Kebun Raya Bogor, West-Java, Indonesien.

Zimt-Ahorn

Acer griseum

Dieser kleine Ahorn mit der zimtähnlichen Rinde wurde von dem berühmten englischen Botaniker Ernest Wilson in Sichuan in Zentralchina entdeckt. 1901 brachte er diese bemerkenswerte Art für die Baumschulen Veicht, die unablässig auf der Jagd nach neuen Pflanzenarten waren, nach England. Trotz des sehr langsamen Wachstums wird der Baum wegen seiner braunroten Rinde oft als Zierpflanze gesetzt. Sie häutet sich in feinen Fetzen und rollt sich von selbst wie eine Zimtstange auf. Seinen wissenschaftlichen Namen (*griseus* = grau) verdankt der Baum den flaumigen, grau schimmernden geflügelten Spaltfrüchten und Blättern. Letztere sind dreizählig mit gestieltem Endblatt und färben sich im Herbst strahlend rot.

Acer griseum,
Arnold Arboretum, Harvard Universität,
Boston, USA.

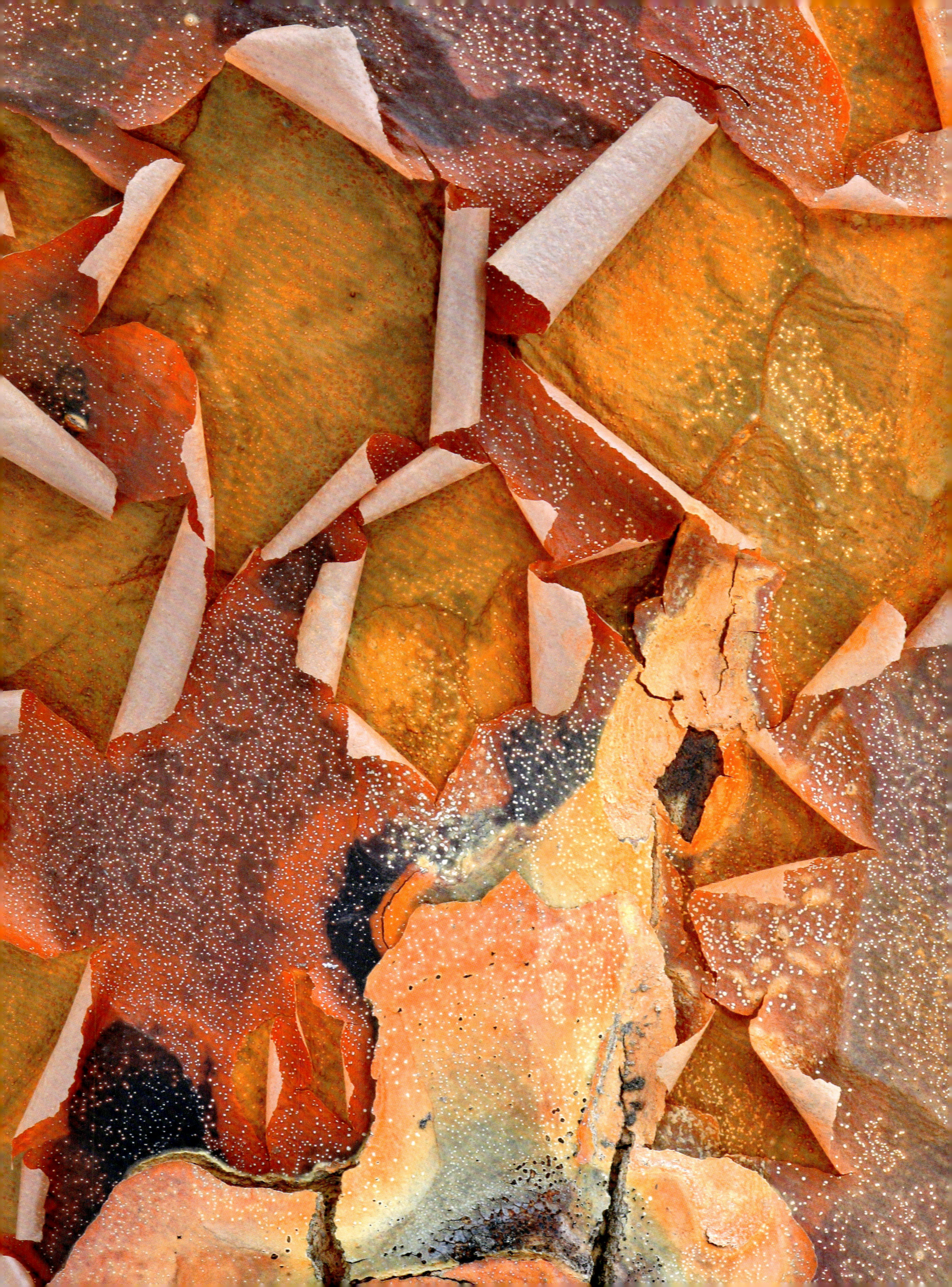

… ASIEN [FAMILIE DER SAPINDACEAE]

Davids Ahorn
Acer davidii

Ursprünglich im Hochland des mittleren Westchina beheimatet, handelt es sich bei diesem Baum um den am weitesten verbreiteten der sogenannten „schlangenhäutigen" Ahornarten. Er wurde im Jahre 1879 von Pater Armand David entdeckt, einem leidenschaftlichen Pflanzenfreund, der den Jardin des Plantes in Paris mit Saatgutproben aus China versorgte. Im Winter strahlt der Baum mit grüner, von weißen Streifen durchzogener Rinde. Und auch sein Laubwerk ist sehr attraktiv: bronzerot im Frühling, tiefgrün im Sommer und im Herbst schließlich goldgelb. Die über weite Landstriche erfolgte Anpflanzung und die Neigung zur Bildung von Mischformen erklärt, warum innerhalb einer Art eine sehr große Formenvielfalt zu finden ist. Manche Sorten wie *Acer davidii* 'Rosalie' wechseln sogar im Jahreslauf die Farbe ihrer Rinde – grün im Sommer, ein weiß gestreiftes Rot im Winter.

Acer davidii
in herbstlichem Gewand,
Arboretum National des Barres,
Nogent-sur-Vernisson, Frankreich.

Acer davidii,
Jardin du Bois Marquis,
Vernioz, Frankreich.

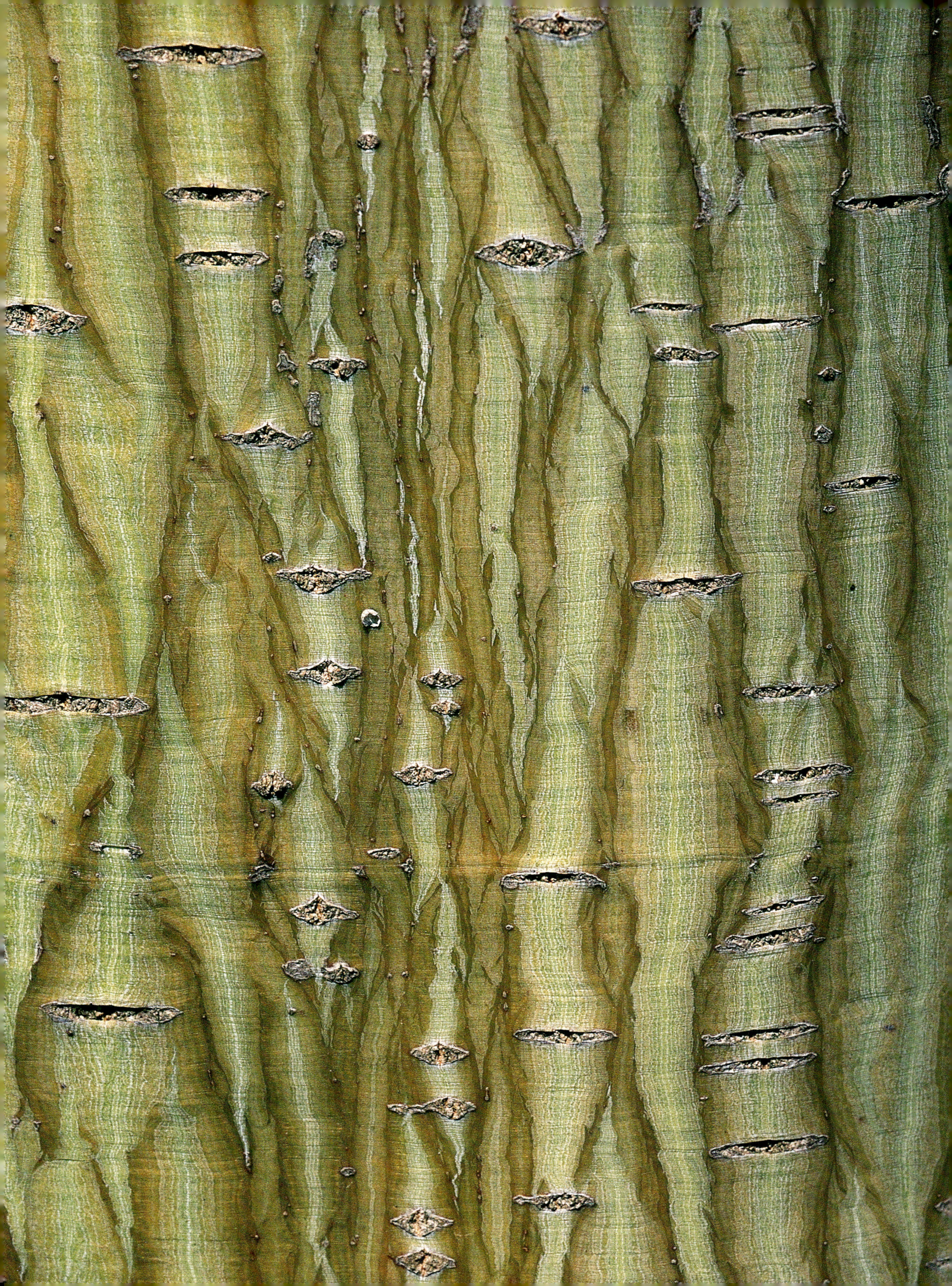

[FAMILIE DER SAPINDACEAE]

Ahorne

Es gibt etwa 120 Ahornarten, deren ursprüngliche Verbreitungsgebiete alle in den gemäßigten Klimazonen der Nordhalbkugel liegen. Die überwiegende Mehrheit mit drei Vierteln der Arten stammt aus Asien oder Nordamerika. Sie sind für ihre mehrlappigen Blätter bekannt, die im Herbst überall auf der Welt die Landschaft in leuchtende Farben tauchen. Ihre seltsamen geflügelten Spaltfrüchte drehen sich wie die Rotorblätter eines Hubschraubers. Gut 20 Arten mit sogenannter „Schlangenhaut" zeigen eine erstaunliche Rindenfärbung mit vertikalen Farbstreifen.

1. *Acer rufinerve* 'Albolimbatum', Hillier Gardens, Ampfield, Großbritannien.
2. *Acer × conspicuum* 'Silver Cardinal', Jardin du Bois Marquis, Vernioz, Frankreich.
3. *Acer capillipes*, Hillier Gardens, Ampfield, Großbritannien.
4. *Acer × conspicuum* 'Phoenix', Jardin du Bois Marquis, Vernioz, Frankreich.
5. *Acer davidii*, Jardin du Bois Marquis, Vernioz, Frankreich.
6. *Acer griseum*, Wakehurst Place, Ardingly, Großbritannien.
7. *Acer morifolium*, Westonbirt Arboretum, Tetbury, Großbritannien.
8. *Acer miyabei*, Westonbirt Arboretum, Tetbury, Großbritannien.
9. *Acer pensylvanicum* 'Erythrocladum', Hillier Gardens, Ampfield, Großbritannien.
10. *Acer trifolium*, Arnold Arboretum, Boston, USA.
11. *Acer griseum*, Kew Gardens, Richmond, Großbritannien.
12. *Acer rubescens*, Hiller Gardens, Ampfield, Großbritannien.

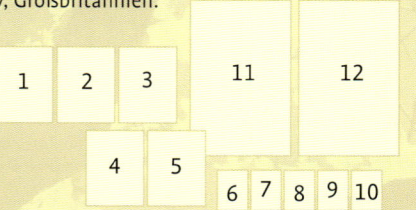

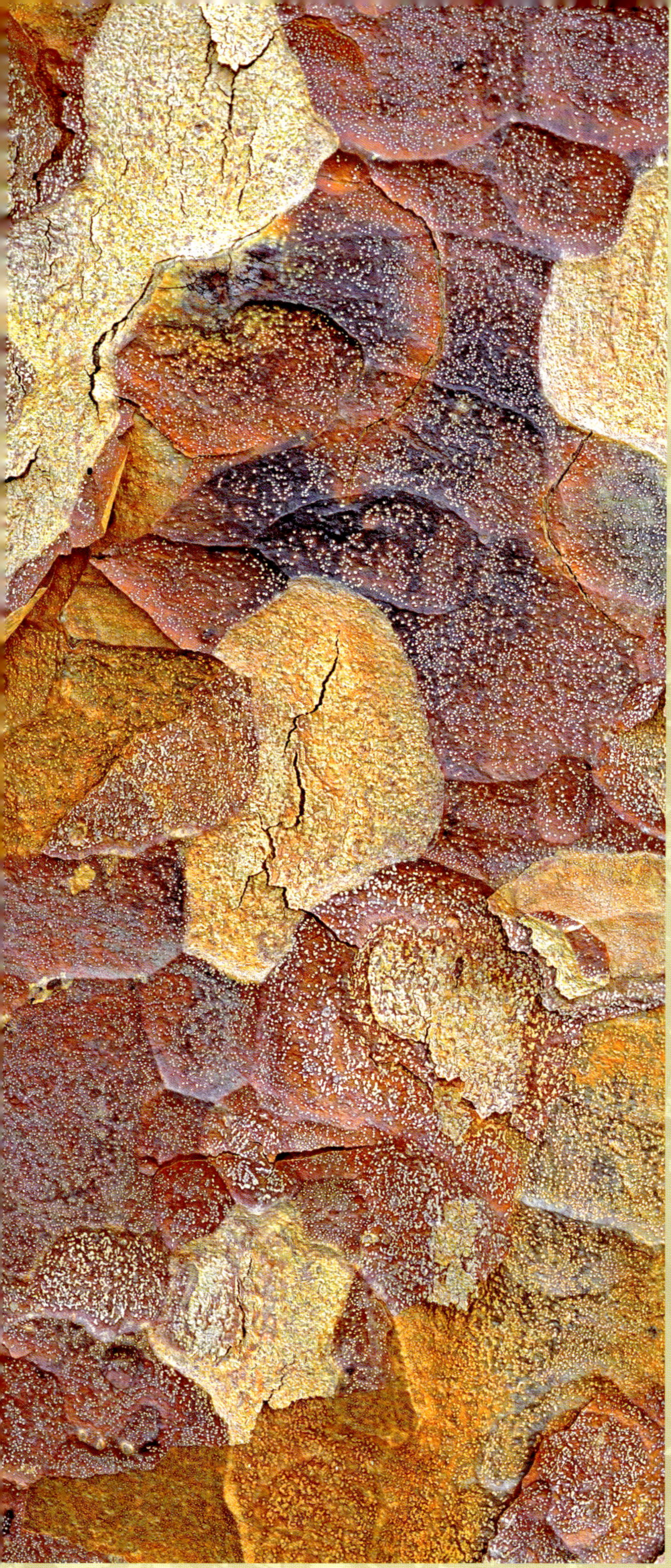
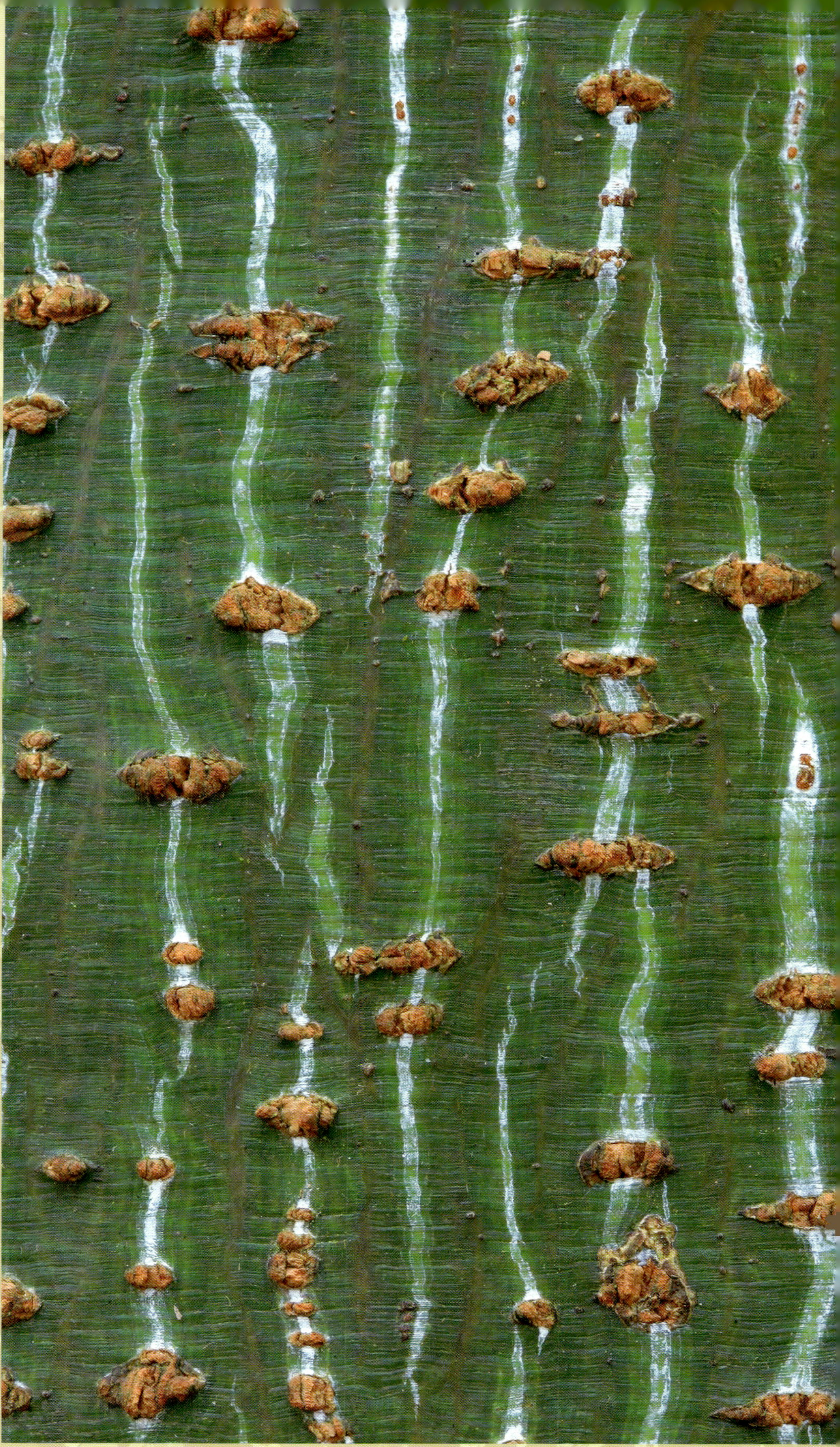
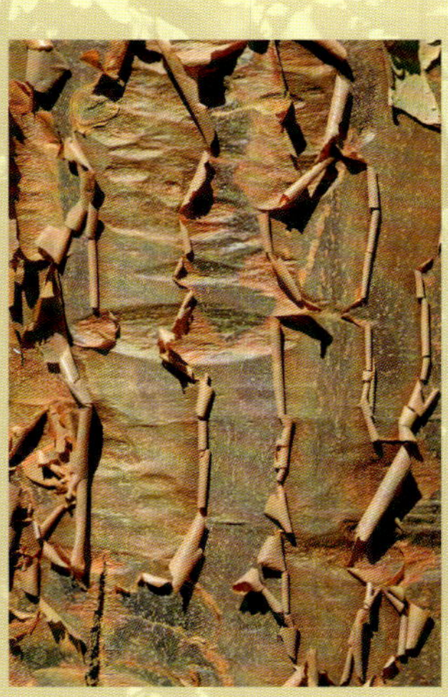
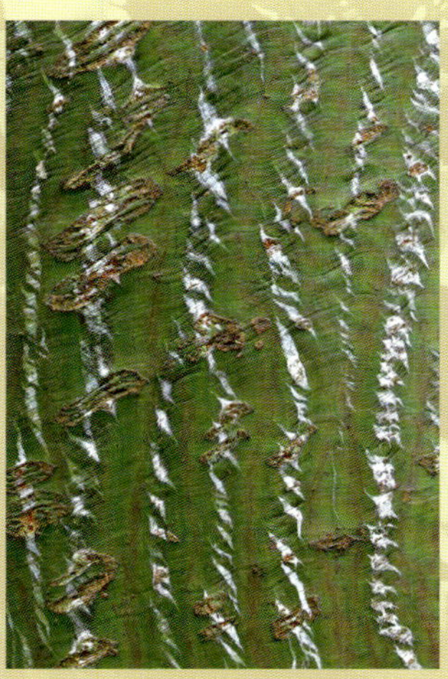
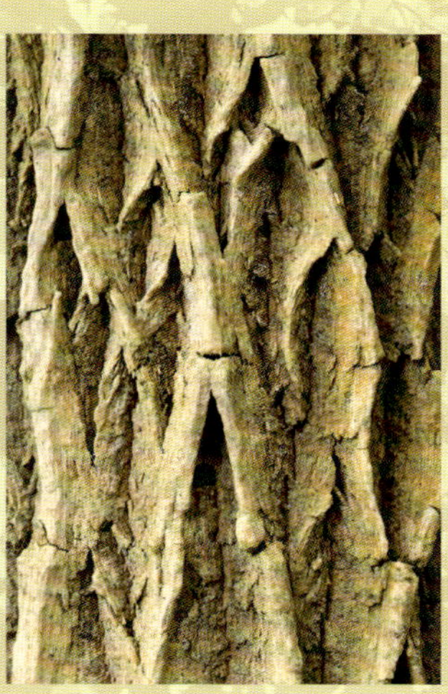
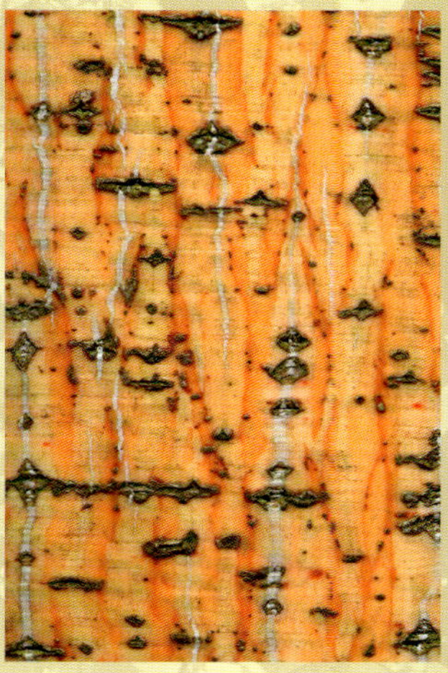
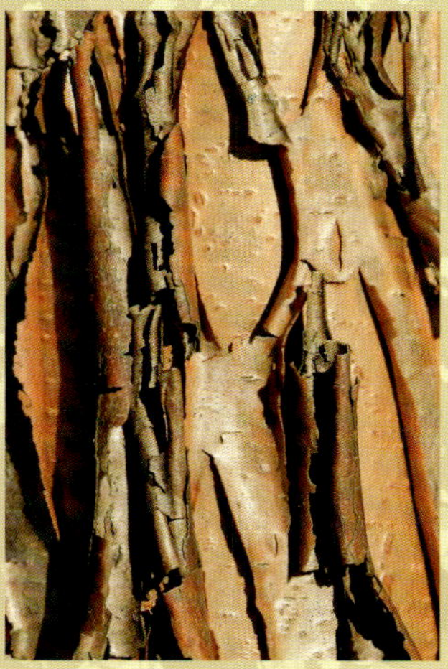

Parrotie
Parrotia persica

Es gibt nur eine einzige Art der Gattung *Parrotia*, und diese ist im Nordiran und im Kaukasusgebiet (Türkei und Georgien) beheimatet. Es handelt sich um einen sehr dekorativen Baum mit oft stark verzweigtem Stamm, der im Jahreslauf eine reiche Palette an Farben zeigt. Im Winter hüllt er sich in rote Blüten ohne Petalen und lässt dazwischen seine grün-, gelb-, orangefarben oder grau gesprenkelte Rinde hervorblitzen. Im Frühling treiben die Blättchen violett aus und werden dann zartgrün. Der Höhepunkt des Farbenspiels kommt im Herbst: Die Blätter verfärben sich gelb, rot, orange- und bronzefarben, behalten jedoch stets Spuren des Grüns. Der Name ist eine Hommage an den deutschen Arzt F.W. von Parrot, der sich im Jahre 1811 im Alter von 20 Jahren aufmachte, den Kaukasus zu erforschen und zu kartografieren. Er war auch der Erste, der im Jahre 1829 den Berg Ararat (5165 m Höhe) bestieg, wo Noahs Arche nach der Sintflut gestrandet sein soll.

Parrotia persica,
Brooklyn Botanic Garden,
New York, USA.

Parrotia persica,
Brooklyn Botanic Garden, New York, USA.

Parrotia persica,
Royal Botanic Gardens Kew, Richmond, Großbritannien.

[FAMILIE DER CAESALPINIACEAE] 159

Gleditsia caspica,
Arnold Arboretum, Harvard Universität, Boston, USA.

Gleditsia triacanthos,
die amerikanische Verwandte der Kaspischen Gleditschie,
Arnold Arboretum, Harvard Universität, Boston, USA.

Kaspische Gleditschie

Gleditsia caspica

Die markanten dünnen, langen und in Büscheln wachsenden Dornen sind charakteristisch für die Gattung *Gleditsia*. Darunter fallen etwa ein Dutzend sommergrüne Laubbäume, die man in Amerika und vor allem in Asien findet. Die Kaspische Gleditschie, die wild im Nordiran und Transkaukasus wächst, wird nicht höher als 10 bis 12 Meter. Ihr Stamm und die Zweige sind von anfangs weißen oder rötlichen Dornen bedeckt. Ihren wissenschaftlichen Namen verdankt sie dem deutschen Botaniker Johann Gottlieb Gleditsch, der als Direktor des Botanischen Gartens in Berlin im 18. Jahrhundert zahlreiche botanische und gartenbauliche Werke geschrieben hat.

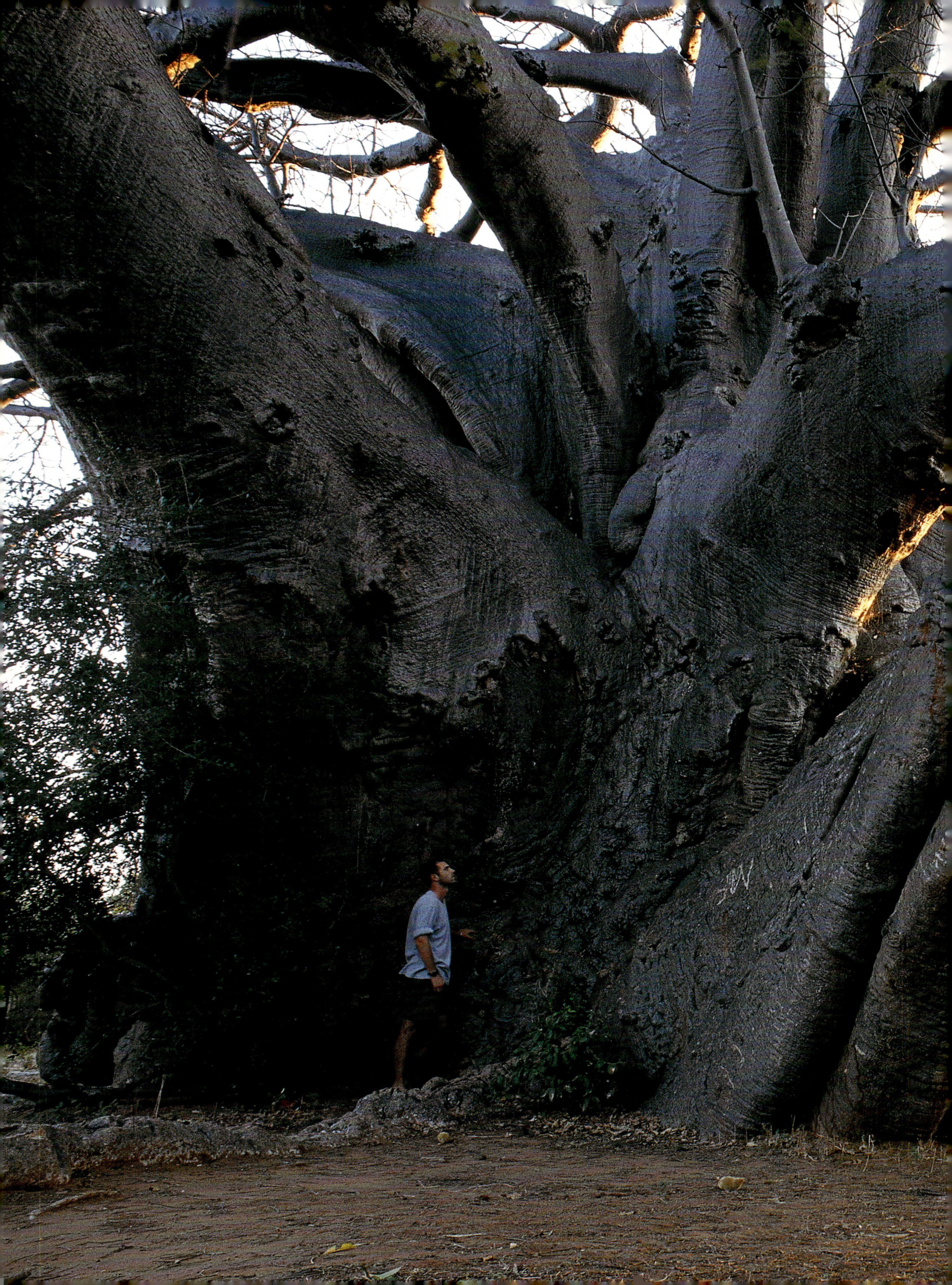

AFRIKA

Adansonia digitata, mit dem kolossalen Umfang von fast 33 Metern gehört dieser Affenbrotbaum von Sagole zu den größten Bäumen der Welt, Limpopo, Südafrika.

Sokotra-Drachenbaum
Dracaena cinnabari

Der legendäre Name dieses Drachenbaumes ist aus den griechischen Wörtern *draikaina* (= weiblicher Drache) und *cinnabari* (= Zinnober, das rote Quecksilbersulfid) abgeleitet, eine Anspielung auf den blutroten Saft des Baumes. Als Symbol für die jemenitische Insel Sokotra nimmt der Baum eine vorrangige Stellung im Leben der Inselbewohner ein. Der reine Pflanzensaft wird zu medizinischen Zwecken gewonnen – zum Stillen von Blutungen, zur Behandlung von Bindehautentzündungen, Narbenbehandlung und Ähnlichem. Blätter, Blüten und Früchte sind eine wichtige Nahrungsgrundlage für das Vieh. Die Blattfasern dienen zur Herstellung sehr robuster Stricke und die nektarreichen Blüten liefern den wertvollsten Honig der Welt. Leider bedrohen die fortschreitende Dürre, die Überweidung durch Ziegen, in jüngster Zeit auch die Nutzung des Holzes für Bienenstöcke und die unkontrollierte Ausbeutung des Saftes die Drachenbaumbestände.

Dracaena cinnabari, traditionelle Ernte des roten Drachenbaumsaftes, Sokotra, Jemen.

Dracaena cinnabari, ein Wald ehrwürdiger Drachenbäume in Hamadero, Sokotra, Jemen.

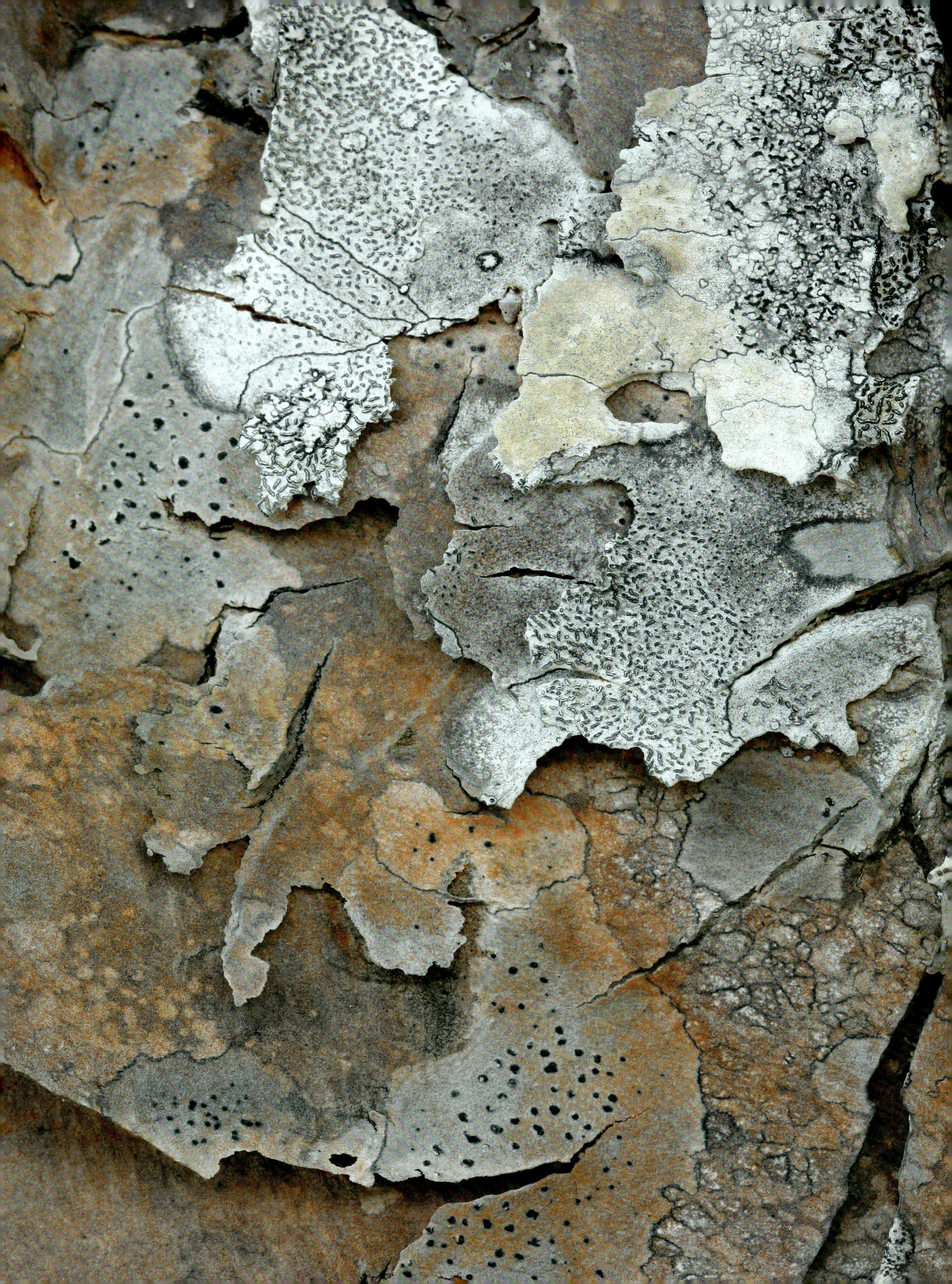

Weihrauchbaum

Boswellia elongata

Sokotra ist eine jemenitische Insel östlich des Horns von Afrika. Dieses kleine botanische Paradies beheimatet 8 der 24 Weihrauchbaumarten der Welt. Seit jeher ist der Jemen unumgänglicher Handelsplatz für dieses so wertvolle Harz, dessen Preis in der Antike sogar den des Goldes übertraf. Das Harz wird geerntet, nachdem ein Schnitt in die inneren Rindenschichten mit den Leitbahnen erfolgt ist. *Boswellia elongata* produziert einen für die Vermarktung ungeeigneten Weihrauch. Die Bewohner von Sokotra kauen ihn zur Desinfektion des Rachens oder brennen ihn wie auch die Borke des Baumes zum Beduften der Räume und zur Reinigung der Luft gegen böse Geister ab. Bei der Keramikherstellung dient das Harz als Klebstoff oder Kitt und der Rauch des abgestorbenen Holzes führt zur mahagoniroten Farbe. In Zeiten des Mangels kann das Laub an das Vieh verfüttert werden.

Boswellia ameero, Sokotra, Jemen.

Boswellia socotrana, Weihrauch am Stamm und an den Ständen der Souks, Jemen.

Boswellia elongata, reine Weihrauchtropfen vor der Kristallisierung, Sokotra, Jemen.

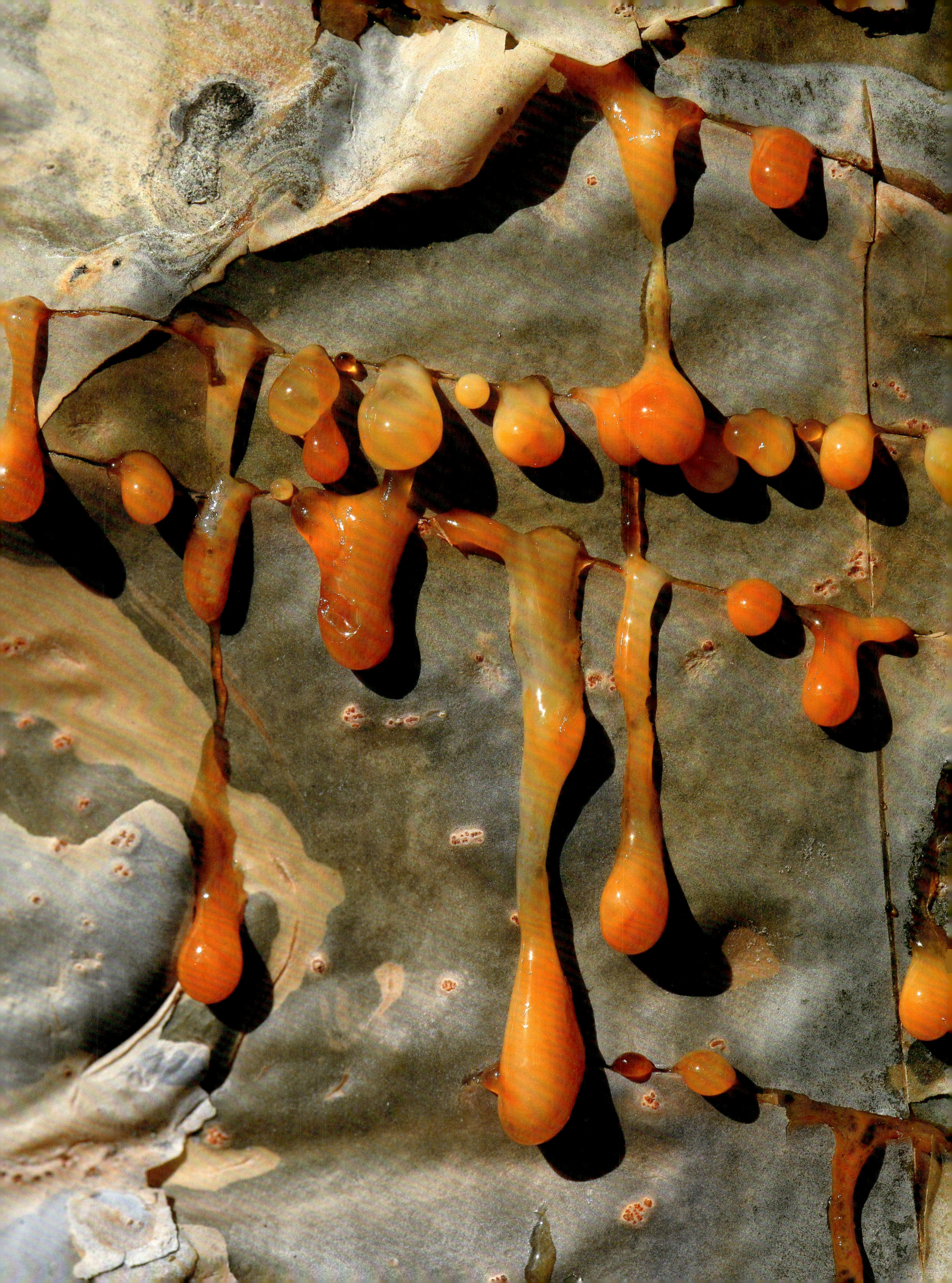

Sterkulie

Sterculia africana var. socotrana

Sterculia africana var. *socotrana* ist der größte Baum der Insel, Sokotra, Jemen.

Mit einer Höhe von 15 Metern beherrscht die auf Sokotra endemische Sterkulie (auch Stinkbaum genannt) die bemerkenswerte Flora der Insel. Die charakteristische Frucht und die nahrhaften Samen, die geröstet oder zu Mehl verarbeitet verzehrt werden können, gaben dem Baum im Französischen den Volksnamen Sokotra-Sternkastanie. Der violett gefärbte Stamm wird nach dem Abschuppen gelblich. Der ganze Baum dient als vorwiegende Nahrungsquelle für das Vieh der Insel. Ihren vom spätlateinischen *sterculus* bzw. *stercus* abgeleiteten wissenschaftlichen Namen verdankt die Gattung den nach Fäkalien riechenden Blüten einiger *Sterculia*-Arten (*S. foetida*). *Stercus* bedeutet stinkender Dünger, und *Sterculius*, ein Beiname des Gottes Saturn, soll der Überlieferung zufolge das Düngen des Bodens erfunden haben.

Sterculia africana var. *socotrana*, Sokotra, Jemen.

Sterculia rogersii, Limpopo, Südafrika.

[FAMILIE DER APOCYNACEAE]

Wüstenrose
Adenium socotranum

Adenium ist eine typische sukkulente Pflanze mit unförmig verdicktem Stamm, wie sie in vielen tropischen Regionen Arabiens und Afrikas wachsen. Der Name bezieht sich auf die alte Stadt Aden, den berühmten jemenitischen Hafen am gleichnamigen Golf. Im März überziehen die in allen Nuancen roséfarbenen Blüten die trockenen Landschaften der Insel Sokotra mit Farbe. Nur hier ist diese Art beheimatet. Manche Exemplare erreichen stattliche Maße: Sie können 5 Meter hoch und 2 Meter dick werden. Ihr medizinisch genutzter Saft wirkt als Wunddesinfektionsmittel, hilft bei Skorpionsstichen, schützt das Vieh gegen Zecken oder dient als Gift beim Fischen.

Adenium socotranum
am Ufer einer Lagune, Sokotra, Jemen.

Zierbanane

Ensete ventricosum

Im Gegensatz zur Gattung *Musa*, den echten Bananen (zu denen auch die Zierbanane bis vor einigen Jahrzehnten noch gerechnet wurde), ist die Zierbanane mit gut 4 bis 5 Jahren ausgewachsen, erblüht und stirbt dann ab, ohne einen Schössling zu bilden. Sie ist unschwer an ihrem bauchigen Stamm und der roten Blattnervatur zu erkennen. Diese riesige Staude gedeiht in den tropischen Gebieten von Südafrika bis nach Äthiopien. Im traditionellen Leben des Volksstammes der Gurages, jener auch als Ensete-Volk bekannten äthiopischen Ethnie, spielt die Zierbanane eine höchst wichtige Rolle. Die Volksgruppe verwendet die Blätter im Zuge von Bestattungsriten und zu medizinischen Zwecken. Aus der stärkehaltigen Wurzel wird ein Brot mit dem Namen *kocho* hergestellt, das die hauptsächliche Kohlenhydratquelle der Menschen darstellt. Der Stamm der Pflanze, der in jungem Stadium ebenfalls essbar ist, dient als Grundmaterial für Seile und andere gewebte Gegenstände.

Ensete ventricosum, Royal Botanic Gardens Sydney, Australien.

Ensete ventricosum, St-Jean-Cap-Ferrat, Frankreich.

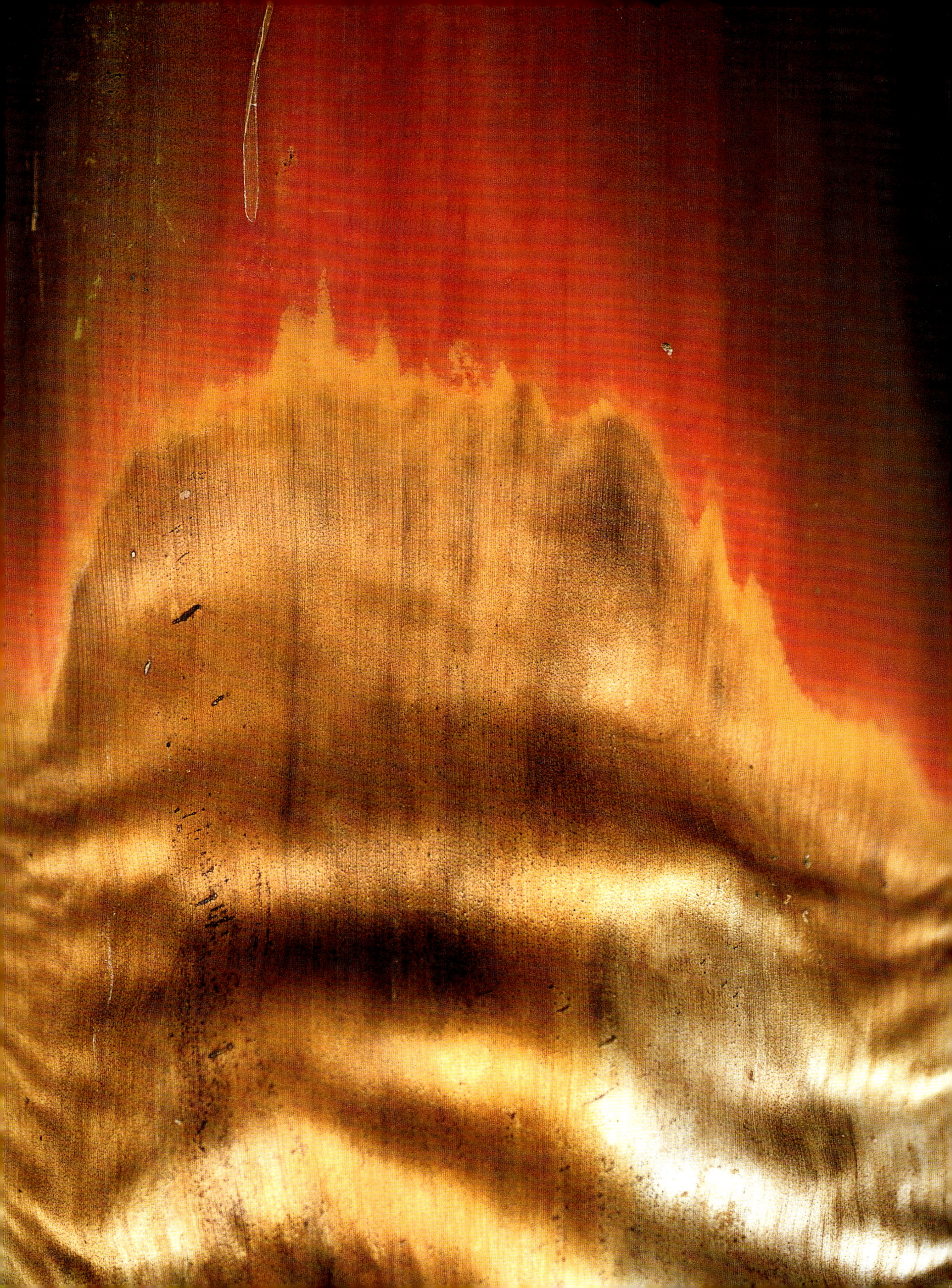

Ravenala madagascariensis, ein Symbol der Insel Madagaskar, Ranomafana-Nationalpark, Madagaskar.

Baum der Reisenden
Ravenala madagascariensis

Der Baum der Reisenden, Wahrzeichen der Insel Madagaskar, ist weltweit ein Sinnbild für Exotik und die Tropen. Man findet die Wildbestände vor allem an der Ostküste der Roten Insel. Die Art ist nahe verwandt mit der berühmten Paradiesvogelblume (*Strelitzia*), viele Betrachter halten den Baum der Reisenden aber für eine Palmen- oder Bananenart. Im kahnförmigen Blattgrund der langen Blätter sammelt sich das Regenwasser. Obgleich abgestanden und von Insektenlarven wimmelnd, kann es den in den madagassischen Wäldern verirrten Reisenden Rettung bringen, daher auch der Volksname. Die schönen Blätter, die wie ein Fächer angeordnet sind, und der Scheinstamm dienen als Baumaterialien in der traditionellen Architektur. Die stärkehaltigen Samen werden aus der einzigartigen türkisblau gefärbten Hülle geschält, dann zerdrückt und in Milch gekocht.

Ravenala madagascariensis, Ranomafana-Nationalpark, Madagaskar.

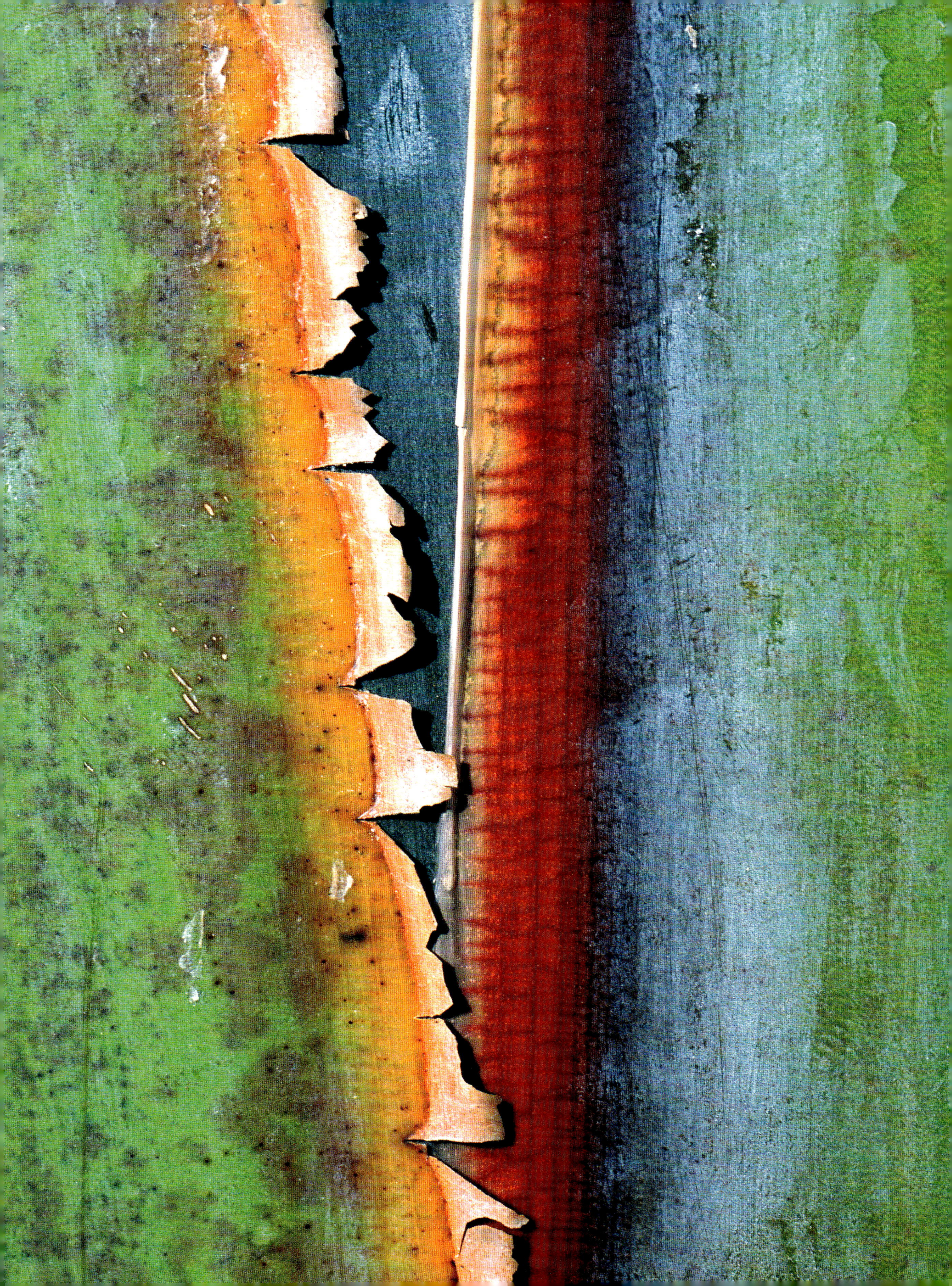

Delebpalme
Borassus aethiopum

Im gesamten subtropischen Afrika und vor allem in der Sahel-Zone verbreitet, hat die Delebpalme großen Anteil am Alltagsleben von Millionen Afrikanern: Der Saft wird zur Herstellung von Palmwein geerntet, die Früchte und das Palmherz sind essbar. Das Holz wird genutzt, weil es widerstandsfähig gegen Termitenbefall ist, und die Pflanzenfasern werden zu Matten verarbeitet. Genau wie die Bismarckpalme, mit der sie eng verwandt ist, besitzt die Art schöne grüngraue Palmwedel, deren Wachsauflage auf der Epidermis die Verdunstung herabsetzt. Dies ist eine Anpassung an die Trockenheit. Trotz der unbestrittenen dekorativen Eigenschaften wird diese Art weltweit kaum angebaut, da sie sehr langsam wächst.

Borassus aethiopum,
Mounts Botanical Garden,
West Palm Beach, Florida, USA.

Borassus aethiopum,
Mounts Botanical Garden, West Palm Beach, Florida, USA.

Borassus madagascariensis,
Fairchild Tropical Botanic Garden, Coral Gables, Florida, USA.

[FAMILIE DER ARECACEAE]

Bismarckpalme
Bismarckia nobilis

In einigen trockenen Regionen im südlichen Zentralmadagaskar erhält sich durch alljährliche Buschfeuer eine faszinierende Graslandschaft, die von Bismarckpalmen beherrscht wird. Es handelt sich bei *Bismarckia* um eine auf Madagaskar endemische Gattung, die nur eine einzige Art zählt. Sie hat sich durch ihre majestätische Gestalt, ihre wunderbaren, mit einer feinen weißen Wachsschicht überzogenen Wedel und die einfache Kultivierung rasch einen Namen gemacht. Daher verwundert es kaum, dass sie den Artnamen *nobilis* trägt (lateinisch für edel, vornehm). Deutsche Botaniker, die sie Ende des 19. Jahrhunderts entdeckten und benannten, wollten damit den ersten Kanzler des Deutschen Reiches Otto von Bismarck ehren.

Bismarckia nobilis,
Isalo-Nationalpark, Madagaskar.

Affenbrotbaum
Adansonia rubrostipa

Der Gattungsname *Adansonia* ist eine Hommage an den französischen Botaniker Michel Adanson, der die afrikanische Flora erforschte und in den 1750er-Jahren diese legendären Bäume im Senegal entdeckte. Auf Madagaskar finden sich sieben der acht bekannten Arten, wobei sechs auf der Insel endemisch sind, also ausschließlich hier vorkommen. Wenngleich einige Exemplare sehr groß werden können (*A. grandidieri*), sind andere wiederum für ihre kleine Gestalt bekannt. So auch *A. rubrostipa*, der kleinste der Gattung. Er wächst an der Westküste der Insel im dornigen Buschland und in den Trockenlaubwäldern. An seinem flaschenförmigen Stamm, der zarten, ockerfarbenen Rinde und den runden samtigen Früchten (mit hohem Kalzium- und Vitamin-C-Gehalt) ist er leicht zu erkennen. Die medizinisch wirksame Rinde wird als Auszug bei Magenproblemen oder wegen ihrer milchbildenden Eigenschaften genutzt.

Adansonia digitata, Kruger-Nationalpark, Südafrika.

Adansonia grandidieri, Morondava, Madagaskar.

Adansonia rubrostipa, Réniala-Reservat, Mangily, Madagaskar.

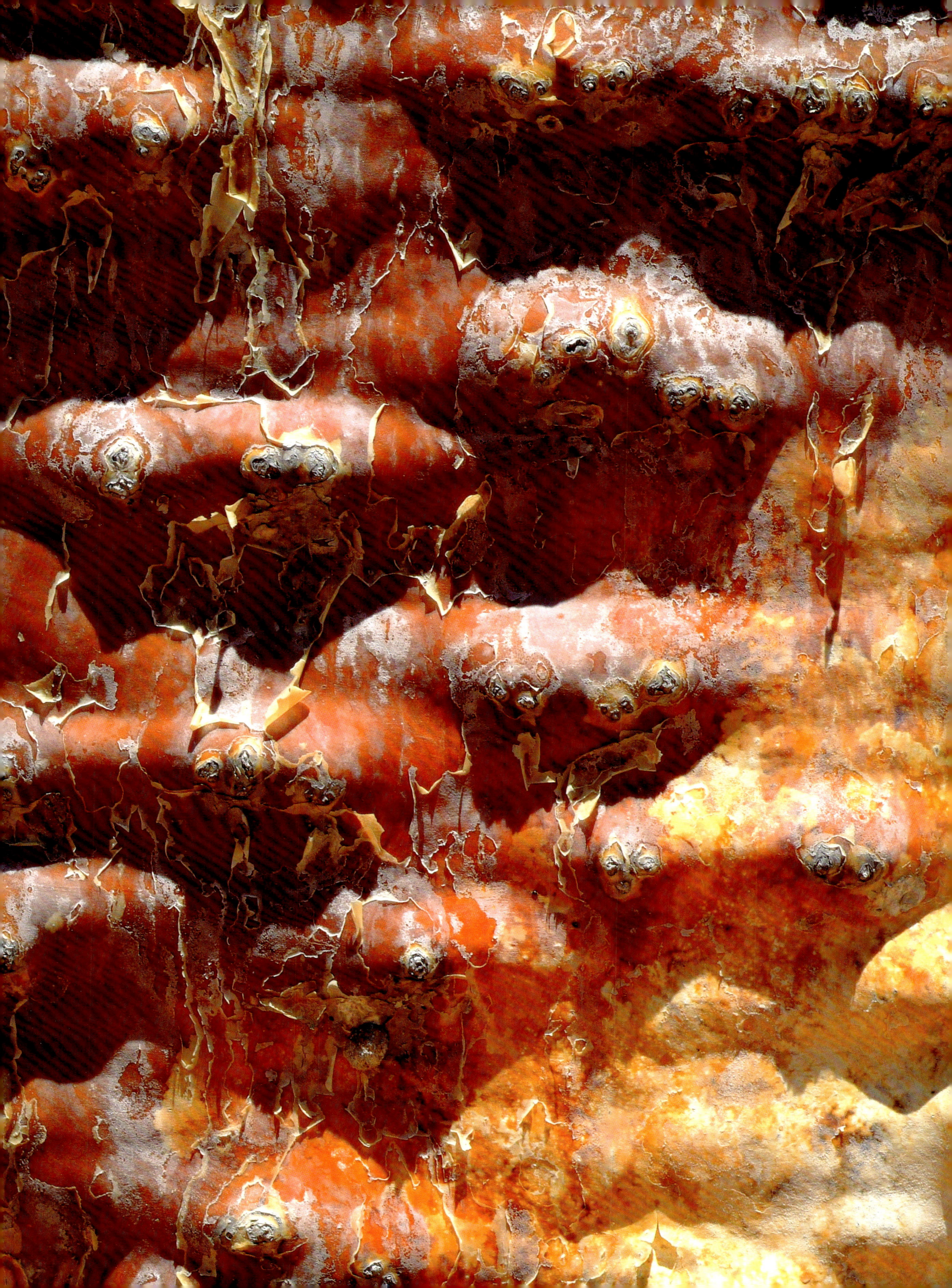

Interessante Population von *Pachypodium geayi* im trockenen Buschland, Tsimanampetsotsa-Nationalpark, Madagaskar.

[FAMILIE DER APOCYNACEAE]

Madagaskarpalme

Pachypodium geayi

Die Gattung *Pachypodium* schließt 17 Arten ein, wovon 12 auf Madagaskar endemisch sind. Ihr wissenschaftlicher Gattungsname bedeutet dicker Fuß, eine Anspielung auf den verdickten Stamm, der bei manchen Exemplaren sogar flaschenförmig aussieht. Diese *Pachypodium*-Art mit weißen Blüten und länglichem Stamm ist der Star der trockenen Laubwälder im Südwesten von Madagaskar. Ihr Volksname *Vontaka* bedeutet Stern der Savanne. Die Bäume können bis zu 10 Meter hoch werden und eine hübsche Krone ausbilden. Es handelt sich um eine sukkulente Pflanze, die perfekt an die Trockenheit angepasst ist: Dornen und die schmalen, flaumbehaarten Blätter halten den Wasserverlust in Grenzen, das schwammige Gewebe kann Wasser einlagern und die weiße Rinde der adulten Bäume reflektiert das Sonnenlicht. Die Art hat der französische Botaniker Martin François Geay bei seinen Reisen auf der Insel Madagaskar zu Beginn des 20. Jahrhunderts entdeckt.

Die Entwicklung des Stamms über Jahrzehnte hinweg

Abfallen der Dornen und Auffalten der Rinde bei *Pachypodium geayi*, Arboretum d'Antsokay, Toliara, Madagaskar.

Wolfsmilch
Euphorbia plagiantha

Die Gattung *Euphorbia* (aus der Familie der Wolfsmilchgewächse) zählt weltweit mit ihren nahezu 2300 Arten zu den vielfältigsten Gattungen. Ganz wie die der gleichen Familie zugeordnete *Hevea*, ist auch diese Gattung durch eine milchige Substanz – den Latex – gekennzeichnet. Bei einigen krautigen *Euphorbia*-Arten hat diese Milch abführende und heilungsfördernde Eigenschaften. Erstmals wurde sie von Euphorbos, dem Leibarzt des Numider-Königs Juba II, in römischer Zeit verwendet. Bei anderen Arten kann die Milch jedoch durchaus gefährlich und sehr schädlich sein. Madagaskar ist reich an Euphorbien, darunter fällt auch diese sehr schöne Art in Strauchform, deren endemisches Vorkommen im Südwesten der Insel liegt. Im Volksmund heißt sie *Fiha* (madagassisch für Fisch). Es handelt sich um eine Art mit korallenartigen Verzweigungen, deren kugelige Krone wie ein Riff aussieht. Ihre Rinde blättert in Form von goldenen, papierdünnen Blättchen ab.

Euphorbia pervilleana,
Reniala-Reservat, Mangily, Madagaskar.

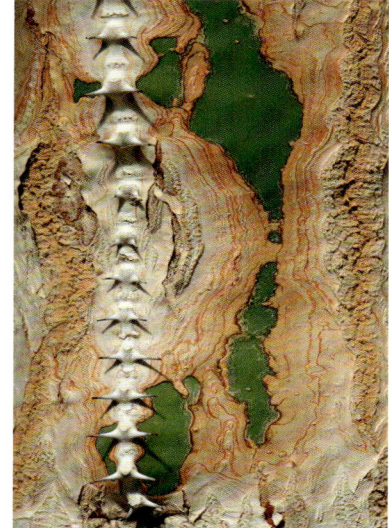

Euphorbia cooperi,
Botanischer Garten Lyon, Frankreich.

Euphorbia plagiantha
in der Dornsavanne, Tsimanampetsotsa-Nationalpark, Madagaskar.

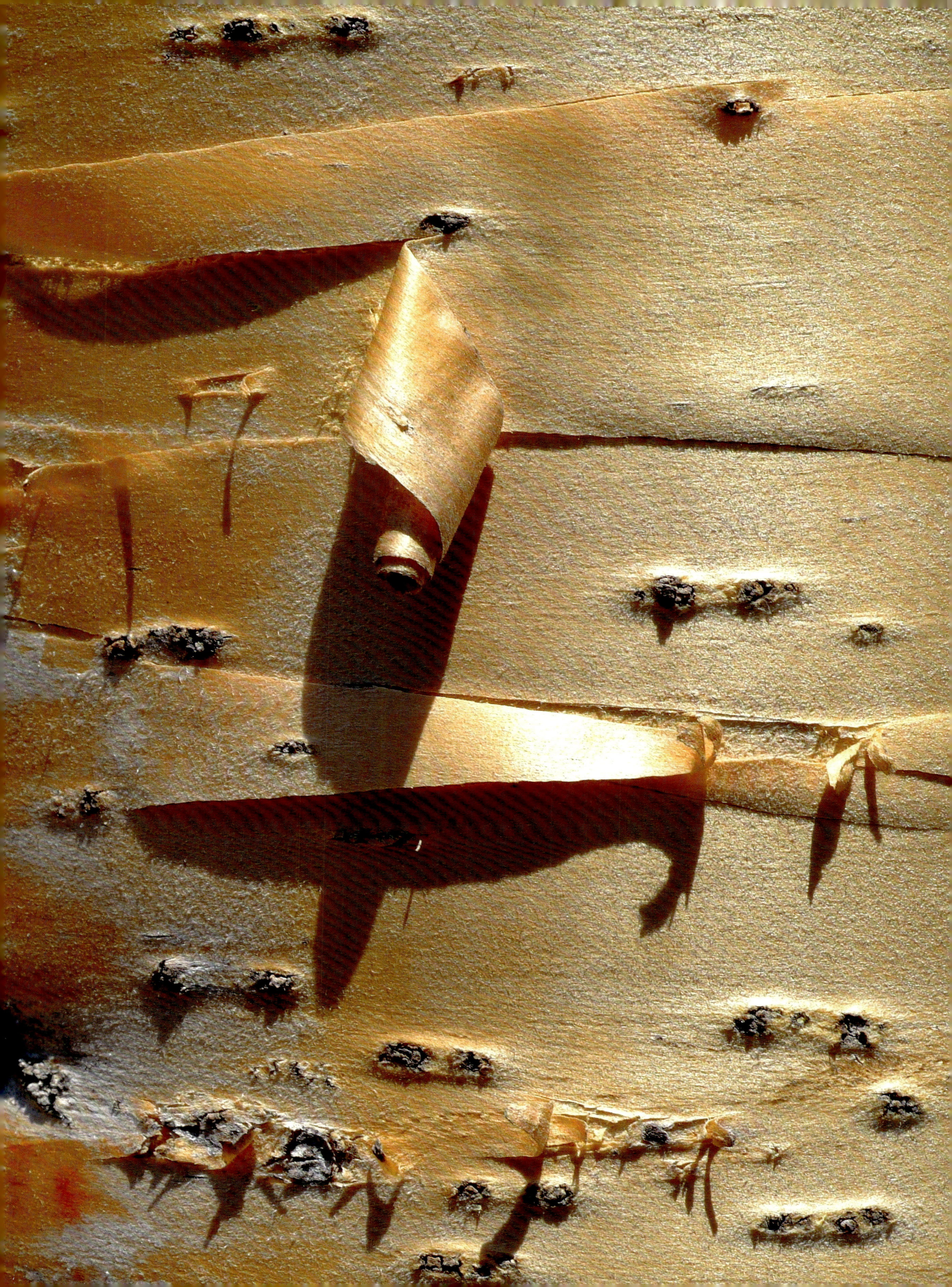

[FAMILIE DER BURSERACEAE]

Kork-Myrrhe

Commiphora marlothii

Wie der Weihrauch (*Boswellia*), der zur selben Familie gehört, produzieren die *Commiphora*-Arten ein duftendes Harz. Ihr berühmtester Vertreter ist wohl die Echte Myrrhe (*Commiphora myrrha*). Der englische Name *corkwood* (wörtlich übersetzt Korkholz) bezieht sich auf das biegsame, leichtgewichtige Holz, das manchmal als Schwimmer für Einbäume verwendet wird. Die Art *C. marlothii*, die zu Ehren des südafrikanischen Apothekers und Botanikers H.W.R. Marloth benannt wurde, produziert sehr große, papierähnliche Rindenfetzen. Sie wächst in den ariden und felsigen Gebieten Südostafrikas. Wie viele andere *Commiphora*-Arten ist auch sie an schwierige Lebensbedingungen angepasst. Während der Trockenzeit wirft sie die Blätter ab, um den Wasserverlust durch Verdunstung einzuschränken. Dann übernimmt die frische, grüne, chlorophyllreiche Rinde die Fotosynthese. Ihre fleischigen Wurzeln stillen den Durst, wenn man sie kaut, und die essbaren Früchte werden manchmal zu Marmelade verarbeitet.

Commiphora marlothii an den Felsabbrüchen des Soutpansberg, Limpopo, Südafrika.

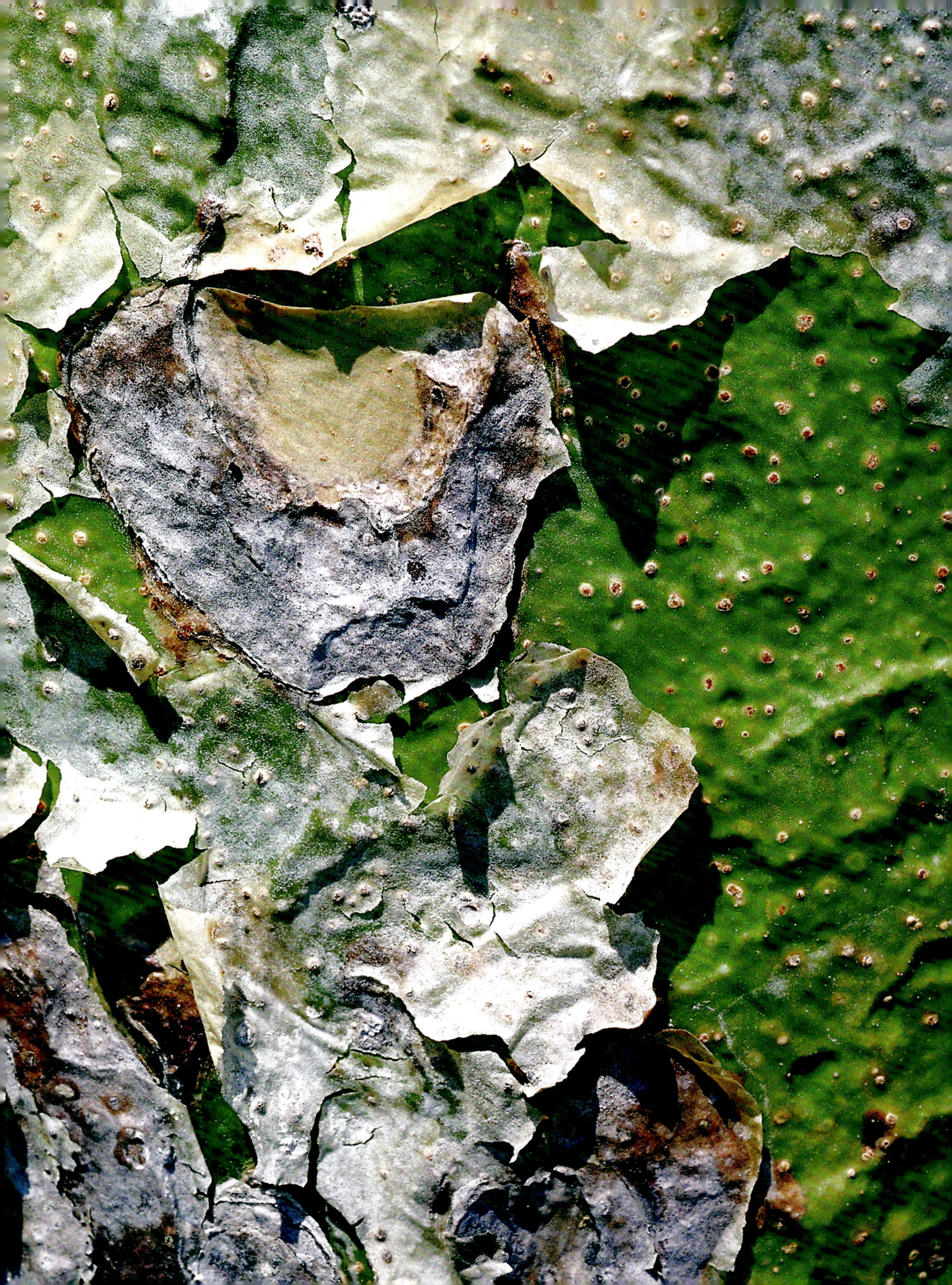

Myrrhen

Die Gattung *Commiphora* – Myrrhensträucher – gehört wie ihre enge Verwandte, die *Boswellia* (Weihrauch), zu der sagenumwobenen Familie der Burseraceae. Mit fast 170 Arten ist sie die Hauptvertreterin. Man findet die Bäume mit den papierähnlichen, sehr bunten Rinden in Afrika, Madagaskar, auf der Arabischen Halbinsel und dem indischen Subkontinent. Das aus dem Griechischen entlehnte Wort *Commiphora* bedeutet das Harztragende. Am berühmtesten ist die Echte Myrrhe, die in der Medizin, als Duftstoff oder zu religiösen Zwecken verwendet wird.

1. *Commiphora guillaumini*, Wald von Kirindy, Madagaskar.
2. *Commiphora arafy*, Wald von Kirindy, Madagaskar.
3. *Commiphora aprevali*, Reniala-Reservat, Mangily, Madagaskar.
4. *Commiphora pyracanthoides*, Limpopo, Südafrika.
5. *Commiphora marlothii*, Limpopo, Südafrika.
6. *Commiphora mollis*, Limpopo, Südafrika.
7. *Commiphora ornifolia*, Sokotra, Jemen.
8. *Commiphora monstruosa*, Tsimanampetsotsa-Nationalpark, Madagaskar.
9. *Commiphora*, bei Sanaa, Jemen.

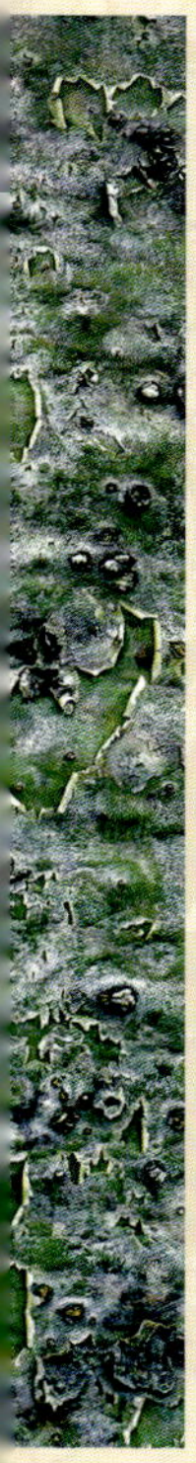
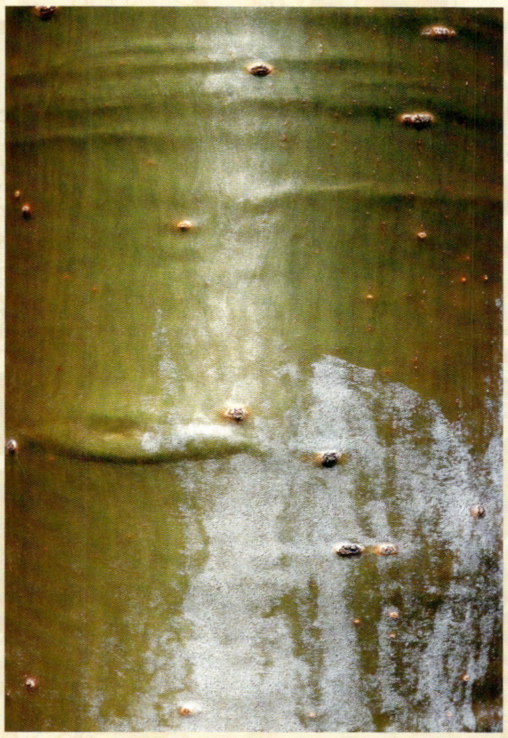
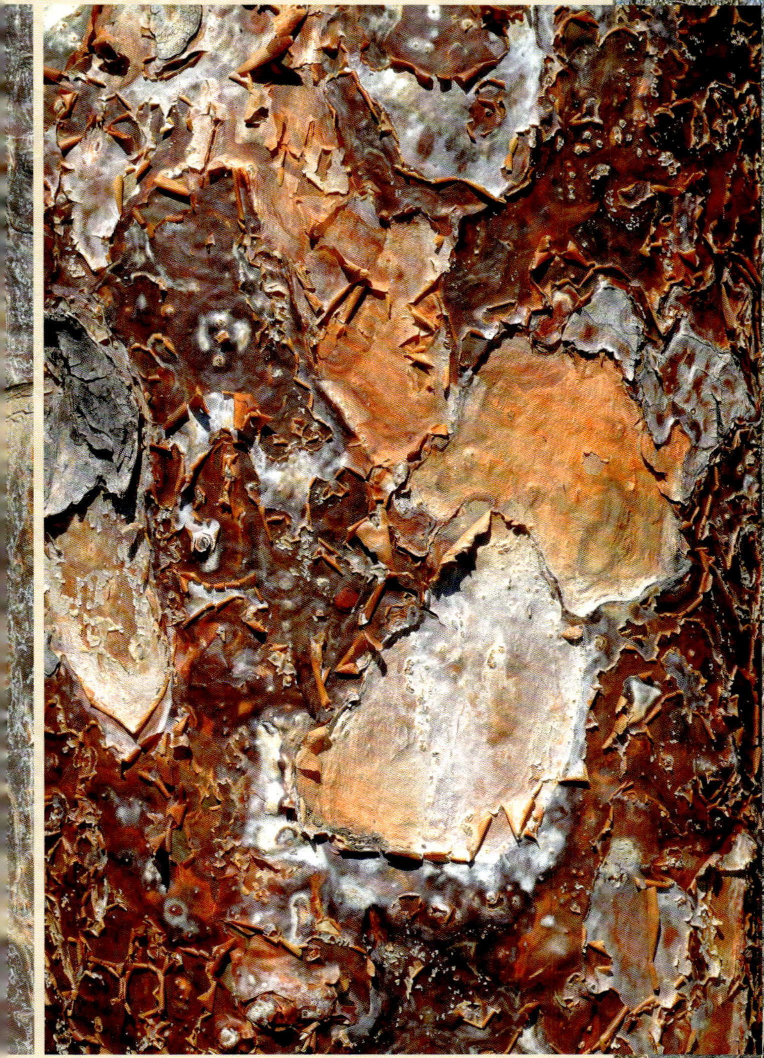
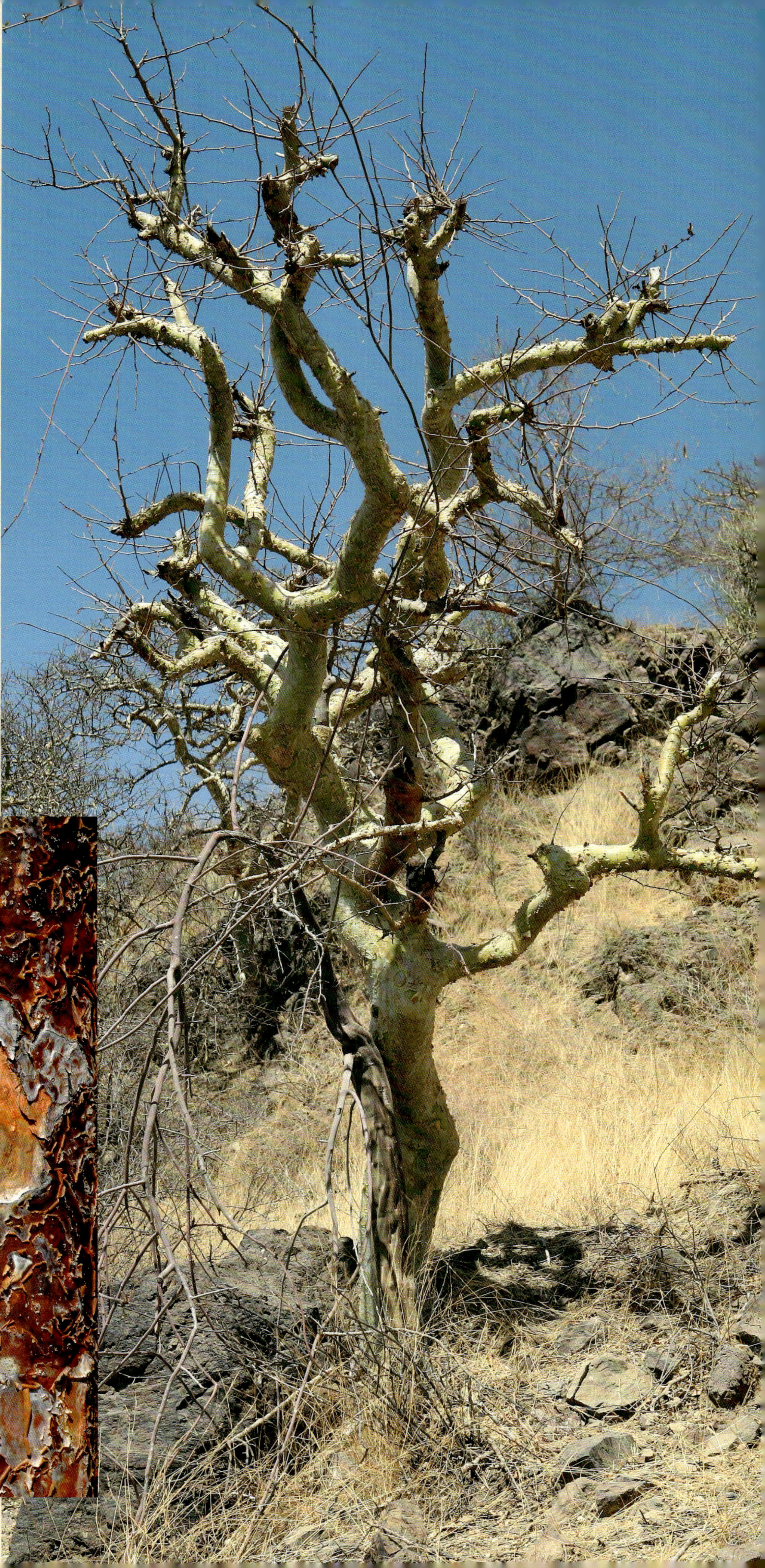

Köcherbaum
Aloe dichotoma

Diese Baumaloe wächst in den felsigen und trockenen Regionen des südwestlichen Afrikas (Namibia und Südafrika). Bei derartig extremer Trockenheit müssen die gesamten Vegetationsorgane als Wasserspeicher dienen. Der gedrungene Stamm, der von goldfarbenen Platten überzogen ist, trägt eine große Rosette von gegenständig verzweigten Ästen. Während des Winters, im Juni und Juli, liefern seine gelben Blüten einen für zahlreiche Vögel, Paviane und Insekten wichtigen Nektar. Die Buschmänner höhlen die jungen Äste aus, um sie als Köcher für ihre Pfeile zu verwenden. Davon sind sowohl der englische als auch der deutsche Volksname abgeleitet. Die dicken Stämme der abgestorbenen Bäume werden, ebenfalls ausgehöhlt, als natürliche Kühlschränke verwendet, da das korkähnliche Gewebe der Stämme gut isoliert.

Aloe dichotoma,
Exotischer Garten, Monaco.

Aloe pillansii,
Karoo Desert National Botanical Garden,
Worcester, Südafrika.

Aloe dichotoma,
Karoo Desert National Botanical Garden,
Worcester, Südafrika.

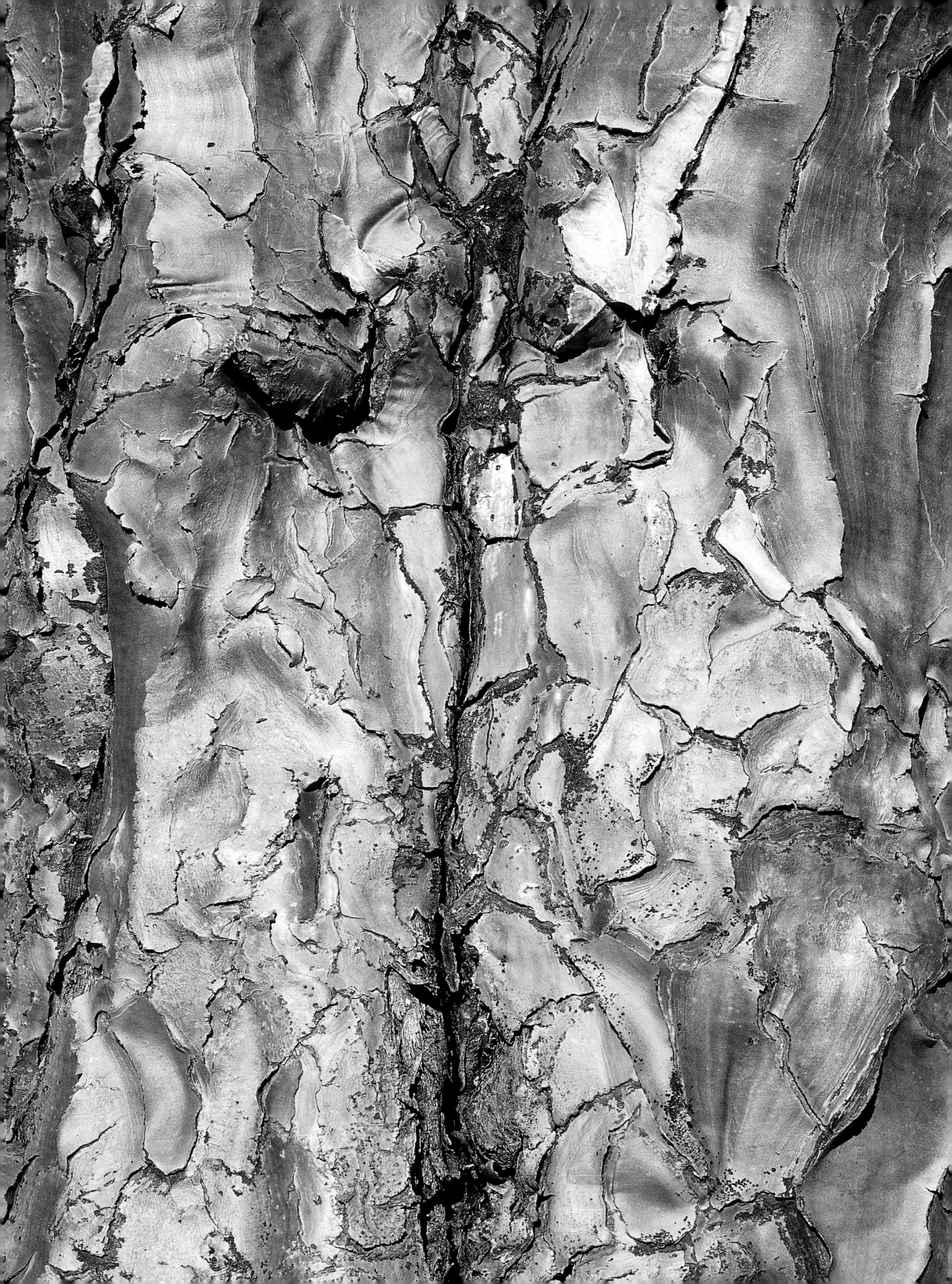

Namibia-Fleischstamm

Cyphostemma juttae

In Afrika und Madagaskar gibt es fast 300 Arten der Gattung *Cyphostemma*. *C. juttae* ist eine typische Sukkulente der Trockengebiete Namibias mit einem bauchigen Stamm. Während der Trockenzeit im Sommer wirft der Baum sein Laub ab und der Stamm beginnt abzublättern. Die junge Rinde ist anfangs grün und fotosynthetisch aktiv, wird aber während des Sommers weiß, was eine stärkere Reflexion der Sonnenstrahlen gewährleistet. Die Pflanze stammt aus der gleichen Familie wie der Wein und bringt rote, jedoch nicht essbare Beeren hervor. Lange Zeit klassifizierte man die Art unter der Gattung *Cissus*. Von dieser unterscheidet sie sich aber durch die Krone, die wie eine bucklige Sanduhr aussieht, daher auch der wissenschaftliche Name, der sich aus den beiden griechischen Begriffen *kyphos* (= bucklig) und *stemma* (= Krone) zusammensetzt. Der Artname bezieht sich auf Jutta Dinter, die Ehefrau des Botanikers, der diese Pflanze erstmals im Jahre 1911 beschrieb.

Cyphostemma currori, Firma Kuentz, Fréjus, Frankreich.

Cyphostemma macrocarpum, Kirindy-Wald, Menabe, Madagaskar.

Cyphostemma juttae, Firma Kuentz, Fréjus, Frankreich.

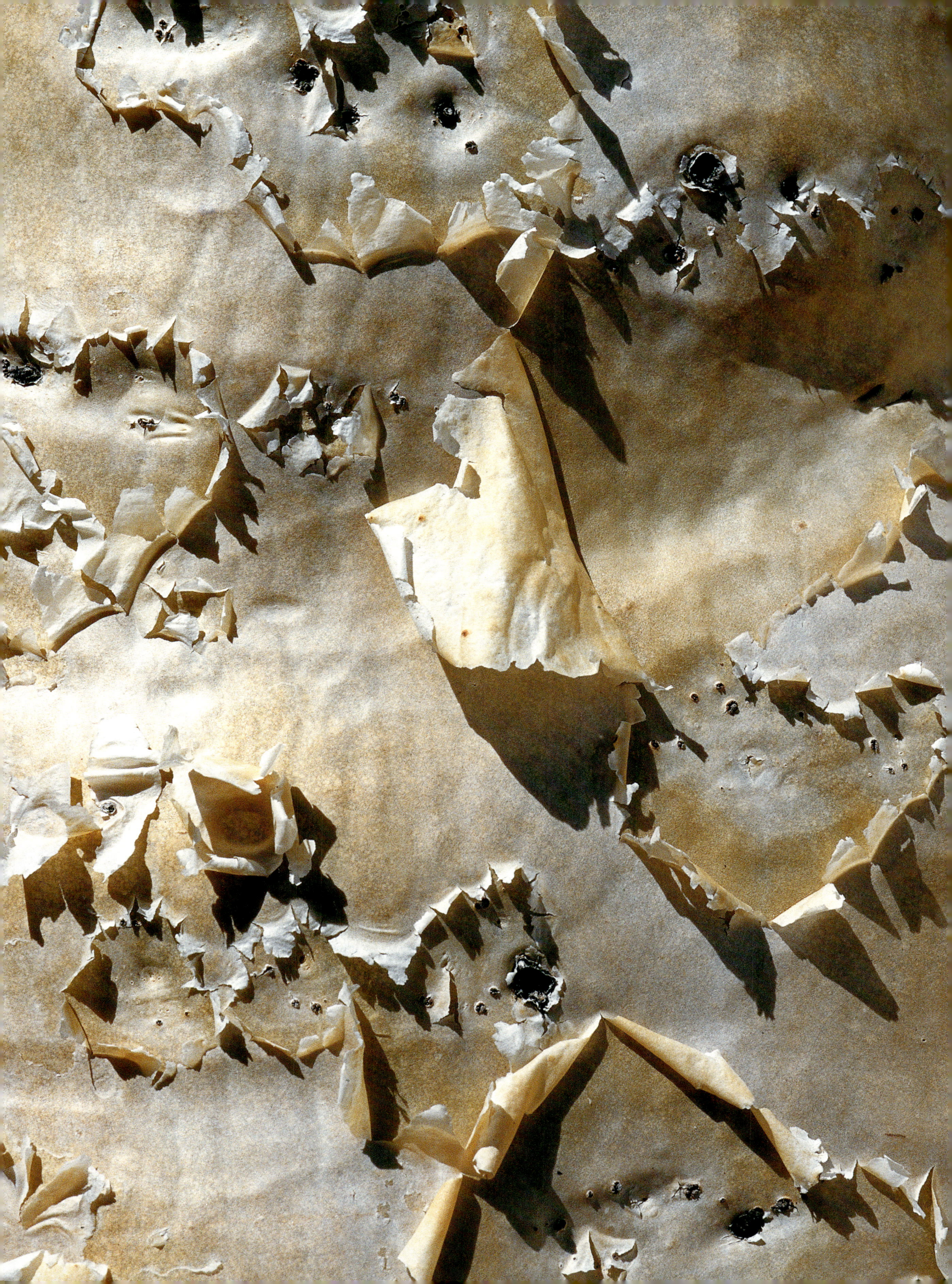

Kanarische Dattelpalme
Phoenix canariensis

Auch wenn die Echte Dattelpalme *P. dactylifera* auf der ganzen Welt wegen ihrer süßen Früchte kultiviert wird, so ist die Kanarische Dattelpalme trotz ihrer nicht essbaren Früchte ebenfalls populär. Rasch wachsend, winterhart und wenig anspruchsvoll wird sie als Zierpflanze rund um das Mittelmeer verwendet. Ihre Krone zählt gut 100 Blätter und bildet eine große grüne Kugel. Der Rückschnitt hinterlässt ein sehr grafisches, rautenähnliches Muster auf dem Stamm. Ursprünglich wuchs diese Palme verbreitet auf den Kanarischen Inseln, wurde dann aber durch den Grafen Vigier im Jahre 1864 in Nizza eingeführt. Seither verwandelt sich durch diese Art und die amerikanische Gattung *Washingtonia* die Cote d'Azur in ein gigantisches städtisches Palmenhaus. Der Gattungsname ist vom griechischen *phoenix* abgeleitet und bezieht sich auf die Phönizier, die die Dattelpalme bei den Griechen bekannt gemacht haben.

Phoenix roebelenii,
St-Jean-Cap-Ferrat, Frankreich.

Phoenix theophrastii,
Royal Botanic Gardens Kew,
Richmond, Großbritannien.

Phoenix canariensis
nach dem Rückschnitt,
Canet-en-Roussillon, Frankreich.

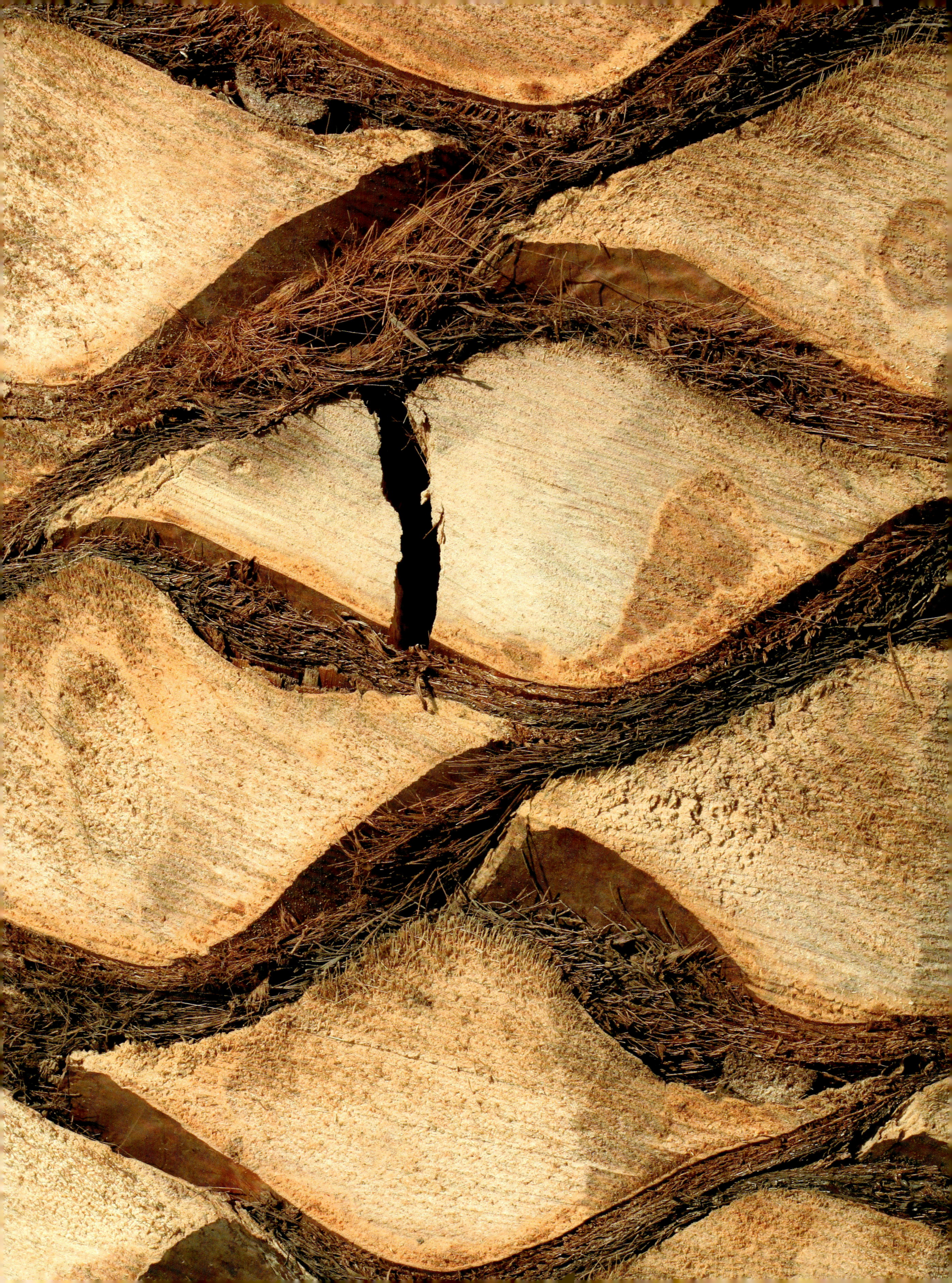

Register der wissenschaftlichen Namen

Acacia cyperophylla var. cyperophylla 70
Acacia karoo 70
Acacia origena 70
Acacia sphaerocephala 70, 71
Acacia xanthophloea 70
Acer capillipes 156
Acer davidii 154, 155, 156
Acer griseum 152, 153, 157
Acer miyabei 157
Acer morifolium 157
Acer pensylvanicum 'Erythrocladum' 157
Acer rubescens 157
Acer rufinerve 'Albolimbatum' 156
Acer triflorum 157
Acer × conspicuum 'Phoenix' 156
Acer × conspicuum 'Silver Cardinal' 156
Adansonia digitata 160, 161, 174
Adansonia grandidieri 174
Adansonia rubrostipa 174, 175
Adenium socotranum 5, 167
Agathis australis 92, 93
Agathis borneensis 94
Agathis lanceolata 94
Agathis ovata 94
Agathis robusta 94
Aloe dichotoma 184, 185
Aloe pillansii 184
Angophora costata 107
Araucaria angustifolia 95
Araucaria araucana 6, 95
Araucaria cunninghamii 118, 119
Araucaria heterophylla 94
Araucaria hunsteinii 94
Arbutus andrachne 30, 31, 32, 33
Arbutus canariensis 32
Arbutus menziesii 50, 51
Arbutus unedo 32
Arbutus × andrachnoides 32
Arbutus × thuretiana 6, 7, 32, 33
Arctostaphylos obispoensis 54, 55
Artocarpus heterophyllus 75
Averrhoa bilimbi 75

Bambusa vulgaris 'Vitatta' 134
Betula 'Dick Banks' 143
Betula 'Hergest' 142
Betula albosinensis 138, 139, 143
Betula alleghaniensis 36
Betula costata 143
Betula davurica 143
Betula delavayi 142
Betula forestii 142
Betula grossa 143
Betula nigra 36
Betula papyrifera var. commutata 36
Betula papyrifera 36, 37, 143
Betula pendula 12, 13
Betula 143
Betula utilis var. jacquemontii 140, 141
Betula utilis var. prattii 140, 142
Betula utilis var. utilis 140
Betula utilis 140, 142
Bismarckia nobilis 173
Borassus aethiopum 172
Borassus madagascariensis 172
Boswellia ameero 164
Boswellia elongata 164, 165
Boswellia socotrana 164
Brachychiton discolor 116
Brachychiton rupestris 116, 117
Bursera microphylla 42
Bursera simaruba 42, 43
Butia capitata 49

Camellia sinensis 148, 149
Carica papaya 73
Carpoxylon macrospermum 48
Castanea sativa 20, 21
Ceiba aesculifolia 78

Ceiba insignis 78
Ceiba pentandra 78, 79
Ceratonia siliqua 75
Cercis siliquastrum 74
Cinnamomum verum 130
Clinostigma harlandii 48
Coccothrinax miraguama 48
Commiphora aprevali 182
Commiphora arafy 182
Commiphora guillaumini 182
Commiphora marlothii 180, 181, 183
Commiphora mollis 182
Commiphora monstruosa 183
Commiphora ornifolia 182
Commiphora pyracanthoides 182
Commiphora 183
Corymbia citriodora 112, 113
Corymbia maculata 110, 111
Crescentia cujete 75
Cupressus arizonica var. glabra 56, 57
Cyathea cooperi 90
Cyathea intermedia 90
Cyathea medullaris 90, 91
Cyphostemma currori 186
Cyphostemma juttae 186, 187
Cyphostemma macrocarpum 186
Cyrtostachys renda 126, 127

Dendrocalamus asper 134
Dendrocalamus giganteus 134
Diospyros cauliflora 75
Dracaena cinnabari 162, 163, 191
Dypsis decaryi 49

Ensete ventricosum 168, 169
Eucalyptus camaldulensis 102, 103
Eucalyptus citriodora 112, 113
Eucalyptus coccifera 98, 99, 108
Eucalyptus deglupta 2, 108, 122, 123
Eucalyptus delegatensis 109
Eucalyptus dorrigoensis 106
Eucalyptus globulus 109
Eucalyptus maculata 110, 111
Eucalyptus mannifera 108
Eucalyptus moluccana 109
Eucalyptus regnans 88, 89
Eucalyptus rossii 108
Eucalyptus rubiginosa 109
Eucalyptus sclerophylla 104, 105
Eucalyptus sideroxylon 109
Eucalyptus spathulata 100, 101, 109
Eucalyptus tesselaris 109
Eucalyptus torelliana 108
Euphorbia cooperi 178
Euphorbia pervilleana 178
Euphorbia plagiantha 178, 179

Ficus aurea 40, 41
Ficus benjamina 128, 129
Ficus heteropoda 75
Ficus racemosa 74
Ficus 128
Ficus tettensis 128
Fouquieria splendens 64, 65

Gigantochloa atroviolacea 134
Gleditsia caspica 159
Gleditsia triacanthos 159
Guaiacum officinale 80, 81

Hevea brasiliensis 82, 83
Hyophorbe verschaffeltii 49

Jubaea chilensis 49

Lagerstroemia 'Natchez' 150, 151
Lagerstroemia duperreana 151
Lagerstroemia speciosa 151
Livistona drudei 49

Luma apiculata 86, 87

Melaleuca quinquenervia 114, 115
Metroxylon sagu 49, 124, 125
Musa acuminata 131
Musa basjoo 131
Musa ornata 131

Nolina longifolia 68, 69

Olea europaea 22, 23

Pachypodium geayi 176, 177
Parkinsonia florida 62, 63
Parmentiera cerifera 74
Parrotia persica 158
Phoenix canariensis 188, 189
Phoenix roebelenii 188
Phoenix theophrastii 188
Phyllarthron 74
Phyllostachys bambusoides 'Castillonis Inversa' 134
Phyllostachys edulis 'Bicolor' 134
Phyllostachys edulis 'Heterocycla' 135
Phyllostachys edulis 120, 121, 132, 133
Phyllostachys sulphurea fo. viridis 135
Pinus bungeana 61, 146, 147
Pinus contorta 61
Pinus densiflora 61
Pinus halepensis 61
Pinus jeffreyi 61
Pinus nigra subsp. laricio 60
Pinus longaeva 58, 59
Pinus pinaster 24, 25, 60
Pinus pinea 26, 27, 60
Pinus ponderosa 60
Pinus strobus 60
Pinus sylvestris 61
Pinus wallichiana 61
Platanus × acerifolia 10, 11, 14, 15
Polylepis australis 84, 85
Populus alba 18, 19
Prunus maackii 136
Prunus rufa 136
Prunus serrula 136, 137
Pseudobombax ellipticum 76, 77
Psidium guayava 72
Psidium guineense 72

Quercus suber 28, 29

Ravenala madagascariensis 170, 171
Roystonea regia 46, 47, 48

Sabal mauritiiformis 45
Sabal palmetto 44, 45
Saraca palembanica 74
Sequoia sempervirens 52, 53
Sequoiadendron giganteum 34, 35
Sterculia africana var. socotrana 166
Sterculia rogersii 166
Stewartia monadelpha 148
Stewartia pseudocamellia 148, 149
Stewartia sinensis 148

Taxodium distichum 38, 39
Taxus baccata 16, 17
Trithrinax campestris 48

Ulmus parvifolia 144

Vachellia sphaerostachya 70, 71

Washingtonia filifera 67
Washingtonia robusta 49, 66, 67
Wollemia nobilis 95

Xanthorrhoea australis 96, 97

Zelkova serrata 144

Register der deutschen Namen

Affenbrotbaum 174, 175	Eukalyptus, Zitronen- 112, 113	Myrrhe, Echte 182, 183
Ahorn 156, 157	Euphorbie 178, 179	Myrrhe, Kork- 180, 181
Ahorn, Davids 154, 155		Myrte, Gewöhnliche 86
Ahorn, Zimt- 152, 153	Federbuschstrauch, Kalifornischer 64, 65	Myrtenheide, Weiße 114, 115
Akazie, Ameisen- 70, 71	Feige, Birken- 128, 129	
Andentanne 6, 94	Feige, Gold- 40, 41	Ölbaum 22, 23
Araukarie 6, 94, 95	Flaschenbaum, Queensland- 116, 117	
Araukarie, Neuguinea- 118, 119	Fleischstamm, Namibia- 186, 187	Palmen . . 44, 45, 46, 47, 48, 49, 66, 67, 124, 125, 126, 127, 172, 173, 188, 189
	Gleditschie, Kaspische 159	Palmettopalme 44, 45
Bambus 132, 133, 134, 135	Grasbaum, Mexikanischer 68, 69	Papaya 73
Banane 131, 168, 169	Grasbaum, Südlicher 96, 97	Pappel, Silber- 18, 19
Banane, Japanische Faser- 131	Guave 72	Parakautschukbaum, Amazonas- 82, 83
Bärentraube, Serpentin- 54, 55	Gujakbaum 80, 81	Parrotie 158
Baum der Reisenden 170, 171	Gummimyrte 107	Pinie 26, 27
Becherfarn, Schwarzer 90, 91		Platane, Gewöhnliche 14, 15
Birke 142, 143	Jerusalemdorn, Reichblühender 62, 63	
Birke, Chinesische 138, 139		Rotstielpalme 126, 127
Birke, Hänge- 12, 13	Kapokbaum, Weißer 78, 79	
Birke, Himalaya- 140, 141	Kastanie, Edel- 20, 21	Sagopalme 124, 125
Birke, Papier- 36, 37	Kaurifichte 92, 93	Scheinkamelie 148, 149
Bismarckpalme 173	Kerzenstrauch 64, 65	Seidenwollbaum 76, 77
	Kiefer, Bunges 146, 147	Sumpfzypresse, Zweizeilige 38, 39
Dattelpalme, Kanarische 188, 189	Kiefer, Langlebige 58, 59, 60	
Delebpalme 172	Kiefer, Schirm- 26, 27	Tabaquillo-Baum 84, 85
Drachenbaum, Sokotra- 162, 163	Kiefer, Strand- 24, 25	Teebaum 114, 115
	Kirsche, Mahagoni- 136, 137	
Eibe 16, 17	Köcherbaum 184, 185	Washingtonpalme, Mexikanische 66, 67
Eiche, Kork- 28, 29	Königspalme, Kubanische 46, 47	Weihrauchbaum 164, 165
Erdbeerbaum 6, 32, 33	Kräuselmyrte 150, 151	Weißgummibaum, Birkenblättriger 42, 43
Erdbeerbaum, Östlicher 30, 31	Küstenmammutbaum 52, 53	Wüstenrose 167
Eukalyptus 104, 105, 108, 109		
Eukalyptus, Dorrigo- 106	Lumamyrte 86, 87	Ze kove 144, 145
Eukalyptus, Gesprenkelter 110, 111		Zierbanane 168, 169
Eukalyptus, Hartblättriger 104, 105	Madagaskarpalme 176, 177	Zimt, Ceylon- 130
Eukalyptus, Regenbogen- 122, 123	Madrone 32, 50, 51	Zimt, China- 130
Eukalyptus, Roter 102, 103	Marone 20, 21	Zypresse, Arizona- 56, 57
Eukalyptus, Spatelblättriger 100, 101	Melonenbaum 73	
Eukalyptus, Trichterfrucht- 98, 99		

Dracaena cinnabari, Sokotra, Jemen.

Dank und Bildquellen

Ich schulde meiner ganzen Familie und meinen engen Freunden größten Dank dafür, dass sie mich von Anfang an ermutigt und unterstützt haben, dieses etwas verrückte Abenteuer zu unternehmen, welches das Ziel hatte, ausschließlich Rinden zu fotografieren und dies zum Beruf zu machen.

Ich möchte mich aber auch bei all jenen bedanken, die während dieser 10 Jahre aus der Nähe und der Ferne an der Verwirklichung dieses Projektes teilhatten. Es sind viele Menschen gewesen, die mir Kraft und die Mittel gaben, meinen Traum dank ihrer Großzügigkeit, ihres Enthusiasmus, ihres Wissens oder einfach dank ihrer Leidenschaft für die Flora in die Wirklichkeit umzusetzen.

Alle Aufnahmen stammen von Cédric Pollet
www.artsylva.com

mit Ausnahme von
S. 70, *Acacia cyperophylla* var. *cyperophylla,* von Bruce Maslin
S. 98, *Eucalyptus coccifera,* von Patrick Murray

Die in diesem Buch enthaltenen Empfehlungen und Angaben sind vom Autor mit größter Sorgfalt zusammengestellt und geprüft worden. Eine Garantie für die Richtigkeit der Angaben kann aber nicht gegeben werden. Autor und Verlag übernehmen keinerlei Haftung für Schäden und Unfälle.

Bibliografische Information der Deutschen Nationalbibliothek
Die Deutsche Nationalbibliothek verzeichnet diese Publikation in der Deutschen Nationalbibliografie; detaillierte bibliografische Daten sind im Internet über http://dnb.d-nb.de abrufbar.

Das Werk einschließlich aller seiner Teile ist urheberrechtlich geschützt. Jede Verwertung außerhalb der engen Grenzen des Urheberrechtsgesetzes ist ohne Zustimmung des Verlages unzulässig und strafbar. Das gilt insbesondere für Vervielfältigungen, Übersetzungen, Mikroverfilmungen und die Einspeicherung und Verarbeitung in elektronischen Systemen.

Die französische Originalausgabe erschien unter dem Titel Cédric Pollet, Écorces. Voyage dans l'intimité des arbres du monde
© 2008 Les Éditions Eugen Ulmer, Paris
Layout: Guillaume Duprat, Julia Verneau

© 2009 Eugen Ulmer KG
Wollgrasweg 41, 70599 Stuttgart (Hohenheim)
E-Mail: info@ulmer.de
Internet: www.ulmer.de
Übersetzung: Sabine Hesemann
Lektorat: Sabine Drobik, Antje Krause
Herstellung und Satz: Alisa Tatzel
Umschlagentwurf: red.sign, Anette Vogt, Stuttgart
Druck und Bindung: Offizin Andersen Nexö, Leipzig
Printed in Germany

ISBN 978-3-8001-5911-6

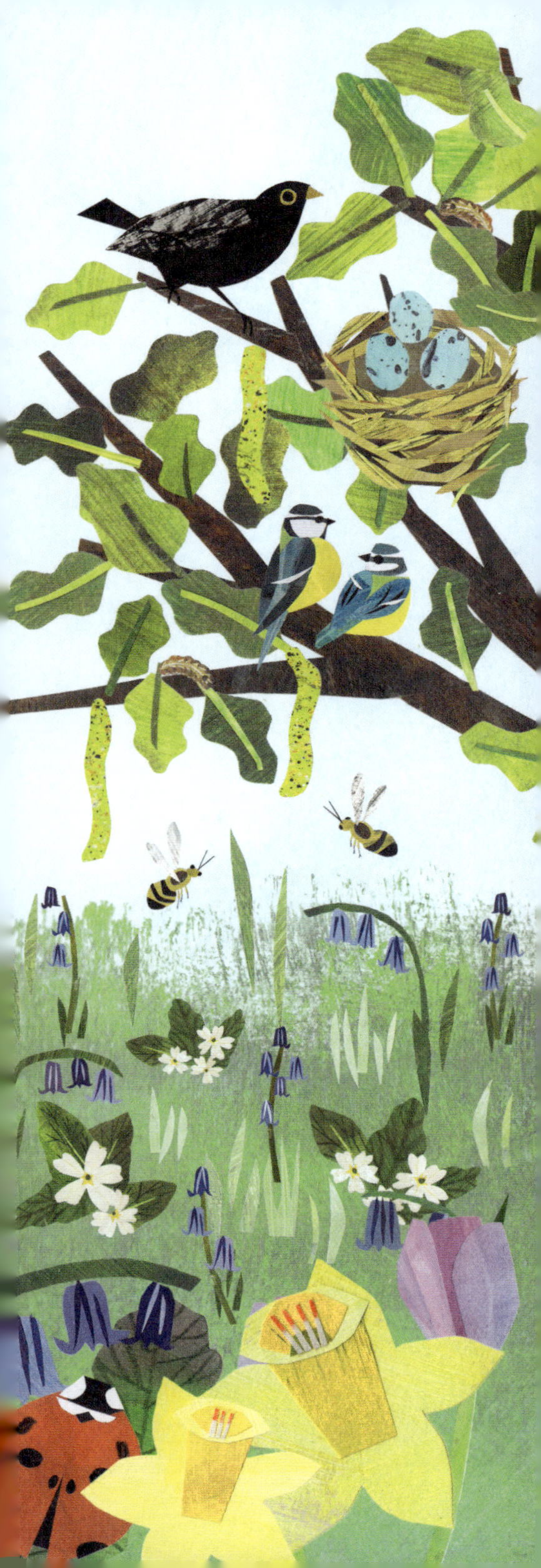

LE GRAND CHÊNE

Regarde ce superbe chêne d'Europe immense avec son beau **manteau de feuilles**.

Toute l'année, le **grand chêne** donne nourriture et abri aux créatures qui l'ont choisi comme maison.

PRINTEMPS

Le grand chêne éclate de vie avec ses belles feuilles vertes, et le chant des oiseaux résonne dans le ciel.

Cette **chenille thècle du chêne** mange autant que possible avant de devenir un magnifique papillon.

De nombreuses fleurs, comme les **jacinthes**, éclosent au printemps. Les **abeilles** viennent en extraire le nectar.

L'arbre attire beaucoup d'insectes... qui font le bonheur des oiseaux ! Mais tu as peu de chance de voir cette **fauvette des bois**, elle niche dans les hautes herbes, loin des prédateurs.